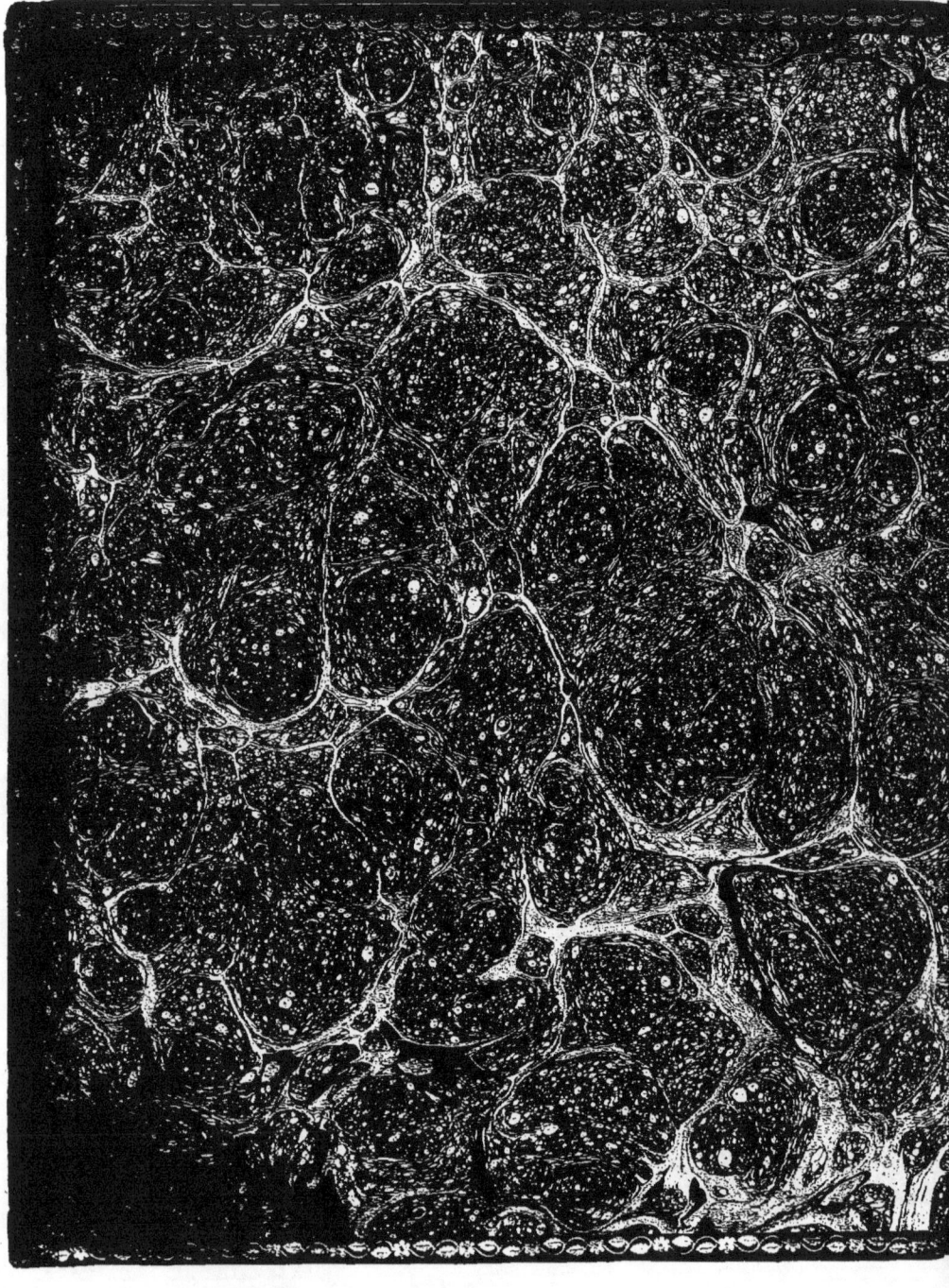

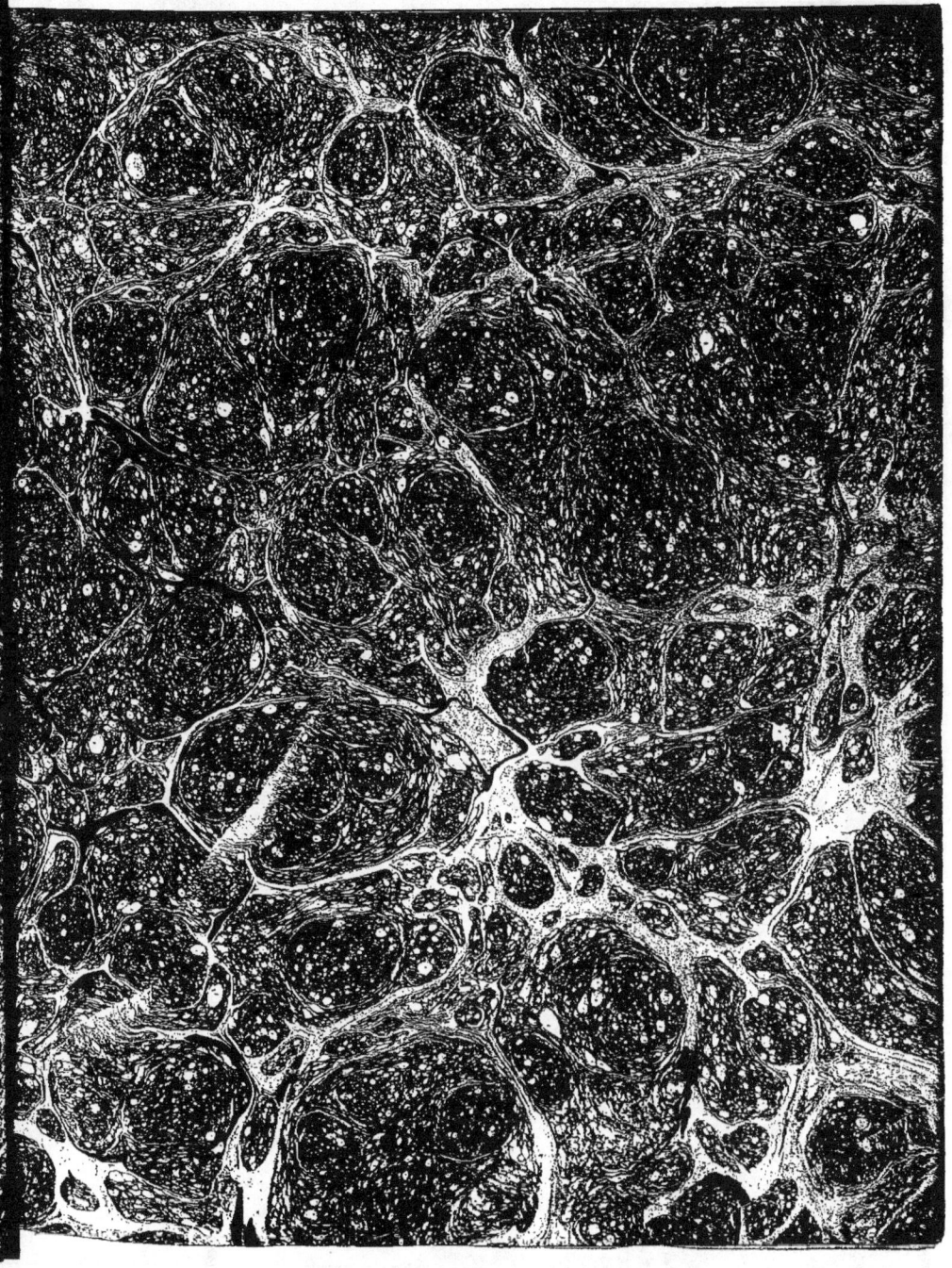

TRAITÉ COMPLET
DE MÉCANIQUE
APPLIQUÉE AUX ARTS.

IMPRIMERIE DE FAIN, RUE DE RACINE, PLACE DE L'ODÉON.

V
1697.
3.N.

9847.

TRAITÉ COMPLET
DE MÉCANIQUE
APPLIQUÉE AUX ARTS,

Contenant l'Exposition méthodique des théories et des expériences les plus utiles pour diriger le choix, l'invention, la construction et l'emploi de toutes les espèces de machines ;

Par M. J.-A. BORGNIS,

Ingénieur et Membre de plusieurs Académies.

Des Machines employées dans diverses fabrications.

PARIS,
BACHELIER, LIBRAIRE, QUAI DES AUGUSTINS.

1819.

PRÉFACE.

L'histoire des arts industriels, ainsi que l'histoire des sciences, de la littérature et des arts libéraux, présente un petit nombre d'époques où l'esprit humain, après avoir été stationnaire pendant de longues années, prend un essor vigoureux, s'élance avec rapidité, et franchit, en peu de temps, un espace plus grand que celui qu'il avait péniblement parcouru en plusieurs siècles. C'est ainsi que nous voyons *Homère*, *Virgile*, le *Dante*, *Corneille* et *Molière*, élever tout à coup, de l'abjection à la splendeur les branches de la poésie auxquelles ils s'étaient consacrés. C'est ainsi également que nous admirons la rapidité avec laquelle *Raphaël*, *Le Poussin* et *David*, firent passer les beaux-arts, de l'état de médiocrité à une haute perfection.

Dans les sciences et les arts industriels, ces époques lumineuses ne sont point caractérisées d'une manière aussi tranchante, mais elles n'existent pas moins. *Archimède*, *Galilée*, *Newton*, sont les colonnes milliaires qui en indiquent les principales; et nul doute que les progrès suscités par chacun de ces trois hommes transcendans, ne surpassent, en importance et en fécondité, ceux produits par la somme des investigations labo-

PRÉFACE.

rieuses d'une longue série de savans, qui les précédèrent ou qui les suivirent.

Une particularité remarquable distingue les époques lumineuses que l'histoire des arts industriels offre à notre admiration. Pour les produire, il a fallu le concours simultané d'un grand nombre d'hommes plus habiles que transcendans, dont les efforts fussent favorisés par des circonstances politiques et locales; tandis que dans les sciences, les lettres et les arts libéraux, un seul génie, mais doué d'une vigueur extraordinaire, a pu quelquefois suffire pour donner naissance à une de ces brillantes périodes.

La fin du dernier siècle et le commencement de celui-ci fourniront à l'histoire de l'industrie une de ses plus belles pages. Aucune époque ne fut plus féconde en inventions importantes et en perfectionnemens fructueux : dans aucune autre, les progrès des arts industriels ne furent plus rapides et plus étendus ; tous y participèrent, mais dans des proportions plus ou moins grandes. L'art de travailler les métaux est un de ceux qu'un plus grand nombre d'améliorations enrichirent.

Ces améliorations sont dues en grande partie à ce *moteur* admirable, qui peut agir en tous temps et en tous lieux, et dont la force prodigieuse ne connaîtrait point de limites, si on pouvait recevoir son action sur des organes mécaniques capables d'en supporter toute l'intensité. C'est, dis-je, en vertu de la force expansive de la vapeur que, dans l'exploitation des mines, l'on peut maintenant atteindre à des profondeurs autrefois inaccessibles, et que les écoulemens d'eau les plus abondans ne sont plus un obstacle insurmontable.

La vapeur donne le moyen d'établir les usines dans les lieux les plus favorables, sous le triple rapport de la proximité des matériaux, de l'abondance du combustible et de la facilité des transports.

A l'aide de l'action de la vapeur, appliquée aux machines soufflantes cylindriques, on a pu fournir, aux fourneaux des grosses forges, un écoulement d'air à la fois plus abondant et plus régulier. Dans le *forgeage*, dans le *cinglage*, dans le *raffinage*, on a pu substituer la pression continue d'immenses laminoirs, à la percussion intermittente des marteaux à ordon; et on a ainsi obtenu, célérité, précision et économie.

Si la machine à vapeur a contribué puissamment aux progrès de la métallurgie; ces progrès, par une heureuse correspondance, contribuèrent à la propagation de cette importante machine, en diminuant les dépenses exigées pour sa construction et pour son entretien, et en donnant à ses formes plus de régularité et plus de perfection.

Les arts industriels ont entre eux une sorte d'affinité réelle, quoique inaperçue, qui leur rend souvent profitables des découvertes faites dans un autre art dont l'objet semble entièrement différent. C'est ainsi que le perfectionnement des machines à aléser les cylindres métalliques, a rendu d'aussi grands services à l'hydraulique, qu'aux arts du constructeur des canons et du constructeur des machines à vapeur. C'est ainsi pareillement que l'invention des plateaux à diviser et à refendre, a porté un degré de perfection jusqu'alors inouï, non-seulement dans les instrumens de précision, auxquels ils paraissaient spécialement affectés; mais, même dans les mécaniques employées pour les filatures qui ont reçu de ces plateaux des avantages non moins signalés, soit par l'exactitude, soit par l'économie qu'ils apportèrent dans la fabrication des engrenages de moyenne grandeur et dans la construction des cylindres cannelés.

Il serait superflu d'énumérer ici les nombreuses améliorations qui ont perfectionné les arts dépendans de la métallurgie, dans les dernières années qui viennent de s'écouler. Une partie de ce volume est consacré à décrire ces améliorations.

Quoique les machines employées dans les fabrications métallurgiques soient le sujet principal dont nous sommes occupés, d'autres machines ont été décrites, sans cependant être confondues avec celles-ci. Nous avons consacré un livre aux machines employées dans les papeteries et dans les imprimeries; un autre livre plus court, aux machines en usage dans les diverses préparations que l'on fait éprouver aux peaux; enfin, deux notices complètent ce volume, l'une a rapport aux machines des manufactures de tabac, la seconde, à la fabrication mécanique des tonneaux.

PRÉFACE.

Le premier livre, qui est le plus important et le plus étendu, est distribué en sept chapitres, qui contiennent les diverses machines de métallurgie, dont l'expérience a démontré l'utilité. Le premier chapitre renferme les cribles, les patouillets, les bocards, les tables de lavage, soit dormantes, soit à percussion, et en général les machines qui produisent les opérations nommées triage, bocardage et lavage, dont le but est d'épurer les minerais au sortir de la mine, et de séparer les particules métalliques des substances avec lesquelles elles adhèrent.

Les métaux épurés par les opérations que nous venons de nommer, sont soumis à la fusion; pour qu'elle ait lieu, il faut activer le feu par un courant d'air rapide et continu; un grand nombre de machines plus ou moins parfaites ont été imaginées à cet effet. Nous les nommons machines soufflantes; elles sont l'objet du second chapitre, dans lequel nous donnons la description des soufflets de cuir de diverses formes et de diverses dimensions. Ces soufflets, moins actifs et moins parfaits que les autres, quoique plus anciens, ont été presque complétement expulsés des grosses forges, depuis qu'un évêque de Bamberg eut inventé les soufflets à liteaux, et qu'un Italien eut imaginé presqu'en même temps les *trompes*. Après avoir décrit ces trois espèces de machines soufflantes, nous passons à l'examen des nombreuses variétés de soufflets cylindriques et des régulateurs destinés à rendre leur souffle continu et uniforme.

Dans le troisième chapitre, les machines à percussion sont

classées en trois séries ; savoir : les marteaux, les balanciers et les moutons. On trouve d'abord la description des énormes marteaux à ordon et des martinets, accompagnés de leurs accessoires ; viennent ensuite les balanciers, si utiles à la fabrication des monnaies et au tirage des empreintes ; nous avons fait remarquer l'ingénieuse application de la force d'inertie, qui donne à ces machines une énergie admirable, et qui rend leur usage dans la plupart des cas, préférable à celui des moutons, dont la description termine ce chapitre.

Le quatrième chapitre fait connaître l'utilité des diverses espèces de laminoirs pour forger et corroyer le fer ; fendre les lames de ce métal en barres et en verges ; laminer le fer, le cuivre et le plomb ; fabriquer des clous, des couteaux, des barres garnies d'ornemens et de moulures, etc.

Le cinquième chapitre traite des cisailles, des espatards, des découpoirs et de quelques autres machines destinées à couper les lames et les verges métalliques en fragmens d'une forme et d'une grandeur déterminées.

Les filières seront décrites dans le chapitre suivant, qui contient des détails sur l'étirage des métaux en fils plus ou moins déliés.

Le dernier chapitre de ce livre contient les machines qui ont pour but de donner aux lames, aux barres et aux fils métalliques, les préparations ultérieures exigées pour les convertir en instrumens et en ustensiles de diverses natures. Ces machines

PRÉFACE.

sont les tours, les limes, les meules, les alésoirs, les machines à fendre les roues et plusieurs autres.

Nous avons réuni dans un appendix, qui fait suite au premier livre, quelques machines qui n'avaient pu être classées parmi celles qui font l'objet de chacun des sept chapitres. Ces machines sont : les poches et les chaudières mobiles employées dans les fonderies; les machines à amalgamer l'or avec le mercure, et une machine pour séparer la limaille de fer des débris d'autres métaux.

Le second livre ne contient que deux chapitres, dont le premier traite des machines qui servent pour la fabrication du papier, soit suivant la méthode ordinaire, soit suivant les nouvelles méthodes, dites mécaniques. Le second chapitre décrit la presse ordinaire d'imprimerie et les diverses modifications qui y ont été apportées par *Hads*, *Anisson*, *Pierre*, *Ridley*, *Prosser* et *Clymer*; la presse anglaise, mue par la machine à vapeur; la presse à imprimer en taille-douce; et enfin, la presse lithographique.

Le troisième livre n'a qu'un seul chapitre, destiné à faire connaître les machines employées à la préparation des peaux. On y trouve la description de quatre espèces de moulins à pulvériser le tan, qui sont les moulins à pilons, les moulins à meule tournante verticale, ceux à meule tournante horizontale, et enfin ceux à noix conique. Les autres machines contenues dans ce chapitre servent à décharner les peaux, à les fendre,

PRÉFACE.

et à fouler celles qui sont destinées aux préparations du chamoiseur.

Nous avons cru qu'il suffisait de donner une simple indication de plusieurs machines, en usage dans les manufactures de tabac, qui ont beaucoup d'analogie avec celles précédemment décrites, telles sont les meules tournantes, les pilons, les presses. Mais nous avons examiné plus longuement les ingénieuses méthodes pour râper le tabac, imaginées par M. *Dubroca*.

Nous regrettons de n'avoir pu nous procurer de plus amples renseignemens sur la fabrication mécanique des tonneaux dont nous nous sommes occupés dans la dernière notice.

Tel est le précis sommaire des matières principales renfermées dans ce volume, auquel nous avons donné le titre spécial de *Traité des Machines employées dans diverses fabrications*, parce que chacun des livres qui le composent se rapporte à une branche particulière de la technologie.

TABLE DES MATIÈRES.

PRÉFACE... j

LIVRE PREMIER.
Machines de métallurgie.

CHAP. I. Cribles, patouillets, bocards, tables de lavage......... 2
II. Machines soufflantes........................... 31
III. Martinets, balanciers, moutons.................. 68
IV. Des laminoirs................................. 106
V. Cisailles, espatards, découpoirs................. 149
VI. Filières..................................... 161
VII. Tours, limes, meules, alésoirs, machines à fendre les roues. 172
APPENDIX..................................... 197

LIVRE SECOND.
Machines employées dans les papeteries et dans les imprimeries.

CHAP. I. Machines qui servent à la fabrication du papier......... 203
II. Presses à imprimer............................ 230

TABLE DES MATIÈRES.

LIVRE TROISIÈME.

Pages.

Chap. unique. Machines employées à la préparation des peaux. 245

NOTICES

Sur les machines pour confectionner le tabac. 260
Sur la fabrication mécanique des tonneaux. 267

ERRATA.

Page 17, ligne 2, les diverses substances minérales, *lisez :* les diverses matières d'après la grosseur.
  4, — 21, représenté en *a b*, *lisez :* représenté en *a' b'*.
 13, — 6, les labyrinthes, *ajoutez :* fig. 2.
 30, — 11, fig. 2 en *d*, *lisez :* fig. 2 en *d'*.
 48, — 7, difficiles à maintenir, *lisez :* difficiles à prévenir.
 49, — 13, les ressorts bois en *g*, *lisez :* les ressorts en bois *g*.
 51, — 27, les deux autes, *lisez :* les deux autres.
 63, — 7, une cheville *p*, *lisez :* une cheville *p'*.
 74, — 3, le drome, *lisez :* la drome.
 75, — 6, le marteau, *ajoutez :* fig. 5.
 77, — 3, l'enclume *p*, *lisez :* l'enclume *p'*.
 79, — 25, c marteau de la roue, *lisez :* c manteau de la roue.
 81, — 3, la came *v*, *lisez :* la came *z*.
  —, — 13, coupe eb *t*, *lisez :* coupe en *t'*.
 98, — 23, D D les coulisseaux, *lisez :* d d les coulisseaux.
100, — 17, les ressorts Z = 6, *lisez :* Z Z 6.
101, — 25, *l n k m*, *lisez :* *l n h m*.
102, — 1, (fig. 6), *lisez :* (fig. 1, 5 et 6).
104, — 6, de bas en haut, *lisez :* de haut en bas.
105, — 14, cette corde est fixée, *lisez :* cette chaîne est fixée.
129, — 8, cylindre supérieur, *lisez :* cylindre inférieur.
140, — 11, pour laminer, *lisez :* pour laminer.
153, — 2 en remontant, la manivelle *t*, *lisez :* la manivelle *t'*.
160, — 18, un rouleau *c*, *lisez :* un rouleau *x*.
177, — 5, d'une grande grande roue, *lisez :* d'une grande roue.
184, — 20, au moyen de la vis sans fin *s s*, *lisez :* au moyen de la vis *s s*.
185, — 4, cette machine, *lisez :* cette machine.
191, — 23, dans l'anneau *r*, *lisez :* dans l'anneau *r'*.
200, — 7, autour du point *x*, *lisez :* autour du point *x'*.
207, — 23, et un coin *d*, *lisez :* et un coin *d'*.
253, — 11, la partie postérieure *m*, *lisez :* la partie postérieure *m'*.
254, — 3, du piston, *lisez :* du pilon.

DES MACHINES
EMPLOYÉES
DANS DIVERSES FABRICATIONS.

LIVRE PREMIER.

Machines de métallurgie.

1. Nous comprenons, sous la dénomination de machines de métallurgie, toutes celles qui ont pour but d'épurer les métaux, et de leur donner les préparations et les formes qu'exigent les nombreux objets métalliques, dont l'agriculture, l'économie domestique, les arts et le luxe font une si grande consommation.

2. Nous avons distribué ces machines en sept séries, à chacune desquelles nous avons consacré un chapitre particulier. La première série contient les cribles, les patouillets, les bocards, les tables à lavage fixe et celles à percussion ; en un mot enfin, les machines qui servent à l'épuration des minerais avant la fonte. La seconde série renferme les machines soufflantes. La troisième, les machines de percussion ; telles que les gros marteaux de forge, les martinets ; les balanciers et moutons. La quatrième est consacrée aux laminoirs. La cinquième renferme les machines dont le but est de refendre et de diviser des

lames ou barres métalliques, d'une manière quelconque; telles sont les grandes cisailles, les espatards et lames tournantes des fenderies, les découpoirs, etc. La sixième contient les filières. La dernière série renferme les machines qui servent à aiguiser, à limer, à polir, à aléser, etc.

CHAPITRE PREMIER.

Cribles, Patouillets, Bocards, Tables de lavage.

3. Sous le nom de *préparation des minerais*, on comprend les diverses opérations mécaniques au moyen desquelles on dégage les particules métalliques des substances hétérogènes, avec lesquelles elles adhèrent.

Ces opérations sont de trois espèces, le *triage*, le *bocardage*, et le *lavage*.

Triage.

4. Le triage consiste à séparer les unes des autres, les diverses substances minérales, d'après la grosseur des morceaux, et de les subdiviser ensuite en diverses classes, d'après la nature des substances qu'elles contiennent. On emploie à cet effet des cribles et un courant d'eau. Il existe plusieurs sortes de cribles; nous allons faire connaître les plus usités.

Crible à plan incliné, Pl. I, fig. 1.

5. Le plan incliné a·a de ce crible est une grille composée de petits barreaux de fer plus ou moins rapprochés et formant le fond d'une sorte de coursier, au sommet duquel se trouve une trémie b, dans laquelle on verse le minerai que l'on veut trier et laver.

CRIBLES, PATOUILLETS, BOCARDS, etc.

6. Un courant d'eau dd, entraîne le minerai sur le crible aa. Pendant qu'il descend le long du plan incliné, un ouvrier retarde sa chute et le remue avec un *râble* de fer : les morceaux qui ne passent pas par les trous, sont poussés sur une table voisine; étant alors bien lavés et dégagés de la terre ou limon qui les recouvrait et empêchait d'en discerner la nature, on peut, par un triage à la main, en faire diverses classes.

Crible suspendu, Pl. I, fig. 2, 3. Élévation et plan.

7. Le crible a est suspendu à une bascule bb qui a son centre de rotation en c, et elle est chargée à son extrémité d'un poids p, destiné à faire équilibre au crible et au minerai qui y est contenu. — dd indique la charpente à laquelle la bascule est suspendue.

8. Le laveur peut à son gré faire plonger et secouer plus ou moins le crible a, dans un baquet rempli d'eau, sans être obligé de tenir les mains dans ce fluide. Cette circonstance est très-utile, surtout en hiver. A côté et un peu au-dessus de la cuve est une table f, de 3 à 4 pieds en carré, sur laquelle on met le minerai destiné à être lavé, afin que l'ouvrier l'ait plus à sa portée et le puisse faire tomber aisément dans son crible.

9. Le crible suspendu est employé lorsque les minerais à préparer contiennent plusieurs substances qui offrent des différences sensibles dans leur pesanteur spécifique ; il suffit alors qu'ils soient concassés en morceaux de la grosseur d'un pois.

10. Le crible, étant plongé dans l'eau et secoué à plusieurs reprises, laisse sortir, par ses trous, la terre et les parties les plus petites; le reste se dépose dans le crible même suivant l'ordre des gravités spécifiques, de sorte que les parties métalliques les plus pesantes se trouvent sur le fond ; viennent ensuite graduellement les substances moins graves, qui forment ainsi diverses cou-

ches que l'ouvrier sépare et enlève au moyen d'une espèce de cuiller sans manche.

Crible cylindrique.

11. Ce crible, plongé en partie dans l'eau, tourne autour de son axe qui est horizontal. Il a environ 2 pieds de long et autant de diamètre. Une porte fait partie de sa surface convexe ; on introduit le minerai par cette porte que l'on ferme ensuite ; puis on imprime au crible un mouvement rapide de rotation ; l'eau entraîne les parties terreuses et légères, dont la séparation est facilitée par le froissement que la rotation fait éprouver à tous les morceaux de minerai renfermés dans le cylindre; ce qui reste est porté sur une table où il est trié.

Crible à double bascule, Pl. I, fig. 4, 5, 6, 7, 8.

12. Cette machine en usage au Hartz est composée de deux caisses inclinées A et B (On voit, fig. 8, la coupe de ces deux caisses dessinée sur une plus grande échelle). Elles ont un petit mouvement alternatif de rotation autour des points m et n ; ce mouvement leur est communiqué par les tringles x, y, qui sont mises en mouvement par les cames adaptées à un arbre de roue hydraulique ; (le mécanisme intermédiaire est analogue à celui représenté en ab, Pl. II, fig. 2). Un canal bb, verse de l'eau dans la caisse A, où l'on dépose le minerai à trier. Les morceaux trop gros pour passer à travers le crible d (fig. 6), sont déposés sur la table s pour être triés à la main.

13. Ce qui est passé à travers le crible d, tombe (fig. 7) dans la caisse B, garnie de trois tamis f, g, r, de différentes finesses. Le premier tamis f, laisse passer les parties les plus fines; le second g, donne issue aux moyennes; le tamis r, à celles un peu plus grosses ; et, enfin, ce qui n'a pu passer par aucun de ces tamis se dépose sur la table t.

CRIBLES, PATOUILLETS, BOCARDS, etc.

La fig. 4 représente une élévation latérale de la machine, qui est vue de face, fig. 5; on voit, fig. 6, le plan de la caisse A, et, fig. 7, le plan de la caisse B.

Cette machine simple et peu coûteuse, procure un triage prompt du minerai en quatre classes.

14. Les fig. 2, 3, Pl. III, indiquent une machine analogue, mais les deux caisses A et B sont placées l'une à la suite de l'autre; elles reçoivent un mouvement de trémoussement par l'intermédiaire des tringles a et b, qui sont soulevées par les cames de l'arbre tournant c; ces cames agissent d'un côté sur un mentonnet 1, fixé à la tringle a, et de l'autre sur la bascule 2 2, qui a son centre de rotation en 3.

Cette machine ainsi que la suivante ne divise le minerai qu'en deux classes.

15. La machine représentée, Pl. II, fig. 4, 5, quoique compliquée, est fort utile dans les endroits où l'on a peu d'eau à sa disposition.

Un conduit de bois f, fort incliné, sert de trémie, et reçoit le minerai, qui tombe dans la caisse g, lorsque le laveur ouvre la vanne p, au moyen de la bascule 1, 2, 3. Une grille q (fig. 5), forme le fond de la caisse g qui est mobile sur un axe horizontal. L'engrenage m, n sert à faire tourner cette caisse et à la plonger dans une plus grande caisse r remplie d'eau. — d est une planche qui tourne autour du point 4, et qu'on élève ou qu'on abaisse au moyen du double levier c, c, qui a son point de rotation en h. Si la planche d est abaissée comme on le voit dans la fig. 4, elle forme un plan incliné sur lequel tombe le minerai renfermé dans la caisse g; lorsqu'on ouvre une vanne pratiquée à sa partie postérieure, le minerai passe alors du plan incliné d sur la table v. Si, au contraire, on relève la planche d, elle fermera l'ouverture qui correspond à cette table. La bascule B, garnie d'un poids t, sert à retirer la caisse hors de l'eau, lorsqu'on cesse d'agir sur l'engrenage $m\ n$; de cette manière, l'engrenage produit l'immersion, et l'effet contraire est produit par la bascule.

16. La grande caisse ou réservoir d'eau r a dans sa partie inférieure une ouverture, fermée par un tampon s, qu'on ouvre de temps à autre, pour donner issue à l'eau et au minerai qui a pu passer au travers de la grille de la caisse g. L'eau et le minerai suivent un canal qui les conduit sur un crible suspendu, semblable à celui que nous avons précédemment décrit (7).

Patouillets.

17. Les patouillets ou *patouillards* sont des machines qui servent à agiter fortement les minerais dans l'eau, pour en faciliter le lavage, c'est-à-dire, pour opérer la séparation des terres qui recouvrent sa surface et y adhèrent.

Les patouillets sont composées d'un auge en bois ou en fonte, que l'on remplit d'eau par le moyen d'un courant, et dans laquelle on met les minerais que l'on veut laver; des barres de fer fixées sur un arbre tournant, remuent continuellement les minerais. Elles détachent par ce mouvement la terre adhérente et la divisent; l'eau renouvelée dans cette auge, par un courant qui la traverse, entraîne en sortant la terre, et les minerais qui restent dans l'auge.

On distingue deux espèces de patouillets, 1°. les patouillets à croix horizontale dentée; 2°. les patouillets à anses tournantes.

Patouillets à croix horizontale dentée, Pl. III, fig. 5.

18. Cette machine consiste en une grande cuve $a\ a$ dans laquelle tourne rapidement une croix en fer $b\ b$, garnie de longues et fortes dents c, c, c, placées à distances égales. L'axe vertical x

de la croix porte une lanterne y qui engrène avec le rouet z, adapté à l'axe de la roue hydraulique A.

19. On remarque dans cette machine une *trempure*, c'est-à-dire, un double levier à bascule 1, 2, 3, qui sert à élever ou à abaisser à volonté la croix dentée $b\,b$. Cette trempure est composée de trois pièces, savoir : d'un levier 1, qui a son centre de rotation en m; d'un autre levier 3 sur lequel repose le pivot de l'axe x de la croix, et dont le centre de rotation est en p; et enfin d'une tringle 2 qui établit la communication entre les deux leviers.

20. L'axe x traverse un tuyau $d\,d$, qui s'élève du fond de la cuve pour empêcher que l'eau et la matière qu'elle contient ne s'écoulent par le trou de l'axe x.

21. Le minerai est déposé dans la grande trémie q, établie sur la cuve. Un ouvrier remplit cette trémie de minerai, tandis qu'un autre détermine la quantité qui doit en entrer dans la cuve, au moyen d'un gros tampon, avec lequel il bouche et débouche l'ouverture t de la trémie.

22. L'eau est amenée dans la cuve par un canal g. Cette cuve a deux tuyaux de sortie; l'un h, par où s'écoule ce qu'il y a de plus léger, c'est-à-dire, les substances terreuses. L'autre l, placé vers le fond de la cuve, sert à décharger les parties métalliques que l'eau entraîne; cette ouverture ne s'ouvre que lorsque le lavage est fini; ce que l'on connaît lorsque l'eau qui sort par l'ouverture supérieure n'est plus trouble; alors on débouche l'ouverture, et le minerai est entraîné dans un fossé d'où ensuite il est enlevé pour être trié. Il faut que la cuve ait un peu de pente vers l'ouverture, afin de faciliter la sortie des parties métalliques. Cette machine peut être employée avec utilité pour laver les mines friables et surtout les mines de fer en grains.

Patouillet à anses tournantes, Pl. III, fig. 4.

23. L'arbre de la roue a est garni de trois barreaux de fer r, r, r, coudés en double équerre sur l'angle, et tournés de façon à pénétrer le minerai qu'on a jeté dans la huche $b\,b$, et à l'agiter fortement. Les barreaux sont disposés en tiers-point, et sont arrêtés par des coins dans le corps de l'arbre. Ces barreaux s'approchent, d'un demi-pouce environ, des surfaces intérieures de la huche.

Un canal c conduit et verse de l'eau dans la huche demi-cylindrique $b\,b$, qui est composée de fortes douves emboîtées par leurs extrémités dans la feuillure des châssis f, f, f, f, qui avec les *fonçures* g, g, forment les côtés de la huche.

L'eau de la huche, devenue bourbeuse par le lavage du minerai, est évacuée de temps à autres, par le coursier q qui aboutit au lavoir s.

Bocardage.

24. Le *bocardage* est une opération au moyen de laquelle on triture les minerais. Il y a deux sortes de bocardage, le bocardage à sec, et le bocardage à eau ou bocardage proprement dit.

25. La machine appelée *bocard* qui sert à effectuer ces opérations, consiste en général, dans une rangée de pilons de bois armés d'une tête de fer, et qui sont successivement soulevés par l'arbre d'une roue hydraulique.

26. Pour bocarder à sec, le minerai est placé sur une plaque de fer de 6 pouces d'épaisseur. Le bocardier muni d'une simple pelle de fer, entretient constamment du minerai sous les pilons, et lorsqu'il le juge convenablement trituré, il le jette sur un crible qui est mis en mouvement par l'arbre du bocard. Ce qui ne passe point par ces trous est rejeté sous les pilons : mais ce qui passe est pris et porté dans l'endroit où l'on conserve les minerais avant de les envoyer aux fonderies.

CRIBLES, PATOUILLETS, BOCARDS, etc.

27. La quantité de minerais que peut bocarder une batterie de trois pilons d'un bocard à sec, dépend, toutes choses égales d'ailleurs, de leur dureté ou plutôt de leur ténacité; en prenant un terme moyen, on peut dire qu'une batterie d'un bocard à sec ordinaire, bocarde de 12 à 15 quintaux dans 24 heures (*a*).

La plaque de fer sur laquelle se fait le bocardage dure environ 2 ans; les pilons dans un bocard sec ne durent guère que 6 ou 8 mois; et les têtes de fer dont ils sont armés sont totalement usées au bout de 2 mois ou 2 mois et demi (*b*).

28. Ces bocards à sec font ordinairement partie de ceux que l'on voit dans les laveries, ceux-ci sont communément divisés en 3, 4 et même 5 batteries de trois pilons; une ou deux de ces batteries sont destinées au bocardage à sec.

29. Le bocardage des laveries ou bocardage proprement dit, se distingue, en ce que la trituration se fait dans des espèces d'auges, dans lesquelles passe un courant d'eau qui se charge des parties bocardées; dès qu'elles ont acquis le degré de ténuité convenable, il les entraîne avec lui, et les dépose ensuite dans des réservoirs ou fosses disposées en conséquence.

Bocard à eau, Pl. IV, fig. 1, 2. *Élévation et plan.*

30. On distingue dans cette machine quatre objets principaux, 1°. l'*auge* dans laquelle on pile le minerai, et où il entre continuellement de l'eau; 2°. les *pilons* avec leur masses de fer pour piler; 3°. la *roue hydraulique*, et l'*arbre* garni de *cames* qui soulèvent les pilons; 4°. les *canaux* ou *labyrinthes*, dans lesquels l'eau entraîne et dépose la matière pilée.

(*a*) Des mines de Freiberg en Saxe, et de leur exploitation, par *d'Aubuisson*, tome 1, pag. 293.
(*b*) *Idem.*

Des Machines employées dans diverses fabrications.

Auge.

31. Les dimensions varient suivant le nombre des pilons que la machine contient. L'auge est en général une caisse, en carré long, faite avec des madriers de chêne, de 6 pouces d'épaisseur.

32. Pour former l'auge, ou creuse le terrain, on établit au fond de l'excavation un lit de glaise bien corroyé, d'un pied d'épaisseur; on pose sur le sol bien consolidé et dans le lit même de glaise des pièces de bois horizontales et parallèles $c\ c\ c$; c'est sur ces pièces que repose l'auge A.

33. Les parois de l'auge sont doubles, c'est-à-dire, qu'elles sont formées de deux rangs de madriers jointifs; un gros madrier forme le fond de la caisse, il a huit pouces d'épaisseur. L'espace compris entre les doubles parois de l'auge n'est que d'environ 11 pouces.

34. Toutes les pièces de l'auge sont assujetties avec des crampons, et toutes les fentes sont soigneusement bouchées avec de la mousse.

35. Au-dessus de l'auge est le canal qui y verse continuellement de l'eau; à cet effet, il y a des ouvertures qui correspondent au milieu de chaque division de l'auge. Une trémie verse le minerai dans l'auge.

Pilons.

36. Les pilons $u\ u\ u\ u\ u$ sont des pièces de bois de hêtre parfaitement droites et unies, de 12 pieds de long sur 5 pouces d'équarrissage. Leur extrémité inférieure porte une masse $x\ x\ x\ x\ x$ de fer forgé du poids de 80 à 90 livres; ainsi armés, ils pèsent environ deux quintaux chacun.

Les masses des pilons sont surmontées d'une queue prismatique qui s'insinue dans le bois du pilon, où elle est assujettie au moyen de trois frettes de fer. Quand les pilons sont usés par le bas, on les retourne du haut en bas.

37. Le nombre des pilons se règle d'après la force du moteur que l'on a disponible. Quand le moteur est faible, on ne met que trois pilons dans une auge. Communément il y en a six ou neuf; alors on les sépare en deux ou trois batteries. Chaque batterie contient trois ou cinq pilons.

38. Les pilons sont placés entre les colonnes *m m m* qui séparent les batteries; ces colonnes sont des poutres verticales de 11 pouces d'équarrissage, et qui s'élèvent du fond de l'auge où elles reposent sur la poutre *g*.

39. Des étais ou pièces de bois obliques étayent et contrebutent les colonnes. Ces pièces s'appuient sur des poutres transversales, placées au-dessus de l'auge à la hauteur du sol.

40. Les colonnes sont liées et assujetties par deux rangs de pièces horizontales *q q* et *s s* que l'on nomme prisons. Des liteaux parallèles, dont on voit les têtes en *n n n n* (fig. 1), séparent les pilons et forment des espèces de coulisses qui les empêchent de se déverser.

41. Dans les anciens bocards, chaque pilon porte un bras saillant ou mentonnet. Ce mentonnet est placé dans une mortaise de huit pouces de longueur sur deux de largeur, il est retenu par des coins et des chevilles, et il sort de 1 pied hors du pilon. Les *cames* de l'arbre tournant, dont nous parlerons bientôt, agissent sur le mentonnet. On a observé que cette disposition est vicieuse et tend à augmenter les frottemens de la partie postérieure du pilon contre les *prisons*; en conséquence on a proposé divers moyens pour obvier à cet inconvénient, nous les avons détaillés dans le volume intitulé *Composition des machines*, pag. 244, parag. 562 et suivans.

42. Celui de ces moyens qui nous semble mériter la préfé-

rence est de pratiquer, dans l'épaisseur du pilon même, une échancrure fortifiée par des lames de fer et traversée par un boulon; des cames de fer, dont la courbure a la forme d'une développée et qui ont environ 8 pouces de saillie, entrent dans l'échancrure et soulèvent le pilon en le saisissant immédiatement dans son axe. Par cette méthode, la force motrice est singulièrement épargnée, car il faut bien moins d'efforts pour mettre en mouvement le pilon en le soulevant verticalement, suivant le sens de son axe, qu'en le pressant obliquement contre les traverses entre lesquelles il se meut, comme le fait l'ancien mentonnet. La forme des cames, d'ailleurs, est telle que le point où elles sont tangentes au pilon est toujours également éloigné de l'axe de rotation de l'arbre, ce qui rend le mouvement plus uniforme.

La méthode que nous venons d'indiquer a été mise en usage avec succès en plusieurs endroits et spécialement à Freiberg.

Arbre et roue hydraulique.

43. L'arbre B B est une pièce de bois de sapin ou de chêne, d'environ 2 pieds de diamètre, et d'une longueur proportionnée à celle du bocard. Les cames sont disposées dans quelques bocards, de manière que chaque pilon s'élève trois fois pendant que l'arbre fait un tour entier, et dans d'autres, quatre fois. Dans tous les cas il faut que les pilons soient successivement soulevés les uns après les autres, chacun à son tour, de manière que le mouvement étant très-régulier, la charge que porte l'arbre soit égale dans tous les instans.

44. La hauteur, ou le diamètre de la roue hydraulique C, se règle d'après la chute de l'eau que l'on a. La célérité du mouvement de la machine dépend de la quantité d'eau qui agit sur la roue. Une grande vitesse n'est point avantageuse, elle produirait

une agitation trop violente dans l'auge, et la machine en souffrirait. On a observé qu'un bocard à quatre batteries, dont chaque pilon est levé une cinquantaine de fois par minute, exige un courant d'eau qui donne de 120 à 150 pieds cubes par minute.

Labyrinthes.

45. Les *labyrinthes* sont composés de plusieurs canaux, savoir : 1°. les canaux de dégorgement *e e e*, par lesquels passe l'eau mêlée avec le sable qui sort des auges. Il ne doit point se faire de dépôts dans ceux-ci. Leur profondeur et leur largeur sont de 3 pouces sur 6 pieds de longueur; ils ont 3 à 4 pouces de pente; 2°. de ces canaux l'eau coule avec le sable dans le premier bassin *ff*, qui s'appelle *le bassin de l'arbre*; de celui-ci, elle entre dans le premier bassin *du gros sable g g*; et de là dans le bassin du sable fin *h h*; et de celui-ci, dans le bassin de *grosse bourbe*; de là dans ceux de *bourbe fine*; et enfin dans les dernières bourbières; 3°. de ce dernier bassin l'eau entre dans de grands *réservoirs de bourbe*, où tout le reste achève de se déposer et de se précipiter dans une eau dormante. Tous ces bassins sont placés à des hauteurs différentes, et varient en longueur, en profondeur et en pente. Le premier *ff* a ordinairement 12 pieds de longueur, 9 pouces de profondeur et de largeur, et une pente de 2 à 3 pieds, le deuxième *g g* a 15 pieds de long sur un pied de profondeur et de largeur; il a 1 pouce de pente; le troisième *h h* et le quatrième *i* ont 18 pieds de longueur, et ils ont, comme les précédens, 1 pied de profondeur et de largeur; leur pente est d'un demi-pouce. Le canal suivant a 21 pieds de longueur, 14 pouces de largeur et 12 pouces de profondeur; celui-ci est de niveau. Le dernier, enfin, a 24 ou 30 pieds de longueur, sur 16 de largeur et 12 de profondeur; il est également de niveau.

Ces bassins doivent être doubles, afin que, pendant qu'on vide les premiers remplis de dépôt, la vase puisse couler dans les seconds. Ils sont tous munis de vannes *m m m m*, pour qu'on puisse régler convenablement les écoulemens. Ils sont creusés dans le sol et revêtus de planches et de madriers.

46. Le nombre et la grandeur de ces bassins ne sont pas toujours les mêmes dans les différentes laveries. Ils sont en plus ou moins grand nombre, selon que le minerai est de nature à se déposer plus ou moins difficilement. Il y en a dont le développement total est de plus de 600 pieds.

Manœuvre du bocardage.

47. Les minerais sont d'abord placés dans des trémies, qui sont fixées derrière le bocard et devant chaque batterie, et dont l'extrémité de chacune aboutit à l'auge de la batterie dans laquelle est placé le minerai à bocarder.

48. Pour les faire descendre à mesure que ceux qui étaient déjà dans l'auge sont bocardés, on dresse sur l'extrémité du canal un morceau de bois semblable à un gros bâton d'environ 3 à 4 pieds de long. Le pilon du milieu de la batterie porte un bras ou mentonnet, qui, lorsque le piston descend trop bas, ce qui arrive lorsqu'il n'y a pas assez de minerais dans l'auge, frappe sur la tête du bâton, ce qui donne une secousse au canal, et fait tomber les minerais dans l'auge.

49. Une rigole qui passe le long des auges conduit un petit courant d'eau : elle a une ouverture vis-à-vis de chaque auge, en sorte que le bocardier y fait entrer la quantité d'eau qu'il juge convenable.

50. Une des parois de l'auge est plus élevée que l'autre ; ainsi l'eau sort en débordant par-dessus celle-ci, et, en sortant, elle entraîne le minerai bocardé.

51. Le principe fondamental du bocardage et du lavage est fondé sur la gravité spécifique des corps. Les métaux minéralisés et les métaux vierges surpassent, communément, en poids spécifique, les pierres de *gangue*, dans lesquelles ils se trouvent quelquefois si épars, qu'on ne peut les apercevoir. Si on pile les pierres de minerais et si on les réduit en poussière fine, les particules métalliques se séparent de leur pierre, et se précipitent au fond. Les plus légères s'en vont en partie avec l'eau ; mais les plus fortes, conséquemment les plus pesantes, se précipitent dans l'eau avec les fragmens de métal. Quand on jette du minerai dans une auge à bocard, les pilons le réduisent en particules menues ; mais, comme il coule continuellement de l'eau dans l'auge, et que cette eau est fortement agitée par le jeu des pilons, les particules les plus fines sont amenées à la surface ; elles se dégorgent de dessus l'eau et se répandent dans les bassins où elles se déposent suivant leur gravité spécifique. Ce qui est extrêmement fin et léger est entraîné par l'eau sans pouvoir se déposer.

52. Il résulte de ce que nous venons d'exposer, qu'il importe essentiellement que le minerai ne soit, ni pilé trop grossièrement, ni réduit en poudre trop fine. Dans le premier cas, il se dépose une partie de la gangue avec le métal, qui ne peut alors être séparé que par une autre manipulation. Dans le second cas, beaucoup de particules métalliques, à cause de leur grande ténuité, sont entraînées par le courant et se perdent. L'art du bocardier consiste spécialement à savoir déterminer le degré de pulvérisation qui tient le juste milieu entre ces deux extrêmes.

53. Il faut que le bocardier puisse hausser ou abaisser à volonté le fond des auges. Voici comment, dans quelques bocards, on opère pour obtenir cet avantage. Avant de mettre en activité

le bocard, on commence par déposer dans les auges qui ont environ 5 pieds de profondeur, des pierres dures, telles que des morceaux de granit, de gneis, etc. On fait aller les pilons qui les brisent en en formant un sol solide, sur lequel se fait ensuite le bocardage des minerais; on fait en sorte que le sol soit à environ 12 pouces au-dessous de la surface supérieure de l'auge. Lorsque le bocardier veut hausser le sol, il met des pierres dans l'auge et il les y bocarde sans eau; veut-il le baisser, il fait jouer les pilons sur ce sol même en faisant passer le courant d'eau dans l'auge.

54. Plus le minerai à bocarder est tenace, et difficile à casser, plus il se brise en plus gros grains, et plus il faut donner de hauteur de chute aux pilons, afin que le choc en soit plus fort, on obtient facilement cette plus grande chute en baissant le sol de l'auge comme nous venons de le dire; et on y fait entrer moins d'eau; de cette manière le minerai, ayant moins de facilité pour sortir de l'auge, reste plus long-temps exposé au choc des pilons et est bocardé en grains plus fins.

55. Lorsque le minerai est friable, et qu'il serait à craindre qu'un bocardage trop violent et d'une trop longue durée ne le réduisît en une espèce de *vase* trop déliée, il faut, en élevant le sol sur lequel on bocarde, diminuer la hauteur de la chute des pilons; augmenter la quantité d'eau qui entre dans les auges et accélérer le mouvement de la machine.

Le travail de chaque batterie d'un bocard, bien construit et animé d'une vitesse convenable, peut être calculé en terme moyen de 30 à 40 quintaux de minerai en 24 heures.

56. Il y a diverses méthodes de faire sortir l'eau des auges d'un bocard. Une de ces méthodes consiste à pratiquer un trou dans une des colonnes qui termine une auge; l'eau sort par ce trou et entraîne le minerai sous le pilon suivant; de sorte

CRIBLES, PATOUILLETS, BOCARDS, etc. 17

qu'avant de sortir il passe successivement sous tous les pilons de la batterie. La méthode la plus généralement adoptée est celle que nous avons déjà indiquée, de faire sortir le courant par-dessus une des parois de l'auge, que l'on fait à cet effet plus basse que les autres.

57. La fig. 7, Pl. V, indique la coupe d'un bocard à quatre batteries, en usage à Freiberg. M. d'*Aubuisson* en a donné une description détaillée que nous allons transcrire.

« Ce bocard est placé dans un compartiment de la grande laverie. L'emplacement qu'il occupe a environ 24 pieds de long, 16 de large et 10 de haut. Au-dessous du sol M M, on a creusé une fosse de 20 pieds de long, 9 de large et 6 de profondeur. On en a uni et aplani le fond avec soin. Cela fait, on a placé dessus transversalement de 3 pieds et demi en 3 pieds et demi de distance, cinq solives *a a*; elles ont 8 pieds et demi de long, et 8 pouces d'équarrissage; chacune d'elles, dans sa partie supérieure, a trois entailles d'environ 3 pouces de profondeur. Dans l'entaille du milieu, on a couché une grande pièce ou semelle de bois *b*, ayant 18 pieds de long, 18 pouces de large et 9 d'épaisseur; et dans celles des côtés, les deux solives *c c* qui ont 7 pouces d'équarrissage et 15 pieds de long; ensuite on a dressé cinq colonnes, qui sont des pièces bien équarries, en bois de sapin (comme tout le reste de la machine): elles ont 18 pieds de haut, 12 pouces de large et 14 d'épaisseur; leur extrémité inférieure, taillée en forme de tenon, entre dans une mortaise pratiquée dans le corps de la semelle *b*; leur extrémité supérieure est assujettie à la charpente du plancher.

58. » Un peu au-dessous du sol M M, on place cinq pièces *e e*, fixées aux colonnes; elles ont 5 pieds de long et 8 pouces d'équarrissage; elles supportent les deux solives *f f*, qui ont 16 pieds de long et 7 pouces d'équarrissage. Au-dessous des pièces *e e*,

Des Machines employées dans diverses fabrications. 3

on fixe, dans des mortaises entaillées dans les colonnes et dans les pièces $a\,a$, des contre-fiches $g\,g$, destinées à étayer les colonnes, et à consolider l'assemblage. Autrefois on plaçait de grandes contre-fiches au-dessus du sol ; mais on les a jugées entièrement inutiles : les autres étant suffisantes, causent moins d'embarras et se conservent mieux sous terre.

59. « La partie inférieure des colonnes est échancrée sur les arêtes, pour placer les madriers $h\,h$, qui ont 3 pieds de long et 2 pouces et demi d'épaisseur ; leur assemblage forme les cloisons qui ferment les auges ; les cloisons de derrière, débordant le sol MM de 12 pouces et celles de devant de 6 seulement. On fait entrer à force, entre chaque cloison et les pièces cc, ff, des pieux $l\,l$, qui retiennent en place les madriers, ceux-ci n'étant pas cloués. De cette manière, chacune des quatre auges a 2 pieds et demi de long, 5 pieds de profondeur et 1 de large dans œuvre.

» Toute la partie inférieure du bocard étant ainsi construite, on remplit le restant de la fosse de terre glaise, que l'on y étend par couches, et que l'on *dame* bien fortement. On remplit les auges de fragmens de pierres dures, jusqu'à 1 demi-pied du bord.

60. » On procède ensuite au placement des pilons $m\,m$. Ce sont des pièces de bois de charme bien dressées, elles ont 12 pieds de haut, 6 pouces de large et 5 pouces d'épaisseur ; leur extrémité inférieure est armée d'une tête de fer forgée qui pèse de 80 à 90 livres, et qui porte une queue que l'on introduit dans une entaille faite exprès au pilon, auquel on l'assujettit ensuite avec des coins et trois frettes de fer. Dans la partie inférieure du pilon, on pratique une échancrure qui le traverse dans toute son épaisseur ; elle a 25 pouces de long et 3 de large ; sa partie supérieure est garnie d'un petit coin que l'on change lorsqu'il est usé.

61. » Dans chaque batterie, le pilon du milieu porte un mentonnet n, destiné à frapper sur un billot p. Un pilon avec sa tête de fer pèse près de 2 quintaux et demi; mais, comme au bout d'un certain temps la tête est en partie usée, on n'estime guère le poids qu'à 2 quintaux. Les pilons de chaque batterie sont retenus, sur le devant et le derrière, par des moises $q\,q\,q\,q$, qui, d'ordinaire, sont enchâssées dans des entailles, pratiquées dans l'épaisseur des colonnes; mais ici, comme on a été obligé d'avancer les pilons vers l'arbre de la roue, les moises de derrière sont seules placées dans les entailles, celles de devant sont fixées entre des morceaux de madriers $s\,s\,s$, cloués sur la partie antérieure des colonnes : les pilons sont assujettis sur les côtés par des clavettes. Au-dessus des auges on cloue contre les colonnes des planches $u\,u$, et l'on garnit de branchages l'espace compris entre elles et les pilons; ces précautions ont pour objet d'empêcher le jaillissement des eaux.

62. » Tout le long du bocard, et sur la tête des pieux $l\,l$, on place une petit canal de bois v, qui verse l'eau dans les auges : cette même eau, chargée de minerai bocardé, sort en débordant par jets sur les cloisons antérieures, et coule ensuite sur le plan incliné z, d'où elle se rend dans le canal o, qui la conduit dans le *labyrinthe*.

63. » Derrière chacune des batteries on a une caisse E, en forme d'entonnoir. Sa partie supérieure a 3 pieds de côté en carré; elle est ouverte, et aboutit à l'étage qui est au-dessus du plancher. Cette caisse est formée par quatre pièces de bois qui convergent un peu vers le bas; mais les deux de devant sont dans un plan vertical; sur ces poutres, on cloue quatre cloisons de madriers, qui sont les parois latérales de la caisse. La cloison, qui forme le fond, est inclinée, et sa partie antérieure est percée d'une ouverture. Au-dessous on met une pièce

de bois F, d'environ 1 pied d'épaisseur, dont la partie antérieure est évidée en forme de canal. Elle est placée sur deux traverses mises entre les poutres ; elle ne peut prendre aucun mouvement de translation ; mais, comme il y a un petit espace entre elle et le fond de la caisse, lorsque le mentonnet $n\,n$ du pilon frappe sur le billot p, elle éprouve une petite secousse qui l'incline en avant. La caisse est remplie par le haut du minerai à bocarder ; il sort par l'ouverture du fond, et entre dans la partie du canal qui est immédiatement au-dessous ; à chaque secousse donnée par la chute du pilon, il s'avance progressivement et tombe peu à peu dans l'auge ; lorsqu'il y en a une quantité suffisante, les pilons ne descendent pas aussi bas, le mentonnet n'arrive pas jusqu'au billot, il n'y a plus de secousse, et il n'entre plus de minerai dans l'auge ; mais dès qu'il vient à diminuer, les secousses et l'écoulement du minerai recommencent.

64. » Le bocard est mis en jeu par une roue hydraulique qui a 13 pieds et demi de diamètre ; elle porte 44 augets, qui ont 1 pied deux tiers de large et 8 pouces et demi de profondeur. La quantité d'eau qui la met en mouvement, est de 120 pieds cubes par minute. Elle se trouve dans un emplacement particulier, qui est séparé du bocard par une muraille.

65. » L'arbre B a 21 pieds de long et 2 de diamètre ; il est à 4 pieds au-dessus du sol de la laverie ; il porte à chacune de ses extrémités un tourillon de fer d'environ 4 pouces de diamètre ; un d'eux repose sur un des murs de l'emplacement de la roue ; et l'autre sur un pilier fortement étayé, et qui est implanté dans le sol sur un fondement solide. Il n'y a pas plus de 1 pouce de distance entre lui et les pilons. On a fixé sur l'arbre, de la manière ordinaire, quarante-huit cames ; quatre sont toujours dans un même plan vertical, de sorte que chaque pilon est levé

quatre fois pendant que l'arbre fait un tour. Ces cames sont de fer, elles sont évidées, comme on le voit fig. 8, Pl. VI. La partie saillante a 8 pouces de long. La courbure qu'elles présentent, est la *développante* du cercle décrit pendant la rotation de l'arbre, par le point de contact de la came et du pilon, lorsque celui-ci commence à être soulevé.

66. » Sur le haut du bocard on a un petit treuil D, qui sert à soulever les pilons lorsqu'on veut les réparer ou les changer. »

(*a*) *Bocard composé par M.* Grignon, Pl. III, fig. 1. *Plan.*

67. Cet appareil est composé d'un bocard simple, d'un patouillet, d'un lavoir ou bassin, et d'un crible séparé de la machine principale. Le bocard est composé de deux jumelles *a a*, perpendiculaires, en bois de chêne, assemblées et arc-boutées sur une semelle de même bois. Elles sont séparées entre elles, par un espace de 26 pouces, pour recevoir cinq pilons *b b*, de bois de hêtre ou de charme, de 5 pouces d'équarrissage, auxquels sont assemblés, à angles droits, des mentonnets de fonte ou de bois, qui répondent à des cames de fer insérées dans l'arbre de la roue hydraulique A. Les cames sont disposées de telle sorte qu'il y ait toujours un pilon près du sommet de sa course, un autre qui retombe, et les autres dans des positions graduellement intermédiaires.

68. Chaque pilon est garni d'une frette et d'une plaque de fer percée de cinq trous, pour recevoir cinq *fiches* forgées sur l'*étampure* des trous. Souvent on ôte cette plaque pour substituer à sa place une pièce de fonte dont la base est de même dimension que celle du pilon, et de quatre pouces de

---

(*a*) Mémoires de physique sur l'art de fabriquer le fer, d'enfondre, et forger des canons d'artillerie, par *Grignon*, pag. 150.

hauteur ; cette pièce est surmontée d'une queue pyramidale en fer battu, laquelle s'enfonce perpendiculairement dans le bois du pilon.

69. Les pilons retombent sur une plaque de fonte de 3 pouces d'épaisseur, encastrée en entier dans la semelle ; elle occupe tout l'espace qui est entre les deux jumelles, lesquelles doivent être revêtues intérieurement, vers leur base, de deux plaques de fer battu sur une hauteur de 12 pouces. Deux rangs de moises servent de coulisses aux pilons ; ces moises, encastrées dans les jumelles *a a*, sont affermies par de forts boulons à écrous. Les moises d'en-haut sont en bois, celles d'en-bas sont en fer.

Le minerai, entraîné par un courant d'eau, se précipite sous les pilons en traversant le canal B ; là il est brisé, pétri et délayé par leur chute alternative ; en cet état, le courant d'eau l'oblige à passer à travers une grille *x*, et à se répandre dans la huche du patouillet *c c*.

70. Les barreaux de la grille *x* ne doivent point être fixés d'une manière invariable ; il faut se réserver la faculté de les écarter ou de les rapprocher suivant l'espèce de minerai soumis à l'action du bocard ; parce qu'on a reconnu que les mines grosses exigent un espacement de 6 à 7 pouces, tandis que 3 ou 4 suffisent pour les menues.

71. Voici comment M. *Grignon* a disposé la grille *x*. Il a fait pratiquer une mortaise d'un pouce de profondeur, d'un pouce de largeur et de 15 pouces de hauteur à la partie inférieure de chaque jumelle du côté de l'*aval*, depuis le dessous de la traverse inférieure jusqu'à l'affleurement de la plaque horizontale ; il a fait ouvrir à la partie intérieure de la jumelle une mortaise qui a 2 pouces d'entrée, et se termine à 1 pouce, sur une profondeur égale qui se joint à la partie supérieure de

la coulisse dont on vient de parler. C'est par cette mortaise que l'on introduit les barreaux qui ont 28 pouces de longueur et 7 à 8 lignes de grosseur, bien dressés, et dont les bouts refoulés, sont forgés de façon que, portant à plat, le reste soit sur la diagonale. On les introduit dans la coulisse les uns après les autres, et on les sépare par de petites calles de bois, d'une épaisseur proportionnée à la distance que l'on veut donner entre chaque barreau, qui est celle qu'exige chaque espèce de minerai. Le dernier barreau est assujetti à chaque bout par une petite clef, chassée de force dans la mortaise. Lorsque le cas exige que l'on change de grille, un quart d'heure suffit au plus pour la rétablir.

72. La huche du patouillet c est une espèce de cuve demi-cylindrique, de 5 pieds de longueur et de 5 pieds de diamètre, formée de douves de 4 à 5 pouces d'équarrissage, bien dressées et jointes, affermies sur une charpente, dont chaque bout forme un demi-cercle : les deux bouts de la huche sont fermés par des madriers d'environ 3 pouces d'épaisseur.

73. Chaque huche a trois ouvertures, l'une m donne passage à l'eau chargée de minerai sortant de la grille x; la seconde, pratiquée latéralement en p, sert à dégorger l'eau bourbeuse, chargée des impuretés du minerai; elle est à quelques pouces au-dessous du niveau de la précédente. La troisième ouverture sert à conduire le minerai, suffisamment lavé, dans un bassin inférieur D, revêtu de madriers en bois de chêne bien joints et bien unis et à une pente de deux pouces. Une vanne est placée à son extrémité inférieure.

74. Les patouillets sont adaptés à l'axe d'une seconde roue hydraulique E, ils sont garnis de barreaux en fer de dix-huit lignes de grosseur, et repliés à angle droit ; la saillie de chaque barreau est d'environ 39 pouces, et ils sont éloignés d'un demi-

pouce du fond de la huche. Chaque patouillet a quatre barreaux, et les espaces qui se trouvent entre eux sont garnis de cuillers ou spatules $y\,y$, dont le bout fendu en trois parties est tordu et courbé.

75. Les cuillers soulèvent et agitent violemment le minerai, toujours prêt à se précipiter. Les barreaux, dont la forme doit être parfaitement adaptée au profil de la huche, empêchent que le minerai ne se dépose dans les angles de la huche.

76. L'agitation violente, produite par la rotation du patouillet, délaie les terres argileuses qui peuvent être adhérentes au minerai, en détache les corps étrangers et soulève le sable fin ; toutes ces substances sont ensuite évacuées avec l'eau qui, par leur mélange, est devenue bourbeuse.

77. Dans le lavage, lorsqu'on s'aperçoit que le mouvement des patouillets se ralentit, l'on fait cesser le travail du *bocard*, parce que la huche est suffisamment chargée de minerai. On laisse continuer celui du patouillet jusqu'à ce qu'on s'aperçoive que l'eau s'éclaircisse. Alors on débouche l'ouverture du fond de la huche, en tirant une espèce de bonde, formée d'un morceau de bois de figure prismatique, dont un bout est garni d'un manche ; l'autre est coupé en biseau échancré en portion de cercle, afin qu'il prenne le contour de la huche.

78. Pendant que le minerai se précipite dans le bassin inférieur, un ouvrier, placé obliquement au courant, tire avec un râble de fer le minerai dans le centre du bassin en le soulevant ; l'écoulement de l'eau continue jusqu'à ce que l'ouvrier ait amoncelé tout le minerai dans le bassin. Pendant cette opération, l'eau trouble, qui tient en dissolution les parties étrangères, s'échappe par une échancrure faite à une des parois du bassin ; et, lorsque tout est amassé, l'ouvrier lève la vanne du bout du bassin pour en évacuer entièrement l'eau. On replace ensuite

la bonde de la huche, on met en action le bocard, et dans cet intervalle de temps on enlève le minerai lavé que l'on dépose dans un lieu convenable. Les fig. 1, 2, Pl. V, représentent le bocard de M. *Grignon*, isolé, c'est-à-dire, sans être accompagné du patouillet. On voit, fig. 3, le détail d'une batterie de trois pilons. La fig. 4 indique un pilon dont la tête est taillée en pointe de diamant.

Bocard tournant (a).

79. Un bocard tournant fut construit en Carinthie, chez le baron d'*Eggersche*, pour concasser les minerais que l'on fondait dans ses hauts fourneaux. Il est composé d'un grillage, de 8 à 9 pieds de diamètre, enchâssé dans un plan circulaire de bois, supporté par un arbre vertical; douze pilons, soulevés par des cames fixées dans un arbre horizontal, tombent alternativement sur ce grillage pour y piler le minerai, grillé, que l'on y place; ce plan a lui-même un mouvement circulaire, afin que les pilons puissent tomber sur tous les points de sa surface couverts de minerai; des ouvriers jettent ce dernier sur la grille, les pilons le concassent, et les fragmens coulent à travers des ouvertures, d'un pouce carré, que les grilles laissent entre elles; les morceaux trop gros restent sur le plan pour être soumis de nouveau à l'action des pilons. Les fragmens, assez petits pour passer dans les ouvertures des grilles, tombent d'abord sur le plan de bois au-dessous du grillage, et de là sur le plancher, d'où ils sont ramassés et triés avant d'être portés au haut fourneau.

80. Une roue à aubes, mise en mouvement par un courant d'eau, fait tourner un arbre horizontal, dans lequel sont

---

(*a*) Sidérotechnie, par *Hassenfratz*, tome 1.

Des Machines employées dans diverses fabrications.

emmanchées deux lanternes, une desquelles engrène avec une roue horizontale, portée par un arbre vertical, qui communique son mouvement circulaire au grillage; l'autre lanterne transmet le mouvement à l'arbre garni de cames.

Table de lavage.

81. Les matières qui ont été bocardées et déposées dans le labyrinthe, sont un mélange de parties métalliques et de pierre, il s'agit de les séparer : cette opération s'effectue au moyen des tables de lavage. On distingue deux espèces de tables de lavage, 1°. les *tables dormantes* qui sont immobiles; 2°. les tables à percussion qui sont suspendues à des chaînes ou à des cordes, et reçoivent continuellement des poussées ou chocs.

Tables dormantes.

82. Une table dormante n'est autre chose qu'un plan incliné de 12 à 15 pieds de longueur et de 3 environ de largeur. Au-dessus de l'extrémité de la table est une caisse, dans laquelle on jette la farine *minérale;* un canal d'eau, soutenu sur des poteaux à une hauteur plus élevée que la caisse, conduit l'eau nécessaire pour le lavage ; cette eau s'écoule par de petits tuyaux. L'eau et la matière contenues dans la caisse sortent par une ouverture, traversent le tuyau, et se répandent sur la table.

83. Une laverie contient plusieurs tables ainsi disposées. La pente du canal et de la caisse augmente ordinairement d'un pouce d'une table à l'autre.

84. Au bas de la table est une caisse, large et profonde d'un pied, et au-delà un canal qui s'étend le long de la laverie, et dans lequel sont plusieurs trous pour donner issue à l'eau et

aux matières. Ce canal, d'environ 13 pouces de large sur 9 de profondeur, a une forte pente.

85. Voici de quelle manière on se sert de cette table. La matière à laver est déposée dans le réservoir ou caisse supérieure, on ouvre les tuyaux pour que l'eau du canal puisse s'écouler dans ce réservoir. Cette eau dissout continuellement une portion de la matière qui se décharge par une ouverture, adaptée au bas du réservoir et qui s'introduit sur la table, au sommet de laquelle est une planche triangulaire garnie de plusieurs parties saillantes : elle est semblable à celles dont on voit le plan en xx, Pl. II, fig. 3. Ses parties saillantes subdivisent l'eau en une multitude de petits filets ; un ouvrier armé d'un balai, ou mieux, d'une petite planche adaptée au bout d'un bâton, retarde la descente des matières que l'eau charrie, pour que les particules de métal plus pesantes aient le temps de se déposer ; les particules légères sont entraînées et suivent le cours de l'eau.

86. Pour empêcher que les ordures ne s'introduisent sur la table, on adapte une grille de fer au bout du tuyau de décharge.

A mesure que l'eau et la matière descendent le long de la table, l'ouvrier a soin de les ramener vers le haut, jusqu'à ce qu'il juge que l'eau a suffisamment dépouillé le minerai des substances terreuses ; alors on retire ce minerai épuré et on laisse écouler l'eau dans les canaux inférieurs, pour laver ensuite de nouvelle farine métallique.

Tables à percussion, Pl. V, fig. 5, 6. *Élévation et plan.*

87. Les tables à percussion diffèrent des précédentes, en ce qu'elles sont mobiles et reçoivent un mouvement de va et vient.

La caisse A, qui forme la table proprement dite, doit être très-solide, son fond est formé par une double assise de planches ; elle est entourée d'un rebord de 10 à 12 pouces de haut construit également en planches ; sa longueur est d'environ 15 pieds et sa largeur de 4 à 5 pieds.

La caisse A est suspendue vers sa partie supérieure par des chaînes fixées à des crochets, implantés dans le montant h ; sa partie inférieure est suspendue par d'autres chaînes, dont l'extrémité est fixée à un treuil x. Ce treuil est percé de quelques trous dans lesquels on introduit, lorsqu'on veut le faire tourner, des leviers en fer ; de cette manière on élève plus ou moins, selon qu'on le juge convenable, la partie antérieure ; le treuil porte à une de ses extrémités un *encliquetage* qui l'empêche de tourner dans l'autre sens.

88. Derrière les tables est l'arbre c d'une roue hydraulique : lorsqu'il tourne, ses cames $y\ y$ pressent tour à tour un bras de la bascule $d\ d$, ce qui ne peut se faire sans que la table ne soit poussée en avant ; aussitôt que la came en action a cessé d'agir sur la bascule, la caisse abandonnée à elle-même rétrograde, et s'arrête contre une grosse pièce de bois l, placée derrière sa tête ; elle est ensuite repoussée par une autre came, et éprouve ainsi 20 ou 30 chocs dans une minute.

89. Le nombre des oscillations, ainsi que la longueur de la poussée, sont à la disposition du laveur, et il les règle selon le besoin. A cet effet, la bascule $d\ d$ est ainsi disposée : la pièce oblique v est insérée en r dans une mortaise, où elle peut glisser comme dans une coulisse, sa partie inférieure repose sur le bras t fixé à la pièce $d\ d$; on assujettit cette pièce t au point r, après lui avoir donné l'obliquité convenable, par une vis de pression, plus on l'élève et moins la poussée que communique la came est grande. Une bièle w est adaptée à la caisse et entre dans une mortaise pratiquée au bras inférieur de la bascule $d\ d$, où elle est fixée par un boulon ; c'est par l'intermédiaire de cette bièle que le mouvement de va-et-vient est transmis à la caisse.

90. Au-dessus et derrière la table A est une petite caisse B où l'on dépose la farine métallique ; cette caisse est divisée en deux parties par un diaphragme percé de trous. Deux tuyaux sont établis au-dessus : l'un répond à la partie supérieure ; l'autre, que l'on ne voit point dans la figure, descend dans la partie inférieure ; ces deux tuyaux partent du fond du canal q qui fournit l'eau nécessaire au lavage.

91. La farine métallique est placée dans la partie supérieure de la caisse B ; l'eau, que le tuyau i y verse, commence à la délayer et l'entraîne par les trous du diaphragme ; en passant dans la partie inférieure de la caisse, elle est encore délayée par le courant d'eau qui tombe dans cette partie ; puis elle sort, tombe sur le plan incliné k, qui la conduit sur la table, après avoir traversé un crible qui arrête les pailles et les morceaux de bois. Au bas du plan incliné k le courant rencontre une petite planche verticale qui le fait dévier à droite et à gauche ; plus loin, des petits saillans de bois, dont nous avons déjà parlé (85), subdivisent le courant en petits filets. Les saillans tournent sur leur axe et présentent ainsi des surfaces plus ou moins grandes, qui rendent plus ou moins considérable le filet dont elles occasionent la déviation.

92. L'eau, en descendant le long de la table dépose d'abord les parties métalliques, puis les parties pierreuses, et entraîne avec elle les parties terreuses. Les chocs ou secousses que la table éprouve continuellement, rompent à tout moment le courant, et facilitent de cette manière la séparation des diverses espèces de particules ; de sorte que, lorsque le lavage est fini, on trouve les parties les plus pesantes, c'est-à-dire, les parties métalliques sur la table où elles occupent la partie supérieure ; souvent ce qui est sur la partie inférieure ne contient point de métal et est rejeté hors des laveries. Le reste, dans l'état où il se trouve,

est mis de côté pour être livré aux fonderies après les alliages convenables, ou bien il est relavé une seconde et une troisième fois, si on ne le juge pas assez pur.

93. Au moyen des tables à percussion on lave beaucoup plus promptement, avec plus d'exactitude, qu'avec les tables dormantes, et leur service exige un nombre d'ouvriers moins considérable.

94. On voit Pl. II, fig. 2, 3, l'élévation et le plan d'une table à percussion qui a beaucoup d'analogie avec celle que nous venons de décrire, mais qui offre quelques variétés, soit dans la suspension de la caisse, soit dans la forme de la bascule. On voit, fig. 2, en d, que la partie basse de la caisse est soutenue par des triangles de fer a, qui correspondent à un levier $p\,p$ qui a son axe de rotation en x. On peut fixer l'extrémité y de ce levier à une hauteur plus ou moins grande, par des boulons que l'on introduit dans les trous pratiqués au montant z; par ce moyen fort simple, on fait varier avec facilité et promptitude l'inclinaison de la caisse A.

95. — C, est le profil de l'arbre de la roue hydraulique garni de cames $b\,b$, lesquelles agissent sur la tige g suspendue au point p. Cette tige transmet, par l'intermédiaire du bras o, le mouvement à la bascule $d\,d$ qui a son centre de rotation en t, et celle-ci communique ce mouvement à la bielle m de la caisse.

96. La fig. 1, Pl. II, représente une petite table de percussion D, combinée avec un bocard A. L'arbre $a\,a$ transmet à cette table le mouvement de trémoussement au moyen d'une bascule 1, 2, 3, 4, disposée d'une manière analogue à celle que nous venons de décrire. La caisse D est suspendue par des chaînes $c\,c$ et $d\,d$; les premières sont attachées aux montans $m\,m$, les autres passent sur un petit treuil x garni de son encliquetage. Ce treuil donne la faculté de faire varier à volonté la pente de la caisse D.

MACHINES SOUFFLANTES.

M. *Héron de Villefosse* a donné, dans son grand et bel ouvrage, intitulé *Richesses minérales*, plusieurs plans très-détaillés de diverses laveries existantes dans les exploitations les plus célèbres.

CHAPITRE SECOND.

Machines soufflantes.

Soufflets de cuir.

97. Ces soufflets sont les plus anciens, mais aussi les plus imparfaits de tous ceux qu'on emploie dans les grosses forges; *Virgile* en parle, on lit dans ses Géorgiques :

. . . . . alii taurinis follibus auras
Accipiunt reddunt que.

Soufflets simples.

98. On connaît plusieurs variétés de soufflets en cuir ; ils sont composés de deux tables en bois d'une forme fort allongée et presque triangulaire, dont les angles du côté de la base sont arrondis. L'on attache sur les bords de ces tables un cuir fort, bien corroyé, avec des clous dont les têtes sont doubles, fort allongées et étroites, pour qu'elles appuient sur une plus grande surface du cuir et de la courroie qui règne au pourtour des tables, afin de diminuer par-là les dégradations que les tiges des clous occasionent au cuir et aux tables, par les trous trop rapprochés. Ce cuir est coupé de façon, qu'étant étendu, il a la forme de deux trapèzes unis par leur base ; et, lorsque le soufflet est dans sa plus grande élévation, chaque côté de ce

cuir forme un triangle dont le sommet est joint à la tétière, dans laquelle est affermi un tuyau conique, qui se nomme la buse et sert de porte-vent.

99. Ce soufflet est mis en mouvement par l'effet d'une bascule ou d'un balancier qui élève la table supérieure et tend le cuir dans sa plus grande extension possible. L'élévation est facilitée par une ouverture garnie de sa soupape ou *venteau*. Cette ouverture est pratiquée dans la table inférieure qui est immobile. L'air entre dans le soufflet au moment de l'aspiration ou de l'élévation de la table supérieure qui fixe celle du venteau, lequel presse exactement sur l'ouverture dans le moment de l'abaissement de la table supérieure, qui est déterminé par la pression d'une des cames dont est garni l'arbre d'une roue hydraulique, ce qui force l'air de passer par la buse et d'aller au foyer par la tuyère.

Soufflet à ressort.

100. Ce soufflet ne diffère du précédent que parce qu'il est muni intérieurement d'un ressort qui tend continuellement à relever la table supérieure, ensorte que pour souffler il faut seulement presser sur la table supérieure.

101. On obtient un effet analogue d'une manière également simple, il suffit d'attacher à la caisse supérieure le bout d'une corde; l'autre bout de cette corde est fixé à un brin de bois élastique, planté perpendiculairement derrière le soufflet.

Soufflet à ais.

102. Le cuir qui unit les tables de ce soufflet ne forme pas un sac flasque qui absorbe une partie du vent, comme dans les autres soufflets. Ce cuir est collé sur des ais très-minces, au moyen desquels il fait des plis réguliers qui s'étendent en se développant presque verticalement, et se replient ensuite horizontalement;

MACHINES SOUFFLANTES. 33

l'air contenu dans la capacité du soufflet en est plus complètement expulsé.

Soufflets cylindriques ou prismatiques de cuir.

103. Les tables de ces soufflets ont la forme d'un polygone régulier ou d'un cercle. La table inférieure est posée horizontalement sur une charpente solide et y est affermie à demeure ; elle est percée d'un trou garni d'un clapet pour aspirer l'air, et d'un second trou auquel est adapté le tuyau qui conduit l'air au foyer. Ces soufflets s'élèvent perpendiculairement et s'abaissent de même. Le cuir dont ils sont revêtus est soutenu intérieurement par des cercles de bois espacés de pied en pied pour assujettir le cuir et en fixer les plis.

Soufflets à deux âmes.

104. Les soufflets que nous venons de décrire ne peuvent produire qu'un vent intermittent, de sorte que l'on est obligé d'en adapter deux à un même fourneau, pour obtenir un vent continu. Le soufflet à deux âmes a la propriété de produire à lui seul cette continuité de vent. Il est placé horizontalement et est composé de trois tables; savoir: une table supérieure, que j'appelle première, qui s'élève par le refoulement de l'air; une table inférieure que j'appelle seconde, descend par son propre poids et par celui d'un corps quelconque qu'on y suspend; enfin, d'une table intermédiaire qui partage le soufflet en deux parties ; cette dernière, est immobile, toujours horizontale, et cachée dans l'intérieur du soufflet par le cuir cloué autour des trois tables. Des deux côtés de cette table sortent deux tourillons de fer qui servent à suspendre le soufflet dans son châssis. Cette table intermédiaire est percée d'une ouverture garnie de sa soupape.

105. Le soufflet aspire l'air par l'ouverture de la seconde table,

Des Machines employées dans diverses fabrications.

quand elle descend, et remplit la partie inférieure du soufflet ; lorsqu'on relève cette seconde table, l'air de la partie inférieure qui est retenu par la soupape de la seconde table, passe par le diaphragme dans la partie supérieure, soulève la table, et par la résistance que cette table oppose, tant par son propre poids que par celui dont on la charge ; elle opère une compression de l'air qui passe en partie par la tuyère ; le surplus de l'air est poussé dans le foyer par la pression totale de la première table, pendant que la seconde table descend par son poids pour aspirer un nouvel air.

106. Les grands soufflets en cuir sont, en général, d'un prix trop considérable et d'un entretien trop dispendieux ; ils sont très-susceptibles d'être dégradés par le feu qui les dessèche, et sujets à être crevés par les chocs presque inévitables dans les forges, où tout ce qui est en mouvement est dur, roide, tranchant et brûlant.

Soufflets en bois, Pl. VI, fig. 1, 2, 3.

107. Ces soufflets furent inventés en 1626 par un évêque de Bamberg en Bohême (*a*). Ils sont composés de deux caisses, dont l'une fixe A, se nomme le *giste* ; l'autre mobile B, s'appelle le *volant*. Ces caisses s'emboîtent l'une dans l'autre, et sont unies ensemble par une sorte de charnière.

108. Le *giste* A, a ordinairement 14 à 15 pieds de longueur, 4 pieds et demi de largeur à un bout, et seulement un pied à l'autre bout. Le fond de cette caisse est composé de gros madriers de 3 pouces à 3 pouces et demi d'épaisseur. La *buse* qui conduit l'air au fourneau est adaptée au petit côté du giste. C'est un tube conique formé ordinairement d'une lame de fer battu,

---

(*a*) Traité de la fonte des mines, etc., trad. de *Schlutter*, par *Hellot*, tom. 2.

roulée et bien soudée, ou mieux encore de cuivre fondu. Les buses ont environ 5 pouces ou 5 pouces et demi d'ouverture au gros bout, environ 2 pouces au petit bout du côté du foyer, et 4 pieds 6 pouces de longueur dont on enferme 8 pouces dans la têtière du soufflet ; elle doit y être scellée exactement, et affermie de façon à ne pouvoir être ébranlée.

109. Toute la difficulté dans la construction des soufflets en bois, consiste à empêcher la sortie de l'air entre les deux caisses ; car il serait presque impossible de les ajuster l'une dans l'autre avec assez d'exactitude pour que tout passage à l'air fût intercepté ; d'ailleurs, les changemens qui arrivent au bois, soit par la sécheresse, soit par l'humidité, auraient bientôt ouvert des issues à l'air entre les caisses qui auraient été le plus parfaitement emboîtées. Un emboîtement trop parfait produirait d'énormes frottemens qui ne pourraient être vaincus que par une très-grande force motrice. On est parvenu, par un expédient simple et ingénieux, à remédier à tous ces inconvéniens, pourvu que les bords latéraux des deux caisses soient des surfaces à peu près planes, et que le vide entre les bords des deux caisses ne soit que d'environ 2 pouces.

110. Voici le moyen qu'on a employé. Sur les bords de la caisse inférieure, il y a des *liteaux* ou tringles de bois $l\,l\,l$, fig. 4, qui n'y sont pas attachés ; ils sont retenus par des mentonnets $h\,h\,h$ (on voit, fig. 6, un de ces mentonnets en perspective). Les mentonnets forment des espèces de coulisses qui permettent aux liteaux d'avoir des mouvemens horizontaux en divers sens, mais les empêchent de s'élever et de s'écarter de l'horizontalité. Dans quelques endroits les mentonnets sont en bois, dans d'autres ils sont en fer.

111. Ce sont les liteaux qui bouchent tout passage au vent : ils sont continuellement pressés par des ressorts qui les obligent

5 *

de s'appliquer contre les parois intérieures du *volant*. Ces ressorts sont des lames d'acier $x\,x$ (fig. 5), soutenues par des supports $y\,y$ que l'on appelle *porte-ressorts*. Le milieu de chaque ressort est attaché contre son porte-ressort, et les deux bouts touchent le liteau (la fig. 5 représente un ressort et son porte-ressort vus en perspective). Les liteaux ont ordinairement 2 pouces et demi de largeur, et un peu plus d'un pouce d'épaisseur.

112. On conçoit aisément que, lorsque la caisse inférieure est emboîtée dans le volant, l'air ne pourra *passer* entre les deux caisses, parce que les ressorts contraignent les liteaux à s'appliquer contre les parois du volant. Si les changemens de température augmentent la distance entre les deux caisses, à mesure que leurs parois s'éloignent, les liteaux les suivent ; de même, si, en élevant le volant, il se trouve, en certain endroits, des vides plus grands que dans d'autres, les liteaux en approchent davantage et les bouchent. Si, au contraire, d'autres changemens de température rétrécissent ce volant, et si, en s'abaissant, il forme des vides plus petits, alors il repousse les liteaux, il les fait rentrer dans la caisse inférieure. Dès lors que les côtés du volant seront bien aplanis, l'entrée sera parfaitement bouchée à l'air.

113. On voit en $b\,b$ (fig. 4), que les liteaux de la partie postérieure du *giste* ou caisse inférieure, ont deux ressorts ; l'un x repousse les liteaux en dehors, l'autre z les éloigne latéralement. Cette disposition (que l'on voit en perspective fig. 7) a pour but d'empêcher que l'air ne trouve des issues vers les angles $r\,r$.

114. Les ouvertures qui donnent entrée à l'air dans le soufflet pendant que le volant s'élève, sont taillées dans le fond du *giste*, comme on le voit en q, q. Les ouvriers les appellent *ventaux* ou *éventaux*, nom qu'ils donnent aussi aux clapets qui les bouchent. Elles sont coupées carrément, et ont chacune 5 pouces de

large et 10 de long. Elles ne sont distantes que de 2 ou 3 pouces l'une de l'autre, et elles le sont de 5 à 6 du derrière du soufflet. Le clapet de chacun des ventaux tourne sur deux bandes de cuir $o\ o$, attachées par un bout au clapet et par l'autre au fond de la caisse. Autour des ventaux, le fond du soufflet est garni de peau de mouton couverte de sa laine, ainsi que les bords du clapet.

115. L'air entrant avec impétuosité dans le soufflet quand on élève le volant, il pourrait lever tellement les clapets qu'ils tombassent du côté opposé à celui de l'ouverture, et alors l'air sortirait par où il est entré. C'est à quoi on remédie par une corde p attachée contre le fond de la caisse. Elle passe à travers le milieu des deux clapets. Comme elle est lâche, elle les laisse élever jusqu'à un certain point, et les arrête avant qu'ils soient montés trop haut.

116. Depuis la tétière jusqu'à environ 3 pieds par-delà, le fond de la caisse est recouvert de feuilles de fer pour prévenir les accidens que l'introduction des étincelles pourrait occasioner. Comme ces étincelles pourraient aller beaucoup plus loin, on met quelquefois une traverse c là où finissent les feuilles de fer. Cette traverse est elle-même recouverte de feuilles de fer, du côté qui regarde la buse.

117. Il importe que les liteaux n'aient point de nœuds; comme les nœuds sont plus durs que le reste, ils seraient cause que les liteaux et les parois du volant s'useraient inégalement en différens endroits, ce qui pourrait procurer des entrées à l'air.

118. Quoiqu'on fasse tous les assemblages le plus exactement qu'il soit possible, on craint avec raison que les jointures ne donnent entrée à l'air; pour éviter cet inconvénient, on colle dessus des bandes de peau; et, avant de mettre en action les soufflets neufs, on a soin de frotter avec de l'huile toutes les

MACHINES SOUFFLANTES.

parties mobiles, par-là tout passage à l'air en est mieux bouché et les mouvemens sont plus doux.

119. Le devant du soufflet exposé au feu et conséquemment facile à se gercer, doit être garni d'un revêtement enduit de bourre mêlée avec de la farine de seigle.

120. On voit, fig. 1, un soufflet entier monté sur son chevalet $t\,t$. La têtière est appuyée sur de grosses pierres $d\,d$. Le dessus du volant B est garni d'une forte barre de fer $m\,n$ destinée à recevoir, sur sa partie saillante m, l'action des cames qui mettent en mouvement le volant qui, comme on le sait, doit avoir alternativement un mouvement d'élévation et un contraire de dépression. Les cames ne produisent que l'un de ces mouvemens, l'autre dépend d'un ressort ou d'un contre-poids.

121. Pour avoir un vent continu, on accouple toujours deux de ces soufflets, qui sont ordinairement mus par une roue hydraulique dont l'arbre est garni de six cames, trois pour chaque soufflet; chacune de ces cames produit simultanément l'abaissement du volant d'un de ces soufflets, et la tension du ressort, ou bien l'élévation du contre-poids correspondant; aussitôt que la came a cessé d'agir, le ressort ou le contre-poids relève ce volant. Tout ce mécanisme est disposé de telle sorte que toujours, quand un des volans s'élève, l'autre s'abaisse.

122. Deux de ces soufflets ainsi accouplés et mus par un agent moteur d'une force suffisante, sont susceptibles de faire écouler 400 pieds cubes d'air en une minute.

Trompes, Pl. VII, fig. 6, 8.

123. Ces machines ont tiré leur nom des météores nommées *trombes*, qui consistent en de grands tourbillons de vent, d'où résultent quelquefois des effets désastreux.

Les trompes sont composées de tuyaux perpendiculaires recevant des colonnes d'eau, qui entraînent avec elles des courans d'air, obligés de se diriger vers la tuyère du foyer. Ces machines furent inventées en Italie vers l'an 1640. Elles ne sont ordinairement praticables que dans les pays montueux, car elles exigent des chutes d'eau considérables et un réservoir fort élevé.

124. On reproche à ces machines, 1°. de ne pouvoir agir l'hiver lors des gelées ordinairement fréquentes dans les endroits où elles sont situées; 2°. d'entraîner une humidité nuisible, qui détruit une partie de l'intensité de la chaleur du foyer.

Il existe diverses sortes de trompes.

Trompes du Dauphiné.

125. Elles sont composées de cylindres formés avec des poutres de chêne ou de sapin, creusées intérieurement, liées fortement à l'extérieur avec des frettes de fer. Ces cylindres ou tuyaux ont de 24 à 28 pieds de hauteur, ils sont posés verticalement; leur partie supérieure est creusée en cône renversé, dont la base inférieure a 4 à 5 pouces de diamètre, et la base supérieure trois fois autant. Cette espèce d'entonnoir reçoit l'eau d'un réservoir commun à plusieurs tuyaux semblables. Des trous obliques sont pratiqués au-dessous de l'entonnoir, ils ont 2 pouces de diamètre environ; ils donnent entrée à l'air extérieur qui passe dans la trompe pour remplacer celui que l'eau entraîne dans sa chute. Les tuyaux s'élargissent au-dessous de l'entonnoir, et leur diamètre devient au moins double de celui de la partie inférieure de cet entonnoir.

126. Les tuyaux s'insinuent et aboutissent dans des cuves coniques renversées, formées par des douves de bois cerclés en fer; chacune de ces cuves a environ 6 pieds de hauteur sur autant de diamètre; elles sont posées sur un bassin de pierre ou de bois.

127. Du centre de ce bassin s'élève un chevalet qui arrive à

la moitié de la hauteur de la cuve. Ce chevalet supporte un disque de pierre ou de fonte, qui a pour objet d'éparpiller l'eau que le tuyau de la trompe verse dessus, et d'en dégager l'air qui y est entremêlé.

Les cuves ont d'un côté une ouverture garnie d'une petite vanne qui règle, par le plus ou moins de son élévation, le volume d'eau qui doit sortir ; d'un autre côté, elles ont une seconde ouverture à laquelle est adapté le porte-vent qui se prolonge jusqu'à la *tuyère* ; pour porter le vent dans le foyer.

Trompes à tuyaux carrés.

128. Ces trompes, d'une construction plus simple et d'une exécution plus facile que les précédentes, ont les tuyaux formés avec des madriers bien joints et convenablement *frettés*. L'entonnoir des tuyaux est divisé en deux branches, et pénètre dans le réservoir où l'eau est entretenue à la même hauteur par un petit empalement. L'air entre dans les trompes par les branches, appelées trompilles, et qui s'élèvent au-dessus du niveau de l'eau.

129. L'eau tombe, comme dans les trompes précédentes, sur une table de pierre, de fonte ou de bois, placée dans la cuve ou caisse qui est basse, mais fort allongée, ayant jusqu'à 18 pieds de longueur sur 6 à 7 de largeur, et 3 à 4 de hauteur. Cette caisse est commune à tous les tuyaux de la trompe ; elle est de la même hauteur jusqu'à la moitié de sa longueur; mais elle s'élève obliquement jusqu'à 6 ou 7 pieds. C'est à cette partie qui est opposée à celle dans laquelle descendent les tuyaux, qu'est fixée la buse qui reçoit l'air et le porte dans le foyer. Une vanne est adaptée à la caisse, pour régler la sortie de l'eau.

130. On voit dans les Pyrénées, des trompes construites sur les mêmes principes, mais qui sont en pierre au lieu d'être en bois, comme les précédentes.

MACHINES SOUFFLANTES.

Expériences de MM. Beaunier *et* Gallois.

131. Ces deux ingénieurs ont fait sur les trompes de la fonderie de Pouallouen, diverses expériences remarquables. La machine sur laquelle ils ont opéré est représentée Pl. VII, fig. 6.

La hauteur de la chute, prise du fond du canal, qui amène l'eau jusqu'à la partie supérieure de la tonne B, est de 21 pieds 6 pouces. La hauteur de l'entonnoir, depuis le même fond du canal jusqu'au goulet x, est de 7 pieds. Cet entonnoir a la forme d'un cône renversé. Le diamètre de la grande buse est de 12 pouces, celui de la petite buse est de 4 pouces. Le reste du tuyau, jusqu'à la tonne, est un cylindre de 8 pouces de diamètre.

132. La planche N, large de 12 à 13 pouces, est fixée à 1 pied au-dessous du fond supérieur de la tonne. Celle-ci a 6 pieds de hauteur.

L'eau sort de la tonne par les ouvertures triangulaires $t\,t\,t$, et est conduite dans une galerie d'écoulement au moyen du canal M, dont le sol est élevé de 4 pieds au-dessus du fond de la tonne.

L'air comprimé par l'eau extérieure, dont le niveau est élevé de 27 à 30 pouces au-dessus de celui de l'eau contenue dans la tonne, se dégage par le tuyau P, qui est un cylindre creux de 5 pouces de diamètre. Immédiatement au-dessous du goulet x sont placées quatre trompilles $y\,y$.

133. Nous ne rapportons ici que les résultats des expériences de MM. *Beaunier* et *Gallois*. Les détails de ces expériences et la description de l'appareil qu'ils ont employé pour les effectuer se trouvent dans le 91.e cahier du *Journal des Mines*, an 12. Voici ces résultats :

1°. La consommation d'eau pour la trompe sur laquelle on a opéré est de 173 pieds cubes par minute;

MACHINES SOUFFLANTES.

2°. L'air dégagé par l'ouverture de la buse, ayant 2 pouces de diamètre, est de 441 pieds cubes par minute (*a*);

3°. Des quatre trompilles que porte la machine, trois seulement contribuent à l'effet;

4°. La pelle placée vers l'orifice de la trompe, en a augmenté l'effet, lorsque la partie inférieure a été élevée de 5 pouces 1 ligne au-dessus du fond du canal dans lequel elle est ajustée;

5°. Les croix placées à l'orifice supérieur des trompes en diminuent l'effet (*b*), lorsque la pelle a été élevée de 5 pouces 1 ligne au-dessus du fond du canal. Cette élévation étant plus grande que celle rapportée dans le résultat précédent, la consommation d'eau en est accrue. Il s'ensuit que l'usage des croix doit être proscrit dans les cas où la quantité d'eau fournie à la machine est bornée entre certaines limites.

Soufflets cylindriques.

134. Depuis long-temps on avait reconnu que les soufflets à caisse de bois et à liteaux présentaient de graves inconvéniens,

1°. Ces soufflets, en aspirant la flamme et les étincelles ont souvent occasioné l'incendie de toute l'usine;

2°. Ces soufflets volumineux exigent un grand espace près de la tuyère, ce qui diminue la masse et affaiblit le fourneau;

3°. Les frottemens des liteaux, pressés par des ressorts dans

---

(*a*) Si l'on compare ces résultats avec ceux que présentent les soufflets cylindriques du pays de Namur, que nous décrirons bientôt, on trouvera que, pour dégager une égale masse d'air, la quantité d'eau consommée dans les trompes est avec une chute plus que double, à peu-près deux fois aussi considérable que celle qui est employée à mouvoir ces soufflets.

(*b*) Quelques maîtres fondeurs sont dans l'usage de placer deux rondins disposés en croix à l'orifice supérieur de l'entonnoir des trompes. Ils prétendent augmenter ainsi l'effet de la machine en divisant l'eau au moment de sa chute.

les caisses en bois, sont très-grands. D'ailleurs, une grande partie de l'air comprimé est perdue sans utilité et reste dans le soufflet sans pouvoir être chassée par la tuyère.

135. Ces inconvéniens, et plusieurs autres que nous passons sous silence, ont contribué à faire adopter les soufflets cylindriques qui ont été introduits en Angleterre et en Ecosse depuis plus de 40 ans, et y sont aujourd'hui d'un usage général. Ces soufflets mus ordinairement par une machine à vapeur fournissent un écoulement d'air bien autrement considérable que les soufflets à caisse de bois et à liteaux. L'expérience a prouvé qu'avec la même force les soufflets cylindriques bien construits produisent trois fois plus d'effet.

136. Les soufflets cylindriques peuvent être construits ou en bois ou en fonte de fer. Ces derniers sont préférés, surtout depuis que la multiplication des machines à vapeur a singulièrement facilité la fonte et le forage des grands cylindres.

137. Les premières machines de ce genre qui furent construites en Angleterre étaient mues par des roues hydrauliques, et étaient composées de deux cylindres verticaux de 4 à 5 pieds de diamètre, placés l'un à côté de l'autre et ouverts par le haut. Leurs pistons revêtus de cuir étaient élevés et abaissés par deux balanciers, dont le mouvement oscillatoire était produit par la pression des cames fixées sur l'arbre de la roue ; ce mouvement était en tout semblable à celui des volans des soufflets en bois ordinaires. L'air, comprimé dans chaque cylindre par la descente du piston, sortait par un tuyau placé dans la partie inférieure et qui communique à la tuyère. L'expérience ayant appris qu'un jet d'air continu était d'une grande utilité, soit pour la marche du fourneau, soit pour l'économie du travail, on réunit un plus grand nombre de cylindres que l'on fit communiquer chacun séparément avec le tuyau commun ; des soupapes favorisaient la sortie

de l'air des cylindres et s'opposaient à leur entrée. Les balanciers des pistons étaient mus par des cames cylindriques de fer fondu, ou par des leviers attachés à des manivelles. On parvenait par ce moyen à obtenir un courant uniforme sans régulateur, lorsque le conducteur du vent avait d'assez grandes dimensions. Telle était la machine suivante.

Machine construite par Sméaton, *à Carron;* Pl. VIII, fig. 1, 2.
Élévation, plan.

138. Cette machine reçoit le mouvement d'une roue hydraulique à auge A (fig. 2), qui est traversée par un axe de fonte $m\ m$, supporté par un massif d, sur lequel est la crapaudine dans laquelle tourne le tourillon.

Quatre cylindres c, c sont posés sur un fort châssis dont les pièces sont entaillées les unes sur les autres. Les pistons n de ces cylindres (fig. 1) sont mus par des balanciers $p\ p\ p$, auxquels les manivelles coudées $h\ h\ h$ transmettent un mouvement alternatif par l'intermédiaire des tiges 1, 2, 3.

139. Le courant d'air produit par les quatre cylindres entre dans un grand canal $v\ v$, dont on voit la coupe fig. 1 et le plan fig. 2. L'air sort du canal $v\ v$ par le tuyau r qui le conduit jusqu'au fourneau.

140. On voit (fig. 3) de quelle manière les manivelles sont emmanchées les unes avec les autres, par l'intermédiaire d'un manchon k. Les bouts carrés sont séparés par un boulon à écrou s. On peut, par le moyen de cet assemblage, démonter facilement quelques-unes de ces parties, lorsqu'elles exigent des réparations.

Lors de la construction de cette machine, on ne connaissait pas encore le parallélogramme de *Watt*, qui possède la précieuse propriété de conserver la perpendicularité à une tige mue par un balancier (voyez le volume intitulé *Composition des Machines*, pag. 275). Aussi remarque-t-on, dans la machine que nous décrivons, le défaut très-grave d'éprouver des flexions et des tiraillemens sur les tiges des pistons, qui produisent des frottemens inégaux, usent et ébranlent la machine.

141. Cette mécanique est d'une construction très-dispendieuse et occupe un grand local. On a donc recherché les moyens d'obtenir la continuité et l'uniformité des jets d'air, avec plus d'économie et moins d'embarras. A cet effet, plusieurs moyens ont été proposés et mis en usage, tels sont, le cylindre à double effet, le cylindre à deux pistons, le régulateur à poids, le régulateur à eau, le réservoir d'eau d'une capacité variable.

142. Quel que soit celui de ces moyens que l'on adopte, on préfère généralement, en Angleterre, de les adapter à une machine à vapeur plutôt qu'à une roue hydraulique, parce que, 1°. les machines à vapeur, indépendantes des variations météorologiques, qui influent puissamment sur le travail de l'eau et du vent, employés comme moteurs, ne sont point sujettes à éprouver des variations et des interruptions imprévues;

2°. Elles peuvent être placées dans les lieux les plus favorables à l'économie du transport des matières premières, telles que le minerai et le combustible;

3°. Leur force n'est nullement limitée, et on a la faculté de la proportionner aux besoins des machines qu'elles doivent animer.

Soufflet cylindrique à double effet, Pl. IX, fig. 7.

143. Le cylindre a est fermé en haut et en bas, mais il porte une soupape à chacun de ses fonds; l'air entre par la soupape u quand le piston monte, et par la soupape x quand il descend. Cette soupape x est attachée à l'extrémité d'un petit levier $n\,n$, chargé d'un poids pour la faire fermer.

144. Le tuyau *b* conduit l'air de la partie supérieure du cylindre dans le réservoir B, lorsque le piston monte ; le tuyau *c* donne passage à l'air quand le piston descend ; chacun de ces canaux a une soupape *h*.

145. Ces machines ont un inconvénient, c'est que toutes les fois qu'il faut réparer le piston, ou toucher à l'attache de sa tige, il faut démonter le disque ou couvert supérieur du cylindre, ce qui exige du travail et de l'embarras.

Soufflet cylindrique à deux pistons, Pl. IX, fig. 3.

146. Le cylindre *a* est ouvert dans sa partie inférieure et fermé par en haut ; il contient deux pistons qui se meuvent en sens contraire, c'est-à-dire, que le piston *a* monte, le piston *b* descend, et *vice versa ;* de sorte que tantôt ils s'approchent l'un de l'autre jusqu'à ce qu'ils se touchent, tantôt ils s'éloignent.

147. Chacun de ces pistons a des soupapes à clapets. La soupape du piston *a* s'ouvre pour laisser entrer l'air dans le cylindre toutes les fois qu'il descend, et alors les soupapes du piston *b* sont fermées. Quand au contraire le piston *a* remonte, ses soupapes se ferment, il refoule l'air contenu dans le cylindre, et le piston *b* ouvre les siennes pour laisser passer l'air refoulé. Les deux pistons refoulent alternativement, et, de cette manière, l'écoulement de l'air est continu.

148. Voici par quel moyen le même moteur peut mettre en mouvement simultanément les deux pistons *a* et *b* : *r*, est une manivelle à l'extrémité de laquelle est adaptée la tige *g*, qui communique avec le balancier B, dont le centre de rotation est en *c*, et à l'extrémité *d* duquel est suspendue la chaîne *f* du piston *b*. Ce même balancier B communique avec un second balancier E, par l'intermédiaire d'une tige *m n*. Le centre de rotation du balancier E est en *i* ; une chaîne articulée *x* est attachée au som-

met de l'arc de cercle g, et communique à la tige du piston a.

149. La longueur du levier $m\,n$, qui établit une communication de mouvement entre les deux balanciers est indifférente; il n'en est pas de même des distances des axes de rotation c et i, aux points d'attache m et n, et de celles de ces axes aux chaînes d'articulation. Il faut que $cm = ni$, et $cd = ig$. La perfection de la machine exige encore que, dans toutes les positions des pistons qui se meuvent en sens contraire, il y ait équilibre d'action ; et comme le piston inférieur a, avec tout son équipage, est plus pesant que le piston supérieur b, il faut, pour établir cet équilibre, placer à l'extrémité B du balancier supérieur, ou à l'extrémité E de l'inférieur, un contre-poids qui établisse cet équilibre.

150. L'effet du mécanisme que nous venons de décrire est facile à concevoir. L'extrémité B du grand balancier étant tirée en bas par la manivelle r, l'arc d se lève et fait monter le piston b ; en même-temps la tringle $m\,n$ fait baisser l'arc g du petit balancier E, ce qui permet au piston a de descendre par son propre poids.

151. Aussitôt que la manivelle est arrivée à son point le plus bas et qu'elle remonte de l'autre côté, elle fait également remonter l'extrémité B du balancier et le piston b descend par son propre poids, tandis que l'arc g, tiré par la tige $m\,n$, fait remonter le piston a qui va à la rencontre du premier.

152. Cette machine a le même inconvénient qu'ont les machines soufflantes, composées de deux cylindres, dont les pistons sont mus par des manivelles coudées, de produire un souffle inégal et d'occasioner une cessation de vent dans l'intervalle de chaque mouvement, c'est-à-dire, deux fois par tour de roue. Pour éviter cet inconvénient, il faudrait avoir recours à un des régulateurs que nous ferons bientôt connaître, ou bien il faudrait

MACHINES SOUFFLANTES.

réunir ensemble deux de ces cylindres doubles que l'on ferait mouvoir par une double manivelle, dont l'une serait à angle droit de l'autre; par-là on obtiendrait un résultat semblable à celui que procure la machine soufflante, composée de quatre cylindres mus par quatre manivelles placées à angle droit.

153. En général l'usage des manivelles occasione toujours des irrégularités de mouvement difficiles à maintenir. On a donc imaginé plusieurs moyens de faire mouvoir les pistons des machines soufflantes, sans avoir recours à ce mécanisme, d'ailleurs d'une construction assez difficile.

154. Nous ferons connaître quelques-uns de ces moyens de transmission, qui ont été mis en exécution ou proposés.

(a) Soufflets cylindriques de Marche-sur-Meuse, Pl. VII, fig. 2, 3.

155. Ces soufflets en fonte ont été imaginés et construits par M. Janniens; ils consistent en deux cylindres de 3 pieds 8 pouces environ de diamètre, sur 30 pouces de hauteur placés verticalement à côté l'un de l'autre. La fig. 3 représente un de ces cylindres.

156. Un piston en bois, garni en cuivre (fig. 1, 4, coupe et plan), se meut dans chaque cylindre et pousse l'air avec force: cet air s'échappe par les tuyaux o (fig. 3), adaptés à la partie supérieure des cylindres et est conduit jusqu'aux divers feux qu'on veut activer. La base de ces tuyaux est garnie de soupapes pour prévenir le retour de l'air.

157. Le piston (fig. 1, 4) porte deux clapets $a\ a$, qui s'ouvrent quand il descend et qui se ferment quand il monte. Il est enveloppé d'une bande de cuir $z\ z$, qui est découpée comme on le voit (fig. 5), afin de pouvoir se plier circulairement; cette

---

(a) Annales des mines, an 4, tome XVI, page 10.

MACHINES SOUFFLANTES.

bande est clouée sous le piston, et retenue en outre par des jantes ou courbes en bois $y\,y$ (fig. 4). Ces courbes servent, 1°. à soutenir le cuir et à l'empêcher de quitter les clous ou de les arracher ; 2°. à prévenir aussi l'usure inégale du cuir, si le piston dans sa course tendait à quitter un peu la verticale.

158. Une gouttière $v\,v$ (fig. 1), est pratiquée dans le pourtour du piston et dans le milieu de son épaisseur pour recevoir les poussières et les crasses que la bande de cuir peut ramasser.

159. (fig. 3). La machine est mue par une roue hydraulique montée sur l'arbre s. Cet arbre porte des rouleaux, $t\,t$, en saillie sur sa circonférence; ces rouleaux élèvent alternativement les tiges des pistons, et les laissent retomber. La descente des pistons est réglée par le contre-poids f ; et le ressort bois en g, qui s'appuie sur le balancier au moment où les tiges p arrivent au bas de leur chute, sert à retarder leur vitesse et à prévenir tout choc et toute secousse.

160. La construction de ces soufflets est simple et peu dispendieuse; leur entretien est facile et sujet à peu de réparations. Ils peuvent servir à alimenter à la fois plusieurs feux ; ils n'exigent pas une grande force motrice, et consomment beaucoup moins d'eau que les soufflets en cuir et en bois. Cette différence est même telle que, depuis qu'ils ont été établis à La Marche, on a pu y multiplier le nombre des feux et doubler la fabrication.

161. Tout l'entretien de cette machine se réduit à frotter tous les dix jours, avec une brosse chargée d'huile, la surface intérieure des cylindres. Ces cylindres n'ont pas été *alésés*, il a suffi de les mouler avec soin, et de polir leur surface intérieure avec un morceau de grès.

162. Les canaux ou tuyaux de conduite d'air peuvent se faire en tôle ou en fer-blanc; ils doivent se terminer par des buses d'un diamètre convenable, proportionné aux divers feux ; ils

Des Machines employées dans diverses fabrications.

doivent aussi être garnis de clés ou robinets pour diminuer ou arrêter à volonté le passage de l'air.

163. Dans une machine à deux cylindres, placée dans une des forges de La Marche, la levée des pistons est de 18 pouces environ; leur vitesse est de 25 levées par minute pour les deux, ce qui produit près de 400 pieds cubes d'air. La consommation d'eau dont la chute est de 10 pieds, est d'environ 80 pieds cubes par minute.

164. Une autre machine à deux cylindres semblables, placée au haut fourneau de La Marche, donne 19 coups par minute. La levée des pistons est de 22 pouces environ, ce qui produit à peu près 360 pieds cubes d'air. La roue, animée par un courant dont la chute a 10 pieds, dépense environ 75 pieds cubes d'eau par minute.

165. Voici les dimensions des parties principales de ces soufflets.

Grands clapets des pistons.	8 pouces sur 6.
Intervalle des clapets.	14 pouces.
Tige du piston.	6 pouces d'équarrissage.
Mentonnet de cette tige.	9 pouces sur 6.
Rouleaux sur l'arbre de la roue.	{ longueur. 12 pouces. diamètre. 6 pouces.
Diamètre des cylindres.	38 pouces.
Hauteur.	26 pouces.
Épaisseur du cylindre.	10 lignes.

166. M. *Baillet*, à qui nous devons la description de cette machine, a suggéré l'idée utile de la mettre en mouvement par la simple pression d'une colonne d'eau, lorsque les circonstances locales le permettront. La méthode est indiquée Pl. VII, fig. 7. (Voyez la description des récepteurs à colonne d'eau, dans le volume intitulé *Composition des machines*, pag. 72 et sui-

MACHINES SOUFFLANTES.

vantes. Voyez aussi le volume intitulé *Machines hydrauliques* pag. 84.

167. La tige f du soufflet cylindrique e est commune au piston du petit cylindre d dans lequel peut communiquer la colonne d'eau $b\ c$. On voit que le robinet h étant ouvert et celui l étant fermé, la pression de la colonne fera monter la tige f et le piston du soufflet cylindrique; puis le robinet h se fermant et celui l s'ouvrant, l'eau du cylindre d s'écoulera, la tige f et le piston du soufflet descendront. Ces deux mouvemens alternatifs seront aisément entretenus à l'aide de leviers ou régulateurs adaptés en i, à la tige même du piston, et de la même manière que dans les machines à vapeur.

168. On réglera et on proportionnera l'ouverture des robinets h et l, selon la vitesse qu'on voudra donner à la levée et à la descente du piston, et on déterminera le diamètre du cylindre d, d'après la chute d'eau $b\ c$ et le volume d'eau qu'on désirera obtenir.

Machine à caisses de bois; Pl. VII, fig. 9, 10. *Élévation, plan.*

169. Cette machine, moins parfaite que les soufflets cylindriques en fonte, est bien moins coûteuse, d'une plus facile construction et plus à la portée d'un grand nombre d'usines. Elle a été construite par M. *Girardin*, dans les forges de Guérigny, département de la Nièvre. Elle est composée de deux caisses $a\ a$, de 33 pouces de côté et 2 pouces et demi d'épaisseur, placées verticalement l'une à côté de l'autre, et surmontées d'une troisième caisse b de 33 pouces de hauteur sur 48 pouces de côté, et de la même épaisseur que les deux autres.

170. Un piston en bois, garni de cuir, se meut dans chaque caisse et pousse l'air avec force; cet air s'échappe par les tuyaux $n\ n$ adaptés à la partie supérieure, et est conduit aux divers feux qu'on veut activer.

Les pistons sont garnis de soupapes à clapets, qui s'ouvrent quand ils descendent, et se ferment quand ils montent. La descente de ces pistons est réglée par le moyen de poids qu'on attache à leur tige; et le pied de ces tiges, s'enchâssant dans une pièce de bois, placée fixement au-dessus d'elles, les empêche de s'éloigner de la verticale.

171. A la partie supérieure de chaque caisse est encore adapté un tuyau carré de communication $k\,k$, qui sert à conduire l'air dans le réservoir b, d'où il sort ensuite par le tuyau m qui le conduit aux feux que l'on veut alimenter.

172. La machine est mue par une roue hydraulique, montée sur un arbre horizontal s, qui porte des rouleaux $t\,t\,t$, lesquels élèvent et laissent retomber alternativement les tiges des pistons. On voit (fig. 11), la coupe de l'arbre s garni de ses rouleaux.

173. Les tuyaux de conduite sont en fer-blanc, les clapets sont en bois, garnis de peau de mouton: leurs charnières sont en cuir, et des brides également en cuir déterminent la limite de leur ouverture.

174. La levée des pistons est de 27 pouces; la vitesse est de 25 coups par minute pour les deux, ce qui produit environ 425 pieds cubes d'air aussi par minute.

Machine soufflante dont le piston est mû par une roue à denture interrompue, Pl. VIII, fig. 5.

175. *Baader*, habile ingénieur bavarois, dont nous avons eu plusieurs fois occasion de décrire les ingénieuses inventions, a proposé l'emploi d'une roue à denture interrompue, pour transmettre le mouvement aux pistons des cylindres soufflans. La fig. 5 représente une des méthodes qu'il a imaginées pour faire l'application de ces roues.

176. La roue à denture interrompue a est fixée sur l'arbre de

la roue hydraulique; sa circonférence est divisée en six parties, dont trois ont des dents d'engrenage, et les trois autres sont vides ; sur la tige du piston est fixée une crémaillère b, dans laquelle la roue s'engrène : en tournant, elle soulève le piston jusqu'à ce que la dernière dent de la roue échappe, alors le piston tombe par son propre poids, qui peut être ralenti par un poids s, suspendu à l'extrémité d'une chaîne qui passe sur la roue r pour s'attacher ensuite à la tige $q.q$.

177. Lorsque le piston est descendu, la première dent du second engrenage s'insinue entre les dents correspondantes de la crémaillère, pour soulever le piston de nouveau. On élève par ce moyen, trois fois le piston, pendant la révolution entière de la roue.

178. La machine soufflante étant composée de deux cylindres, il faut deux roues d'engrenage, une pour chaque piston. L'engrenage d'une de ces roues doit correspondre au vide de l'autre, afin que les pistons soient élevés successivement. L'arc couvert de dents, doit être plus grand que celui qui est vide, afin que l'un des pistons commence à monter un peu avant que l'autre n'échappe.

Machine soufflante dont les pistons sont mus par des cames,
Pl. VIII, fig. 4.

179. On suppose que la machine soufflante ait deux cylindres. Dans ce cas, deux cames en fonte a et b sont adaptées à l'axe de la roue hydraulique. Chacune de ces cames agit sur un balancier c ; dont le centre de rotation est en e. Une tige $m\,m$ établit la communication entre le balancier c et le grand balancier f, celui-ci, garni d'un arc de cercle g à son extrémité, élève le piston, par l'intermédiaire de la chaîne h. Le piston descend par l'action de son propre poids. La machine doit être disposée

de telle sorte, que, lorsque l'un des pistons descend, l'autre remonte.

180. Il importe essentiellement que les cames aient une courbure régulière et parfaitement appropriée à l'effet que les machines soufflantes doivent produire. M. *Baader* a donné une méthode facile de décrire ces sortes de cames avec exactitude. Voici sa méthode, telle qu'il l'a décrite dans un mémoire qui contient une foule de notions aussi utiles qu'intéressantes sur les machines soufflantes, et qui est inséré dans le 25e. volume du *Journal des Mines*, an 1809.

181. « Comme la vitesse du vent doit toujours être dans un rapport exact avec celle du piston, on conçoit que, lorsque sa sortie doit être uniforme, le mouvement du piston doit l'être également, afin que l'air puisse parvenir dans le conduit avec une vitesse constante. Mais comme le piston qui a deux mouvemens, l'un d'ascension et l'autre de descente, emploie le premier à aspirer l'air et le second à l'expirer, il faut, pour que le courant n'éprouve aucune altération, que l'un des pistons se meuve pour expirer l'air au moment où l'autre se meut pour l'aspirer. Si l'air était comme l'eau sans élasticité sensible, et que les pistons eussent les mouvemens exactement alternatifs comme nous venons de l'indiquer, il s'écoulerait sans intervalle et sans interruption ; mais, comme l'air aspiré doit avoir au plus une densité égale à celle de l'air atmosphérique, et qu'il est nécessaire, pour qu'il puisse sortir, qu'il ait une plus grande densité, il faut que le piston se soit déjà mû dans la direction propre à l'expiration avant que l'autre cesse d'expirer, pour que le courant d'air soit continu ; de là suivent les deux conditions essentielles dans la marche de ces sortes de machines :

» 1°. Que le mouvement du piston aspirant soit plus vif que celui du piston expirant ;

» 2°. Que chaque piston se meuve au commencement et à la fin de la course, de manière à ce qu'ils expirent de l'air ensemble dans un moment très-court.

182. » Pour que l'air puisse sortir avec une vitesse uniforme par l'ouverture de la buse, il faut qu'il éprouve toujours la même pression ; de là, que le mécanisme qui fait mouvoir les pistons soit tellement ordonné, 1°. que chaque piston, lorsqu'il comprime seul l'air pour l'expirer, ait une vitesse parfaitement uniforme, c'est-à-dire, qu'il parcourre des espaces égaux dans des temps égaux ; 2°. qu'au commencement ou à la fin de chaque expiration, lorsqu'ils agissent ensemble, la pression sur l'air reste la même, et comme s'il n'existait qu'une seule pression.

183. » La vitesse doit donc être augmentée au commencement de son mouvement pour expirer l'air, afin qu'elle soit plus uniforme pour la durée presque entière de son action, et elle doit diminuer vers la fin.

184. » C'est dans les moyens d'obtenir ces trois mouvemens aux trois époques différentes, que consiste principalement la question relative à la nature ou à la forme de la courbure la plus favorable aux cames des machines soufflantes ; et il est facile de conclure que la forme qui doit satisfaire à cette question, n'est ni une *cycloïde*, ni une épicycloïde, ni une ligne *spirale hyperbolique*, ni un cercle excentrique, ni aucune des courbes connues. On a à la vérité, recommandé et même employé ces diverses courbes, mais jamais on n'a pu par ces moyens obtenir un souffle uniforme et continu. On a toujours été obligé d'ajouter un troisième cylindre soufflant, aux deux qui existaient, ou de les faire communiquer avec un régulateur.

185. » On peut cependant obtenir un courant d'air uniforme

et constant avec deux seuls cylindres, en faisant usage des cames dont nous allons faire connaître la construction.

186. » Sur une table de tilleul ou de sapin blanchi à l'huile ou à la colle, formée de grandes planches bien unies et bien dressées, on trace une figure semblable à celle indiquée Pl. VI, fig. 10. Pour cela, du point M, on trace, de grandeur naturelle, le cercle $m\,8\,u\,8$, tel qu'il touche le point le plus bas du soufflet, et dans l'intérieur de ce cercle l'octogone $m\,n\,o\,p\,q\,r\,s\,t$; par le centre et par chacun des angles de l'octogone, on mène des rayons, sur le rayon M m prolongé, on porte une longueur 8 A égale à l'élévation que l'on veut donner au piston, et avec le rayon M A on décrit le cercle A B C D, que l'on divise en huit parties égales, en le faisant rencontrer par les droites M m, M n, M o, M p, M q, M r, M s, M t, prolongées. Chaque huitième partie de l'arc A β, β B, B φ, φ C, etc.; est divisée en autant de parties que l'arc de cercle peut le permettre sans présenter de confusion. A β, par exemple, est divisée en deux en $α$; A $α$ en deux parties en $ν$; A $ν$ en deux parties en $ι$, etc. On pourrait porter ainsi cette division A β en 128 parties (si cela était possible sans confusion), ce qui diviserait le cercle entier en 1024 parties.

187. » Cela posé, il faut ensuite diviser la longueur A 8 en huit parties égales, puis chaque partie en autant de divisions que la clarté de la figure le permet; de manière que de chaque point de division on puisse décrire des arcs de cercle qui rencontrent les lignes droites correspondantes. On se sert à cet effet, d'un instrument que l'on fixe sur le centre de la figure par le moyen d'une goupille : un curseur qui peut s'arrêter par une vis de pression, coule le long d'une règle et une pointe d'acier conique, sert à tracer les arcs quand cette pointe est sur la division correspondante marquée sur la règle.

MACHINES SOUFFLANTES. 57

188. » Le premier point de division 1 est porté avec cette règle sur le rayon M β au point 1 ; le second au point 2 sur le rayon M γ qui divise l'arc β B en deux parties égales ; le troisième en B sur le rayon M B ; le quatrième en 4 sur le rayon M δ, qui divise B φ en deux parties égales, le septième, au point 7, sur le rayon M C ; et le huitième en 8 sur le rayon M η.

189. » Après avoir déterminé entre les rayons M β et M C, les points de rencontre des rayons et des arcs de cercle des principales divisions, on peut les continuer en divisant de nouveau les arcs β γ, γ B, etc., en parties égales, pour mener de nouveaux rayons ; ainsi que les distances 1, 2, 3, pour mener des arcs correspondans, afin d'obtenir de nouveaux points intermédiaires. Puis avec un crayon, et d'une main sûre, on peut décrire l'arc 1, 2, 3, 4, 5, 6, 7.

190. » Cette ligne courbe s'éloignant uniformément du centre, peut être considérée comme un coin que l'on a courbé sur l'arc du cercle 8 u 8, depuis le point 7 sur le rayon M C, jusqu'au point 1 sur le rayon M β. Comme la distance entre la circonférence de ce cercle et la nouvelle courbe est proportionnelle à la longueur des arcs du cercle, on peut la considérer comme formée par des *ordonnées* qui sont proportionnelles aux *abscisses*. Si l'on suppose que l'axe de l'anneau se meuve uniformément, le mentonnet sur lequel la courbe presse, ainsi que le piston qui lui correspond, auront un mouvement uniforme pendant tout le temps qu'il sera pressé par la partie de la courbe contenue entre 1 et 7 ; et, comme pendant tout ce temps il n'y a qu'un piston qui presse l'air, ainsi qu'on peut le voir par la position de la seconde came marquée $u v x t z c$, il est clair que la première question est parfaitement résolue de cette manière.

191. » Quant à la seconde partie, pour que les deux pistons

Des Machines employées dans diverses fabrications.   8

agissent ensemble au commencement et à la fin de chaque expiration, il faut déterminer les courbes comprises entre les arcs A β et C η.

192. » Pour cela, partagez la ligne A 1 en trois parties égales. Que de la première division on mène un second arc qui rencontre le rayon M b, mené au point b, qui coupe l'arc βa en deux parties égales. Puis divisez en trois nouvelles parties égales la première sous-division, à partir du point A. Au moyen de la règle tournante, décrivez, avec la première division, un arc qui rencontre le rayon M ν, lequel divise l'arc A a en deux parties égales ; que l'arc, à partir de la seconde division, soit prolongé jusque sur la ligne M ν', qui coupe l'arc ν a en deux parties égales, ainsi de suite, on aura dans l'intervalle A β quatre principales divisions, à l'aide desquelles on pourra tracer la courbe A a 1, dont la pression doit aller en diminuant successivement à mesure que la came approche du point où elle doit s'échapper.

193 » On procède de la même manière pour le segment 8 b 7, avec cette différence cependant que la division en 7 et 8 se fait en ordre inverse de celle A a 1, afin que la montée par la courbe 8 b 7, coïncide avec celle de la courbe A a 1, pour produire avec les deux pistons un effet semblable à celui qui a lieu avec un seul. De cette manière on obtient une courbe 8 7 6 5 4 2 1 a A, dont le point le plus bas ou le commencement de la montée est en 8 et le point le plus haut en A. Cette courbe, comprenant les cinq huitièmes de la circonférence du cercle, il s'ensuit que pendant la révolution de l'axe, il y aura les cinq huitièmes de cette révolution, employés à faire monter le piston et les trois huitièmes restans à le faire descendre. On peut diviser en deux parties le temps employé par la came pour faire expirer l'air de chaque cylindre. Dans les

trois cinquièmes de ce temps chaque piston agit seul, et dans le premier et le dernier cinquième ils agissent tous les deux à la fois; mais, lorsqu'ils agissent ensemble, l'action de chacun en particulier n'est que la moitié de celle qui a lieu lorsqu'ils agissent séparément. Comme il faut une même force pour monter un poids à une hauteur déterminée, que pour monter sa moitié à une hauteur double, il est clair que la somme des deux momens de résistance, au commencement et à la fin de chaque expiration d'air, doit être égale au moment de cette résistance lorsqu'un piston agit seul, et qu'ainsi le mouvement doit être uniforme pendant toute la rotation de la roue.

194. » On ne peut pas, il est vrai, regarder rigoureusement la résistance comme constante; car elle s'accroît au commencement par la compression de l'air dans le cylindre jusqu'à ce qu'il acquiert assez de densité pour soulever la soupape. Mais on ne doit s'occuper de cette variation que lorsque la densité doit être considérablement augmentée, car lorsqu'elle doit l'être peu, elle acquiert son *maximum* dans un temps très-court. La résistance qu'elle occasione est d'ailleurs contrebalancée par l'inertie de la machine, lorsque l'on change le mouvement du piston, inertie qu'il faut vaincre avec vitesse dans le premier moment de la levée et dont la résistance diminue dans le même temps que celle de l'air augmente. On peut, d'après ces considérations, négliger la variation du mouvement occasioné par la différence de densité de l'air et les autres causes; car ces petites inégalités de quelques secondes sont suffisamment compensées les unes par les autres et deviennent insensibles.

195. » Ayant ainsi achevé de tracer la courbure de la came, ses bras et l'anneau, on peut en faire exécuter un modèle en bois de grandeur naturelle pour le faire fondre en fer, soit en le moulant dans le sable à découvert, soit en le moulant dans la terre.

196. » Il peut devenir utile et avantageux de continuer la came et de la terminer par la nouvelle courbe A $efghikl$ 8. Il en résulte que l'on peut obtenir le mouvement inverse plus doux et plus régulier, et qu'on évite les accidens qui résultent des échappemens brusques et précipités.

197. » Je me suis assuré de l'avantage que procurent ces cames si elles sont bien dessinées, bien exécutées et coulées en fonte de fer. Des soufflets cylindriques ont déjà été mis en mouvement dans trois hauts fourneaux, avec des cames exécutées d'après ce principe, et deux cylindres simples sans régulateurs produisent un souffle constant, uniforme et sans interruption. J'ai appliqué ce même mécanisme aux pompes de deux machines hydrauliques que j'ai fait construire, et j'en ai obtenu le plus grand succès. Je suis convaincu que cette forme de cames est extrêmement précieuse dans un grand nombre de circonstances, où il faut produire par le moyen d'une roue un mouvement de va et vient. »

Machine soufflante cylindrique à régulateur, Pl. IX, fig. 1, 2, *Élévation et plan.*

198. A A est un fragment du grand balancier de la machine à vapeur destinée à mouvoir le soufflet, qui est composé de deux cylindres B et C de diverses dimensions. Le cylindre B, qui est le soufflet proprement dit, est fermé par le haut et ouvert par le bas; le cylindre C, au contraire, est fermé par le bas et ouvert par le haut, c'est ce dernier cylindre qui sert de régulateur.

199. Le piston du cylindre B est attaché à la chaîne aa par l'intermédiaire de la tige b parfaitement cylindrique et qui passe par une *boîte-à-cuir* ss, fixée au-dessus du couvercle par deux vis qui, en comprimant en même temps les rondelles de cuir que la boîte contient, interdisent l'issue à l'air par cette ouverture.

On a soin de tenir constamment les cuirs bien imbibés d'huile.

200. Le cylindre régulateur C superposé au soufflet B, communique avec celui-ci par une ouverture x sur laquelle est une soupape. Le piston du régulateur est maintenu horizontalement par une tige carré g retenue dans une entaille par sa partie supérieure.

201. Au fond du régulateur est une seconde ouverture E par laquelle le vent sort : cette ouverture communique à la tuyère du haut fourneau par un long tuyau E F, à l'extrémité duquel est fixé, par le moyen d'un conduit de cuir $i\,k$, la buse kl; la flexibilité du tuyau donne la facilité de varier sa direction et de le sortir de la tuyère, lorsque le vent ne doit plus entrer dans le fourneau. A l'extrémité F du tuyau est une soupape de sûreté h, chargée d'un poids pour tempérer la force du vent ; ce poids est fixé à l'extrémité du levier $d\,e$.

202. Le piston du cylindre B est composé d'un disque de fer fondu, dont le diamètre a 2 ou 3 pouces de moins que le diamètre du cylindre. Ce disque est percé dans son milieu d'un trou carré pour y attacher la tige, il est en outre percé de quatre trous rectangulaires pour servir d'entrée à l'air; dans l'intervalle qui sépare deux de ces ouvertures, sont pratiqués cinq petits trous pour y placer des vis. Sur ces ouvertures, sont posées des soupapes en clapets, elles y sont fixées par une bande de bois attachée sur le piston par des vis; cette bande comprime et arrête les cuirs qui servent de charnières aux clapets. Des courbes de bois fixent, autour du disque, une bande de cuir de vache, et le tout est serré par des vis. Dans le vide qui reste, entre le cuir et la masse du piston, on met de la laine ou de la bourre de vache que l'on comprime fortement, afin que le frottement soit doux et égal. Lorsque le piston est ainsi disposé, on le pose dans

son milieu, et on l'y attache, par le moyen d'une clavette, puis on le place dans le cylindre.

203. Voici comment cette machine agit. Lorsque le piston de la machine à vapeur s'élève, l'extrémité opposée du balancier s'abaisse, et le piston du cylindre B livré à son propre poids descend, alors ses soupapes s'ouvrent et l'air entre dans le cylindre. Quand, au contraire, le piston de la machine à vapeur descend, celui du cylindre, entraîné par la chaîne qui le suspend, est obligé de monter; alors les soupapes de ce piston se ferment, la soupape x s'ouvre, l'air entre dans le régulateur, une partie s'échappe par l'ouverture l du conduit E F, l'autre se condense dans le régulateur C jusqu'à ce que l'élasticité de l'air puisse vaincre la pression et le frottement du piston $p\,p$, alors le piston s'élève, et l'espace vide se remplit d'air condensé.

Le piston du soufflet B redescend de nouveau; aussitôt l'air condensé du régulateur ferme la soupape x et sort par le tuyau E F, et cela a lieu tandis que le cylindre B se remplit d'air, par la descente de son piston et par l'ouverture des soupapes qui y sont adaptées. Ces divers effets se renouvellent à chaque vibration du grand balancier A A.

204. Il serait utile que le piston du régulateur, pendant qu'il lui arrive de l'air, fût élevé d'une quantité égale à celle dont il s'abaisse pendant que le soufflet s'emplit, afin que le courant d'air soit constant et que l'air sortant soit également comprimé; de telle sorte, qu'il faudrait rendre égaux les temps de l'élévation et de l'abaissement du piston, et donner au régulateur de telles proportions, qu'il contienne au moins *la moitié du volume du soufflet*. Mais comme il est extrêmement difficile, pour ne pas dire impossible, de donner au régulateur de telles dimensions, et au piston une telle charge que son élévation soit dans tous les temps égale à son abaissement, on préfère de lui donner des

proportions telles qu'il s'élève un peu plus qu'il ne s'abaisse; et, comme par cet excès d'élévation, le piston pourrait, au bout d'un certain temps, être jeté hors du cylindre, on le perce d'un trou circulaire que l'on recouvre d'une soupape chargée r, et que l'on suspend à l'extrémité d'un levier $m\ n$. Lorsque le piston s'élève à une trop grande hauteur, un des bouts m de ce levier rencontre une cheville p qui le baisse pendant que le piston s'élève, et le détermine par ce mouvement à soulever la soupape r, pour faire sortir tout l'air excédant.

205. La belle machine à régulateur, que nous allons décrire, est construite, au Creuzot, à peu près d'après ces principes.

Cylindre soufflant à régulateur du Creuzot.

206. Cette machine, mue par un récepteur à vapeur, dont le cylindre a 40 pouces de diamètre intérieur, n'a qu'un seul cylindre soufflant. Ce cylindre est accompagné de deux réservoirs cylindriques ou *régulateurs*, qui sont placés à une hauteur telle que leur partie inférieure communique avec la partie supérieure du cylindre soufflant par une boîte ou tuyau carré horizontal.

207. Le piston du cylindre à vapeur et celui du cylindre soufflant sont suspendus aux deux extrémités opposées d'un balancier ordinaire. Le premier, en descendant, fait monter le second, qui foule l'air dans les régulateurs ; une partie de cet air est portée aussitôt par des tuyaux de conduite à deux hauts fourneaux de la hauteur de 37 pieds environ, dans lesquels la mine de fer est fondue avec du *coak*, selon le procédé des Anglais ; l'autre partie s'étend dans les régulateurs dont elle soulève plus ou moins les fonds supérieurs mobiles ; elle en ressort dans l'instant, pressée par le poids de ces fonds et passe aux hauts fourneaux par les mêmes tuyaux de conduite pendant que le balancier reprend sa

première position; ce qui produit un jet d'air toujours égal et non interrompu.

208. Les régulateurs ont 6 pieds 2 pouces de diamètre, 9 pieds 3 pouces environ de hauteur, non compris le fond qui a 18 pouces et demi. Leurs fonds supérieurs mobiles sont chargés d'un poids de 80 quintaux environ, c'est-à-dire, de 210 livres à peu près par pied circulaire. Ils sont guidés dans leur course, par un axe ou tige de 10 à 12 pieds de hauteur et de 6 à 7 pouces de diamètre. Le poids de la tige fait partie de la charge des fonds mobiles.

209. Généralement, la vitesse de cette machine est de 15 coups par minute. La levée du piston du cylindre soufflant est de 7 pieds; le volume d'air chassé par minute est de 2495 pieds cubes, ce qui fait 1247 pieds et demi par fourneau; c'est-à-dire, environ trois fois autant d'air qu'en consomme un haut fourneau ordinaire, alimenté avec du charbon de bois.

210. La chaudière de cette machine consomme 70 quintaux de houille en 24 heures.

211. S'il arrive qu'il y ait trop d'air dans les régulateurs et que leur fond mobile s'élève trop haut, il soulève alors une soupape de sûreté qui laisse échapper l'air avec bruit.

212. Si au contraire il faut plus d'air, soit parce que le *coak* est de moins bonne qualité, soit parce que le creuset s'est agrandi, on accélère la vitesse de la machine et on augmente proportionnellement le poids des régulateurs; ce poids, qui est ordinairement de 80 quintaux, peut être porté jusqu'à 90.

Régulateurs de M. Baader.

213. En plaçant une soupape sur la partie supérieure du régulateur, on perd une grande partie de l'air qu'il reçoit, et conséquemment une partie de la force que l'on emploie devient

inutile. M. *Baader* a proposé deux moyens d'éviter cet inconvénient.

214. Le premier moyen, représenté Pl. IX, fig. 4, consiste à fermer le cylindre du régulateur dans sa partie supérieure par un disque de fonte, au milieu duquel passe la tige du piston dans une *boîte-à-cuir* ss. Ce couvercle, assujetti au cylindre avec des vis, est percé de deux ouvertures fermées par des soupapes xx qui s'ouvrent par-dedans, en tombant par leur propre poids : ces soupapes communiquent à une tringle flexible ff par des chaînettes fx ; le piston en s'élevant éloigne la tringle des soupapes, jusqu'à ce que leurs chaînettes les ferment ; alors, l'air contenu dans la partie supérieure et qui ne peut s'échapper, se condense jusqu'à ce que son élasticité fasse équilibre à celui que la machine soufflante fait entrer dans le régulateur par la soupape v. L'air qui continue d'entrer se comprime davantage, et celui qui est au-dessus lui fait toujours équilibre. La trop grande élévation du piston est, de cette manière, empêchée avec douceur et sans secousse.

215. La fig. 6 représente le second moyen proposé par M. *Baader*. — A D est le couvercle du régulateur. — bb, La tige du piston qui passe dans la boîte à cuir ss ; — v, la soupape supérieure ; — e, le tuyau de communication avec la machine soufflante ; — f, le tuyau qui conduit l'air à la tuyère du haut fourneau. La tige du piston bb communique au levier mn par une chaîne attachée à la fois à l'arc k et à la tige bb, de manière que les mouvemens de l'un déterminent ceux de l'autre ; — y, est un ressort à l'extrémité duquel est attachée une chaîne qui ferme la soupape v. Sur le levier mn est un poids q, qui peut être mû le long du levier par le moyen de la roue dentée r et de la crémaillère a, ce qui permet de faire varier la pression du piston, et par là de changer le mouvement statique du poids.

Des Machines employées dans diverses fabrications.

Régulateur à eau, Pl. IX, fig. 5.

216. Ce régulateur consiste en une caisse prismatique, formée de plaques de fonte A, B, C, fermée par-dessus et entièrement ouverte par-dessous, placée sur des madriers *a a a* et fixée avec des tringles de fer et des écrous *s s s*, au fond d'un réservoir en pierres à moitié rempli d'eau, de manière que cette eau ait une libre communication avec l'intérieur de la caisse. La plaque supérieure de la caisse est percée de deux trous, l'un destiné à établir une communication avec le tuyau E qui amène l'air de la machine soufflante H dans le régulateur; l'autre sert d'orifice de sortie, afin que l'air passant par le tuyau F puisse être conduit à la tuyère des hauts fourneaux.

217. L'air arrivant de la machine soufflante H entre dans la caisse, comprime l'eau intérieure et fait baisser sa surface en même temps que l'eau s'élève à l'extérieur de la caisse dans le réservoir *u u*; alors l'air comprimé par l'excès de la colonne d'eau extérieure sur celle intérieure, sort par l'ouverture F. Cette pression continue pendant que la machine soufflante pompe de nouvel air extérieur pour le faire entrer dans la caisse.

218. Ce régulateur d'une grande capacité, et qui exige un emplacement et une dépense considérables, rend l'écoulement de l'air continu et à peu près uniforme; mais on lui reproche d'occasioner une humidité qui peut être nuisible.

219. On a établi, dans les forges de Doven en Ecosse, un régulateur qui consiste dans une grande cave creusée dans un rocher à la proximité du haut fourneau; l'air entre dans la cave bien fermée d'ailleurs, et il sort par une autre ouverture qui le conduit à la tuyère.

Machine soufflante hydraulique de M. Baader, Pl. VI, fig. 8, 9.

220. M. *Baader* a fait construire cette machine dans plusieurs fonderies du Haut-Palatinat. Elle est composée de deux réservoirs d'eau, dans chacun desquels est placée une caisse mobile, qui comprime et expulse lorsqu'elle descend, l'air qu'elle a aspiré en s'élevant.

221. La fig. 8 représente une coupe verticale de deux réservoirs d'eau et des caisses mobiles qui y sont contenues. Deux tuyaux l et m s'élèvent du fond de chaque réservoir où ils sont boulonnés ; le tuyau l introduit l'air extérieur, le tuyau m donne issue à l'air comprimé qui passe dans le récipient n et va à la tuyère en parcourant un conduit plus ou moins long, dont on voit l'orifice en o.

222. Un grand clapet i couvre l'entrée du tuyau l. L'ouverture en est assez grande pour qu'un homme puisse s'introduire sous la caisse mobile pour y effectuer les réparations nécessaires. — k Est le clapet qui ferme l'entrée du tuyau m.

223. Les tiges $b\ b$ des caisses mobiles M M, sont arrondies au tour, dans une partie de leur longueur, afin qu'elles puissent traverser, sans donner issue à l'air, le tuyau rembourré $c\ c$. Des coulisses en fonte, $h\ h$, dirigent le mouvement vertical des caisses mobiles.

Les réservoirs d'eau A A sont composés de madriers réunis par des boulons à vis, ou bien sont formés de plaques de fonte. Les caisses mobiles M M sont faites en fonte, et résultent de la réunion de plusieurs plaques de fonte assemblées par des vis et par des écrous.

224. La fig. 9 représente une élévation latérale de la machine : — d est l'arbre d'une roue hydraulique garni de deux cames $r\ r$, tracées suivant la méthode décrite (186 et suivans).

— Q Q sont des balanciers qui portent, 1°. des roulettes *s* continuellement en contact avec les cames *r r*; 2°. des contre-poids qui excèdent un peu le poids des caisses mobiles ; 3°. des arcs de cercle *y z*, qui agissent sur les tiges *z* des caisses mobiles par l'intermédiaire d'une chaîne *v*.

L'arbre *d* doit faire 8 à 10 révolutions par minute.

Nous avons indiqué dans le volume intitulé *Composition des Machines*, pag. 392 et suivantes, quelques autres variétés de machines soufflantes.

CHAPITRE TROISIÈME.

Martinets, Balanciers, Moutons.

225. Les divers travaux de métallurgie exigent des machines capables de produire des percussions plus ou moins fortes et plus ou moins fréquentes. Ces sortes de machines peuvent être classées en trois séries dans l'ordre suivant : la première contient les *marteaux* ; la seconde, les *balanciers*, et la troisième, les *moutons*.

Des marteaux en général.

226. Les marteaux ne sont autre chose qu'une masse de fer ou d'acier traversée par un manche de bois. Ils sont mis en mouvement ou par les bras même de l'homme qui s'en sert, ou par un moteur inanimé quelconque, tel qu'un courant d'eau ou la vapeur de l'eau bouillante.

227. Les dimensions, la forme, le poids des marteaux, varient à l'infini. Il existe de petits marteaux qui ne pèsent que quelques onces, et d'autres dont le poids est de 6000 livres. Les dimen-

sions et la forme des marteaux sont déterminées d'après la nature des objets qu'ils doivent confectionner; ainsi, par exemple, si un marteau est destiné à étendre et à aplanir une lame métallique, sa *panne* sera large et plate. On appelle *panne* la face de la masse du marteau qui est opposée à la tête ou gros bout. La panne sera convexe si l'objet frappé doit prendre une forme bombée. La masse du marteau sera fort allongée dans le cas où il sera destiné à travailler dans l'intérieur d'un vase profond ; cette masse sera en outre recourbée si l'intérieur de ce vase a une forme concave.

228. Si l'objet que l'on veut soumettre à l'action du marteau est petit, on l'insère et on le fixe entre les branches d'un *étau*, qui, comme on le sait, n'est autre chose qu'une forte tenaille adaptée à un *établi* ou banc, et dont les deux branches sont rapprochées ou éloignées au moyen d'une vis qui les traverse ; mais, si l'objet est plus considérable, et s'il doit éprouver des percussions plus violentes, il faut qu'il repose sur une base solidement affermie. Cette base est l'*enclume*, qui prend le nom de *bigorne* lorsqu'elle a des parties saillantes.

229. L'enclume est une grosse masse de fer dont la partie supérieure est plane, lisse et *acérée*. L'enclume est plantée dans un bloc de bois très-fort, ordinairement environné de frettes.

230. Nous ne parlerons point ici des marteaux à bras, ni des nombreuses variétés d'enclumes qui leur sont appropriées ; mais nous examinerons les gros marteaux de forge qui communément sont mus par un courant d'eau. La machine qui résulte de l'appareil de ces gros marteaux étant souvent désignée par le nom d'*ordon*, nous adopterons cette dénomination.

MARTINETS, BALANCIERS, MOUTONS.

Ordon, Pl. X, fig. 1.

231. Un ordon est composé, 1°. d'un marteau *a*; 2°. d'une enclume; 3°. d'une forte charpente *c d* qui supporte le marteau; 4°. d'un arbre *g g* garni de cames et placé perpendiculairement à la direction du manche du marteau, et d'une roue hydraulique A, destinée à recevoir l'action du courant d'eau qui doit mettre en mouvement la machine.

232. Le manche *m* du marteau traverse l'œil de ce marteau (représenté de face et isolé fig. 3.); on l'y fixe avec des coins. Un anneau de fer *h* (fig. 1), nommé *hus*, *hurasse* où *bougue*, sert de support au manche *m*; la position de la *hurasse* dépend du degré d'élévation que l'on veut donner au marteau; et de la force du moteur. La hurasse a deux tourillons dont l'un est ordinairement plus long que l'autre.

233. Les montans *c d* ont des entailles dans lesquelles sont ajustés les tourillons de la hurasse qui tournent dans des boîtes de bronze, sous lesquelles sont placés des coins qui servent à élever plus ou moins le marteau et à le fixer précisément à la hauteur convenable. Examinons plus particulièrement les parties qui composent cette machine.

Arbre.

234. L'arbre ordinairement formé par une grosse pièce de bois d'environ 2 pieds de diamètre et environné de plusieurs cercles de fer qui la serrent fortement et l'empêchent de se fendre. Des pièces de bois d'une aussi grande dimension ne se trouvent qu'avec difficulté et sont toujours très-coûteuses. *Rinman* a introduit, en Suède, l'usage de se servir de pièces de moindre diamètre, et de les doubler avec des douves de 5 à 6 pouces d'épaisseur,

MARTINETS, BALANCIERS, MOUTONS.

235. On trouve dans un mémoire, sur la meilleure forme à donner aux cames des forges, inséré dans les Annales des Arts et Manufactures, an 10, page 122, l'indication d'un arbre creux qui nous paraît digne d'être imité. « Nous avons nous-mêmes (dit l'auteur de ce mémoire), il y a peu de temps, fait exécuter des arbres creux, tels que celui dont la fig. 5, Pl. XI, indique la coupe. Pour une longueur de 30 pieds et un diamètre de 3 pieds, nous avons employé des douves de 5 à 6 pouces d'épaisseur (dans œuvre), et de 5 pouces de largeur chacune; on les a assemblées avec des cercles à vis placés à 14 pouces de distance les uns des autres. On ne peut concevoir rien de plus fort que ces arbres, et nous sommes étonnés qu'un homme aussi intelligent que M. *Rinman*, ait laissé échapper cette occasion d'employer des arbres creux; car nous avouons franchement que c'est la méthode d'augmenter la grosseur de ces arbres en les doublant de madriers, qui nous a donné la première idée de construire des arbres creux. »

236. Ce mode de construction est maintenant très-répandu en Angleterre, et mérite d'être adopté dans les autres contrées d'Europe; en effet, des arbres creux sont faciles à construire, partout où l'on peut se procurer des madriers, et ils n'exigent qu'une dépense modique.

237. On voit en Angleterre quelques arbres en fonte; ils sont composés de tuyaux qui s'emboîtent les uns dans les autres, et qui sont réunis par des brides traversées par plusieurs boulons à écrous. On voit pareillement, dans ce pays industrieux, des roues hydrauliques en fonte, construites à l'instar de celles des bateaux à vapeur. Ces arbres et ces roues en fonte sont pour ainsi dire indestructibles, et dispensent d'un entretien non-seulement coûteux, mais encore nuisible par les chômages que les travaux d'entretien occasionent.

Tourillons de l'arbre.

238. Parmi les modes de construction indiqués, quel que soit celui que l'on adopte, il importe essentiellement que dans tous les cas, les tourillons du grand arbre soient inébranlables; le moyen proposé à cet effet, par M. *Robert Hughes*, pour arriver à ce but, nous paraît être un des plus parfaits qu'on ait encore indiqués. Les fig. 2, 3, 4, Pl. XI, démontrent ce moyen.

239. Suivant la méthode ordinaire (*a*), on fixe sur chaque extrémité de l'arbre un croisillon en fer portant le pivot ou tourillon, lequel est maintenu par de forts boulons; mais, pour que ces boulons ne puissent pas faire fendre le bois, on entoure le bout de l'arbre de plusieurs frettes. Ce mode de construction est sujet à plusieurs inconvéniens : 1°. on est obligé de tailler, dans le bois, des mortaises très-profondes pour loger le croisillon, ce qui diminue la solidité de l'axe; 2°. si les tourillons ne sont pas très-solidement fixés et les frettes bien assujetties, l'effort considérable de la roue et le frottement qui en résulte tendent à les faire ballotter et même tomber entièrement. M. *Robert Hughes* s'est proposé de remédier spécialement à ces défauts. Il adapte à l'extrémité de l'axe une boîte *a a* en fer fondu; on l'y fait entrer de force, et on l'assujettit par plusieurs vis très-fortes. Sur cette boîte se fixe le croisillon *b b b b* également en fonte, et ne formant qu'une seule pièce avec le tourillon. On évite ainsi de faire dans le bois de profondes entailles qui en diminuent toujours la solidité.

240. La boîte *a a* a un rebord saillant dans lequel sont pratiqués les renfoncemens *d*, pour y loger les bras *c c* du croi-

---

(*a*) Voyez le volume intitulé *Composition des Machines*, pag. 206 et Pl. XIV, fig. 1, 2, 6.

sillon qui est fondu d'une seule pièce avec le tourillon x, et qui est fixé sur le rebord de la boîte par quatre boulons à écrou $ffff$. Lorsque le tourillon a besoin de réparation, on peut l'enlever très-facilement en desserrant les écrous.

Cames.

241. On fait usage de plusieurs sortes de cames ; les unes sont en bois, d'autres sont en fonte : ces dernières sont préférables sous le double rapport de la durée et de l'économie, chaque maître de forge pouvant les faire fondre chez lui. Il existe des cames adaptées à un cercle qui environne l'arbre, elles ne font qu'un seul tout avec l'arbre sur lequel elles sont fixées par des coins.

242. Les fig. 5, 6, Pl. XI, représentent des anneaux de cames. Les cames indiquées fig. 5, 7, ont la forme d'une épicycloïde. On fait usage, dans un grand nombre de forges, de celles indiquées fig. 4, Pl. X ; l'anneau et les bouts saillans $aqaa$ sont en fonte ; des pièces de bois $yyyy$, fixées par des frettes, forment les parties agissantes des cames, qui sont renouvelées au fur et à mesure qu'elles s'usent.

243. Les cames à *queue*, emmanchées dans les arbres, telles que celle indiquée fig. 7, Pl. XI, ont le défaut d'affaiblir singulièrement l'arbre dans lequel elles sont encastrées. Celles à anneau, au contraire, affermissent et consolident l'arbre, et tiennent lieu d'une forte frette.

244. On éprouve souvent des difficultés pour placer l'anneau sur l'arbre, lorsque cet anneau est d'une seule pièce ; voilà pourquoi on a imaginé de faire l'anneau de deux pièces (fig. 5). On les réunit par de forts boulons à écrous ; la facilité de les placer, épargne la perte d'un temps précieux ; mais il faut cependant convenir que les cames à anneau d'une seule pièce sont préférables sous le rapport de la solidité et de l'exactitude.

Des Machines employées dans diverses fabrications.

Charpente de l'Ordon, Pl. X, fig. 1.

245. Le marteau est renfermé et soutenu dans une très-forte charpente *composée des pièces suivantes*, 1°. le *drome f f* qui est une énorme pièce de bois de 24 à 30 pieds de long sur 20 à 24 pouces d'équarrissage; cette pièce forme une des parties essentielles de la charpente;

2°. Deux *attaches e*; ce sont des poteaux dans lesquels sont fixées les extrémités de la drome *f f* (on ne peut voir qu'une seule attache dans la figure);

3°. Deux *jambes* obliques *k*; elles sont destinées à supporter la hurasse *h* et leur partie supérieure contribue à soutenir la *drome*;

4°. Un poteau *y* nommé *court-carreau* est posé sous la *drome*; il sert de support à la pièce de bois *i* un peu inclinée, à laquelle on donne le nom de ressort, parce qu'elle est destinée à réagir contre le marteau, qui en s'élevant frappe contre son extrémité. Cette réaction tend à augmenter la violence de la percussion.

246. L'arbre *g g*, sur lequel sont fixées les cames destinées à soulever le marteau, devrait être placé parallèlement au manche; mais les jambes *k* qui soutiennent la hurasse ne permettent pas ordinairement à cet arbre d'avoir cette position, et obligent à lui donner une position oblique.

Les cames soulèvent le marteau au point *q* par-dessous; ce point est communément placé à peu de distance du marteau.

Enclume.

247. L'enclume *z* est un bloc de fonte carré à sa base et circulaire à son sommet; son diamètre est de 16 à 17 pouces. Le poids en est d'environ 2500 livres : le bas de l'enclume s'appelle le *bloc*, et le dessus où l'on bat le fer s'appelle l'*aire*.

248. L'aire de l'enclume doit être bien dressée, et un peu inclinée du côté du marteau; on taille cette *aire* au ciseau et on la polit avec la pierre de meule et de grès.

Marteau.

249. La *panne* du marteau doit poser bien exactement sur l'aire de l'enclume, le marteau est en fer forgé ou en fonte, de 2 pieds et demi de hauteur, sur 1 pied de largeur jusqu'au dessous de l'œil, et il a plus ou moins d'épaisseur, suivant le poids qu'on veut lui donner.

250. Le manche du marteau est en bois de hêtre ou de charme, de 9 jusqu'à 12 pouces d'équarrissage; le marteau est arrêté sur le manche par des clefs et des coins de bois chassés à force.

251. Le manche entre dans la hurasse, qui est un anneau d'un pouce et demi d'épaisseur, garni de deux tourillons, dont l'un n'a qu'environ 3 pouces de longueur et l'autre en a 20. La hurasse est fixée solidement sur le manche par des coins de fer chassés dans le bois.

252. La partie du manche qui est exposée à l'action des cames est garnie d'un morceau de fer battu appelé *brée*. Cette pièce de fer est destinée à garantir le manche de la corrosion que les frottemens y produiraient en le mettant bientôt hors de service. La brée est adaptée à un anneau qui environne le manche.

253. Un marteau, mis en action par un courant bien nourri, donne ordinairement 100 coups par minute. L'on augmente ou l'on diminue son activité avec la plus grande facilité, au moyen d'un levier qui correspond à la vanne du coursier et dont un des bouts aboutit près de l'enclume.

254. L'assemblage des ordons à drome étant très-lourd, la résistance du ressort faisant des efforts continuels sur la char-

pente, et la chute des marteaux produisant des chocs considérables et multipliés, il en résulte que, pour prévenir les accidens qui peuvent naître de toutes ces causes, les ordons exigent une grande solidité; aussi les fixe-t-on sur une bonne maçonnerie lorsque le terrain est solide, ou bien on les assemble dans un double grillage lorsque le terrain manque de solidité.

Marteau de M. Waëhler, Pl. XI, fig. 1.

255. Les jumelles a qui supportent le marteau sont en fonte; on donne ordinairement à ces jumelles le nom de jambes de l'*ordon*. Ces jambes sont en partie ensevelies sous la ligne A A du sol; elles sont insérées dans des pièces de bois $p\,p$ qu'elles traversent; la partie inférieure de chaque jumelle a deux talons $r\,r$ qui s'appuient contre les madriers $g\,g$, et reposent sur le chantier $s\,s$ supportés par des pilots. Cette disposition a pour but de rendre les jumelles inébranlables et d'empêcher qu'elles ne puissent être soulevées lorsque les cames agissent sur le marteau.

256. L'espace, compris entre les pièces que nous venons de décrire, est soigneusement rempli de maçonnerie qui repose sur un lit de mâchefer nouveau, d'environ un pied d'épaisseur.

257. Le marteau b est en fer fondu, s'il est de grande dimension; dans le cas contraire on trouve de l'avantage à le faire, ainsi que les enclumes, en fer forgé et acéré.

Un collier de fer c est destiné à recevoir l'action des cames qui agissent pour soulever le marteau. A la partie postérieure du manche est une forte pièce de fer d qui frappe contre un bloc de bois l, lequel en réagissant fait l'action de ressort. Cette méthode a l'inconvénient de fatiguer beaucoup l'axe du marteau, les boîtes et le manche; car la pièce de bois l est plutôt un obstacle qu'un véritable ressort. On a proposé de substituer à ce bloc une poutre posée en travers de la queue du marteau et soutenue seulement par ses extrémités.

258. L'enclume p est encastrée dans une pièce en fer coulé h, appelée *javotte*. La javotte est soutenue par un gros bloc i en chêne, dans lequel elle est encastrée ; un gros anneau $n\,n$ en fer coulé environne la tête du bloc i. Ce bloc est établi sur des poutres sous lesquelles on a battu des pieux. Comme ce bloc supporte tout l'effet du marteau, on ne saurait lui donner de trop solides fondemens. On a quelquefois obtenu une grande solidité en enfonçant, jusqu'au refus et à l'aide du marteau même, plusieurs blocs les uns sur les autres.

259. Un autre bloc supporte la pièce de bois l contre laquelle le manche du marteau vient butter. Ce bloc est également établi sur pilotis.

260. Les jumelles a sont liées par de fortes clefs en fer, placées en $o\,o\,o$ et retenues par des clavettes ; elles sont en outre consolidées, à la hauteur du sol, par deux pièces de bois parallèles $x\,x$, dans lesquelles elles sont encastrées ; ces pièces sont traversées par des clefs, assujetties par des clavettes.

261. On trouve, dans le tome 28 des *Annales des Arts et Manufactures*, la description d'un marteau à ordon, en fonte, qui se distingue de celui dont nous venons de parler, en ce qu'un ressort est fixé solidement au chapeau qui réunit les jambes de l'ordon.

Martinet à volant.

262. Un martinet de forge dont la disposition mérite d'être remarquée, est décrit dans le 41e. volume des *Annales des Arts et Manufactures*, il existait dans la forge de *Bowling* en Angleterre.

La roue hydraulique à augets, qui met en mouvement la

machine, placée sous une chute d'eau de 6 pieds, a 5 pieds de largeur, et 16 pieds de diamètre; elle porte sur son axe et contre le bord un engrenage en fonte de même diamètre. Les cames ne sont pas placées sur cet axe, mais sur une pièce séparée, dont la position est parallèle à ce même axe. Une roue en fonte, de 4 pieds de diamètre, engrène dans celle qui est fixée sur les bords de la roue hydraulique. Un volant en fonte est adapté à l'axe de cette roue, il a environ 12 pieds de diamètre. Son objet est de régulariser le mouvement de la machine et d'éviter les secousses que le poids du marteau, à chaque coup que donnent les cames pour l'élever, communique communément à l'arbre qui est en fonte.

Cette machine est remarquable par la solidité de son mécanisme et par la régularité que le volant imprime à son action.

263. Plusieurs des gros marteaux en usage dans les forges anglaises pèsent jusqu'à 6000 livres, le manche et le marteau sont entièrement en fonte et d'un seul morceau; aucune pièce de bois n'est employée dans leur construction, excepté le billot sur lequel l'enclume est placée.

264. Les Anglais ont depuis long-temps substitué aux charpentes volumineuses des ordons ordinaires, pour les gros marteaux, de très-simples supports en fonte qu'ils coulent ordinairement d'une seule pièce.

265. En avant de la tête de leurs marteaux est une espèce de mentonnet, au moyen duquel le marteau est soulevé par les cames d'un arbre tournant, qui ordinairement est mis en mouvement par le balancier d'une machine à vapeur. La panne du marteau a deux entailles carrées, qui aident à donner aux masses la forme qui leur convient.

266. Le gros marteau dont on se sert en France pour cingler

la loupe, pèse ordinairement de 4 ou 500 livres; en Allemagne son poids est de 5 à 600 livres; il y en a eu même de plus pesans : cela dépend de la nature du fer que l'on a à étirer. Le fer tendre, quand le marteau est trop pesant, s'étend trop vite et se déchire.

267. Le marteau et son enclume sont communément en fonte de fer. En Suède le marteau est en fer battu acéré et l'enclume de fer coulé; mais, pour endurcir la table, on la coule sur une plaque de fer à rebords, où elle est plutôt refroidie que si le fond du moule était en sable. On aiguise les marteaux et les enclumes avec une meule mue par l'eau.

Martinets de forge, Pl. X, fig. 7.

268. Ce sont des marteaux plus petits que les précédens. Leurs enclumes ainsi que les marteaux sont en fer battu et acéré. Les plus gros martinets pèsent environ 180 livres et les petits 100 livres ; les coups qu'ils donnent sont plus fréquens. Les colliers des cames des gros marteaux ne portent que quatre cames, et celui des martinets en porte ordinairement dix.

269. — A, marteau; — b, manche du marteau à l'extrémité duquel se trouve une pièce de fer appelée *contre-tête de renvoi*, destinée à frapper sur une plaque de fonte e quand les cames rencontrent le manche, ce qui, par l'élasticité de la plaque, donne de la réaction au martinet et augmente l'action de sa chute.

— R, roue hydraulique à pots; — c, marteau de la roue pour empêcher que l'eau ne rejaillisse hors des augets; — l, levier destiné à ouvrir et à fermer le clapet m qui donne de l'eau à la roue.

Martinet à rabattre les faux, par M. Seramoglia, Pl. X, fig. 6.

270. Le rabattage des faux, après qu'elles ont subi la trempe

et le recuit, s'exécute ordinairement sous les coups d'un marteau à main, et on ne le confie ordinairement qu'aux ouvriers les plus habiles. Cette opération a pour objet non-seulement de dégauchir la lame, mais aussi de la creuser un peu, afin de la *bander*, pour ainsi dire, et de la rendre plus forte et moins susceptible de se plier et de rompre; M. *Seramoglia*, habile fabricant de faux, à *Netro* en Piémont, est parvenu à l'effectuer avec beaucoup de célérité au moyen du martinet représenté Pl. X; fig. 6. Ce martinet, mis en action par une roue hydraulique, pèse environ 24 livres, et il agit avec une très-grande vitesse, car il frappe six à sept cents coups par minute. La queue $b\,d$ du martinet, repliée à angle droit, tourne autour d'un axe c, et son extrémité h est garnie d'un taquet en bois, sur lequel agissent les cames en fer ff adaptées à un rouet $g\,g$. Ce rouet se fixe, quand on le veut, à l'aide d'un *manchon* ou boîte carrée sur le prolongement de l'axe d'une lanterne x, qu'une roue dentée (qui n'est pas indiquée dans la figure) fait tourner rapidement. Cette roue dentée est montée sur l'arbre d'une roue hydraulique. La tête du martinet a est bombée et polie à son extrémité, où elle n'a qu'environ un demi-pouce de diamètre. L'enclume h' est, à sa surface supérieure, circulaire et polie; elle est fixée sur un gros bloc de bois i.

271. Ce martinet est muni d'un régulateur qui est composé: 1°. d'un levier coudé $t\,s$, dont on abaisse l'extrémité s avec le pied; 2°. d'un autre levier $r\,r$, qui tourne en k et communique avec l'extrémité d'un troisième levier q; 3°. de ce levier recourbé q, qui tourne autour d'un axe x', lequel est garni d'une came et porte à son extrémité un poids u.

272. La came de l'axe x' agit sur un mentonnet y', fixé au levier p qui a son axe de rotation au point z.

273. Il est évident que, si le pied de l'ouvrier comprime

l'extrémité s du levier $s\,t$, l'autre extrémité t, en se soulevant, abaissera par l'intermédiaire du levier $r\,r$ le balancier recourbé q, dont la came z poussera le mentonnet y', relèvera le levier p. Ce dernier levier soulèvera la branche horizontale b du manche du martinet, d'où il en résultera que l'extrémité h de la branche verticale s'écartera des cames du rouet, et se soustraira en partie à leur action. On voit, qu'au moyen de ce régulateur, on peut diminuer à volonté la force des coups du martinet.

274. Lorsque les cames du rouet compriment tour à tour l'extrémité h de la queue du martinet, cette partie s'appuie fortement contre une pièce de bois horizontale dont on voit la coupe en t. Cette pièce remplit les fonctions de ressort, et sert à hâter à chaque coup la chute du martinet.

275. La fig. 5 représente le cadre dans lequel se place l'axe du martinet vu de face. Les pièces horizontales du cadre sont à charnière à une extrémité, afin qu'on puisse le démonter et enlever le martinet quand il faut le réparer.

276. Quand on veut mettre en action ce martinet, un ouvrier tient la faux renversée sur l'enclume; il met aussitôt le martinet en jeu, il fait avancer la faux d'un mouvement uniforme, de manière que toutes les empreintes ou les petites cavités, produites par les coups qu'elle reçoit, se trouvent les unes auprès des autres, à quelques lignes près, sur une seule ligne parallèle à la côte. Cette ligne tracée, il ramène la faux vers lui et il obtient une nouvelle ligne d'empreintes près de la première; il continue à faire ainsi aller et venir la faux sur l'enclume, jusqu'à ce que la surface soit couverte de 10 à 12 lignes d'empreintes, entre la côte et le tranchant. Alors, il retourne la faux, présente la face opposée au martinet et procède de la même manière que sur la première face. Lorsqu'il est parvenu à cou-

vrir cette deuxième face d'une multitude d'empreintes ou cavités, disposées par lignes entre le tranchant et la côte, il retourne la faux une seconde fois et recommence la même opération sur la première face, en ayant soin de faire frapper le martinet sur les intervalles des premières empreintes.

277. L'ouvrier a l'œil constamment fixé sur la faux, sa main droite est appuyée sur la barre ou le levier de la palle qui verse l'eau sur la roue, et son pied repose sur la pédale du modérateur; il règle ainsi à son gré les coups du martinet, il fait varier leur force et augmente ou diminue leur vitesse, il éloigne ou rapproche les points sur lesquels le marteau doit frapper; en un mot il étend plus ou moins les différentes parties de la faux et parvient à lui donner la forme qu'il désire.

278. Cette opération ne dure que quelques instans, et la machine de M. *Seramoglia*, abrège beaucoup la main d'œuvre et procure une grande économie dans la dépense de la fabrication des faux.

Martinet d'une batterie de cuivre.

279. Une batterie est composée ordinairement de quatre ou de six martinets qu'une même roue hydraulique fait tourner : à cet effet, l'arbre de cette roue porte autant de *manchons* qu'il y a de martinets.

Le manchon a 3 pieds de diamètre et est garni de douze cames en fer, il est composé de quatre jantes ou courbes, et arrêté sur l'arbre par quatre croisillons; il est garni de deux cercles de fer.

280. Dans quelques batteries on supprime les manchons, et on garnit l'arbre tout à l'entour avec des membrures en forme de douves qu'on a soin d'environner de plusieurs cercles, comme cela se pratique aux arbres des gros marteaux de forge.

Cette dernière méthode offre plus de solidité, mais rend les arbres trop pesans.

281. Le marteau de chaque martinet ne pèse que 15 à 18 livres ; l'enclume a une queue enfoncée dans le billot, qui s'élève à environ 1 pied et demi hors de terre, où il est enfoncé de 3 à 4 pieds. Le *marteleur* est assis en face de l'enclume sur le billot.

282. Le manche du marteau est en fer, il s'élargit au point où il est traversé par un fort boulon qui lui sert d'axe. Ce boulon tourne dans des anneaux en cuivre, fixés dans deux jumelles. Une des deux jumelles n'est retenue que par des coins, pour qu'on puisse la déplacer afin d'ôter le martinet sans déranger le reste de la batterie.

283. On rend la percussion du marteau plus violente par l'action du ressort, attaché sur la plate-forme, et dont l'extrémité libre porte sous le bout de la queue du manche du marteau ; ensorte que ce ressort se trouve comprimé, lorsqu'une des cames soulève le marteau en pressant sur la queue de son manche, et aussitôt que la came a cessé son action, le ressort se relève avec force et ajoute une nouvelle action à celle de gravité dont le marteau est animé.

Les cames qui correspondent aux divers martinets doivent être disposées de manière qu'elles ne les élèvent pas tous à la fois ; mais que lorsque l'un commence à s'élever, l'autre soit à un point intermédiaire de sa course et qu'un autre frappe.

Des Balanciers en général.

284. Plusieurs travaux de métallurgie exigent des percussions qui remplissent les conditions suivantes :

1°. Que tous les points de la surface, destinée à être frappée, reçoivent simultanément des chocs égaux ;

2°. Que les directions de tous ces chocs soient exactement parallèles entre elles et perpendiculaires à la surface frappée;

3°. Que les chocs soient aussi énergiques que réguliers, et que la masse destinée à les produire ait un volume et un poids également modiques.

Il est évident que les marteaux ne remplissent point ou ne remplissent qu'imparfaitement ces conditions. Le problème que nous venons d'énoncer a été résolu à l'aide d'un mécanisme aussi simple qu'ingénieusement conçu, nommé *balancier*.

285. Un balancier est composé d'une masse qui se meut verticalement entre deux montans à coulisse qui ne lui permettent de dévier aucunement. Une vis est placée perpendiculairement au-dessus de cette masse, sur laquelle son extrémité inférieure s'appuie. Cette vis traverse un écrou formé dans le *chapeau* qui réunit, par le haut, les montans entre lesquels la masse *frappante* se meut. Sur la tête de la vis est placée une longue barre horizontale à deux branches égales, dont les extrémités sont garnies d'un poids plus ou moins lourd.

286. L'action du balancier dépend essentiellement de la force d'inertie, laquelle lui donne le pouvoir d'exercer une percussion incomparablement plus forte que celle qui ne serait due qu'à la gravité de la masse *frappante*.

Le principe qui donne au balancier cette énergie extraordinaire est identique à celui dont le *volant* reçoit sa force régulatrice.

287. *Inertie*, signifie en mécanique, la tendance qu'ont tous les corps de persévérer dans l'état où ils se trouvent, c'est-à-dire, de s'opposer au mouvement lorsqu'ils sont en repos, et de résister également à la cessation, à la diminution ou au changement de direction du mouvement lorsqu'ils se meuvent.

Par l'inertie, le corps acquiert donc une propriété conservatrice du mouvement et de la force qui en résulte. L'homme industrieux a su se prévaloir de cette propriété précieuse pour créer des organes mécaniques, capables d'accumuler et de tenir en dépôt une quantité quelconque de mouvement, dont il peut ensuite disposer, soit successivement pour réparer, dans une machine, les irrégularités résultantes de l'action inégale du moteur, ou des imperfections de la machine même; soit instantanément pour produire une action vigoureuse. Le premier de ces deux effets est produit par le *volant*, le second par le *balancier*.

La quantité de mouvement que le volant accumule, ne surpasse point la différence entre le maximum de la force transmise par ce moteur et la force moyenne de ce même moteur. Le balancier peut au contraire en accumuler une quantité indéfinie. En effet, le volant dépense une partie du dépôt qui lui est confié à mesure qu'il le reçoit; tandis que de toute la force que le moteur dépose successivement dans le balancier, en agissant sur la barre, pendant un intervalle de temps plus ou moins long, il ne s'en dépense aucune partie (à l'exception de celle absorbée par les frottemens) avant l'instant où le développement total de la force accumulée produit la percussion.

288. Une comparaison fort simple facilitera l'intelligence de l'effet du balancier ; soit une petite source d'eau qui s'écoule avec continuité, et dont le choc immédiat n'équivaut qu'à une petite pression ; il est indubitable que si l'on recueille l'eau fournie par la source, dans un récipient, pendant un temps donné, la masse qui se sera accumulée pourra faire équilibre avec un poids d'autant plus grand que la durée de l'écoulement aura été longue. De même, la masse du balancier n'aurait pu, par elle-même, produire qu'une percussion très-faible; mais, l'action du moteur, qui agit sur les barres du balancier avec célérité

et avec continuité, n'ayant aucune résistance à vaincre avant le moment final de la percussion, cette action s'accumule et se concentre dans le balancier même, comme l'eau dans le récipient, et l'accumulation en est évidemment d'autant plus grande, que la durée de l'action du moteur avant le moment de la percussion est longue, ou, pour mieux dire, elle est d'autant plus grande, que les révolutions décrites par la barre sont amples et nombreuses; et cela, indépendamment de l'intensité de l'effort déployé par le moteur.

289. Le balancier donne ainsi la faculté de produire, avec une petite masse, une percussion aussi forte que régulière; l'orfévrerie et une foule d'autres arts ont su s'en prévaloir. Mais l'application la plus remarquable de cette machine est celle qui a été faite au monnoyage.

Nous ne pouvons mieux faire connaître le balancier très-ingénieux employé maintenant à cet usage important, qu'en transcrivant un fragment d'un rapport très-lumineux fait par M. de *Prony*, et imprimé en l'an 11 par ordre de l'Institut.

Extrait d'un rapport fait à l'Institut par M. de Prony, sur les diverses inventions de M. Droz, relatives à l'art du monnoyage.

290. On est dans l'usage ordinaire de marquer séparément, et sans se servir de balancier, l'empreinte que la monnaie doit porter sur la tranche. Plusieurs artistes habiles ont perfectionné ce procédé du monnoyage, pour lequel un Français, nommé *Castaing*, avait d'abord imaginé une machine qui porte son nom, et dont il fit les premiers essais en 1785.

Les flaons gravés sur tranche avec le *castaing* sont, dans l'usage des machines ordinaires, placés à la main sous le balancier et frappés; mais la pose ainsi faite n'a pas toujours la précision désirable, et, d'un autre côté, rien ne s'opposant à l'expansion de la matière du flaon, produite par la grande compression qu'il éprouve, il en résulte une altération dans la régularité de sa forme.

291. On a proposé et mis à exécution un moyen d'éviter ces inconvéniens, qui consiste à renfermer le flaon dans un cylindre creux d'acier très-dur, et appelé *virole-pleine*, s'il est d'une seule pièce. On obtient par-là l'avantage de conserver à la forme de la pièce toute la régularité désirable; mais comme, après le frappé, l'expansion du métal le fait presser très-fortement contre la paroi intérieure de la virole, on est obligé d'employer une force et des moyens mécaniques pour la chasser hors de cette virole; ce qui s'appelle déviroler.

Lorsque le flaon se pose à la main sous le balancier, et que le dévirolage se fait séparément, la méthode dont on vient de parler, ne peut, vu la lenteur du travail, s'appliquer qu'à des pièces de choix et des médailles; et on en a tiré parti, pour le frappé des monnaies, en nombre, depuis seulement que le dévirolage s'est opéré par le mouvement même du balancier, comme dans la machine à monnoyer construite, par M. *Gingembre*, postérieurement aux inventions de M. *Droz*.

292. Si on considère la *virole-pleine*, relativement à la gravure imprimée d'avance et séparément sur la tranche, on voit sur-le-champ que l'usage de cette virole n'a aucun inconvénient; qu'il offre même quelques avantages, lorsque la gravure sur tranche est en creux; mais qu'il est impraticable lorsque l'empreinte de la même tranche est en relief. Cette considération, et quelques autres ont véritablement suggéré l'idée de faire servir la forte compression qui s'exerce lors du frappé, entre la paroi inférieure de la virole et la tranche du flaon, à graver cette tranche; ce qui non-seulement abrége et simplifie les

opérations du monnoyage, mais procure encore d'autres avantages dont nous parlerons bientôt.

Cependant la virole pleine se prête aussi à la gravure sur tranche, lorsque l'empreinte qu'on y veut marquer ne consiste que dans les cannelures perpendiculaires aux faces du flaon; mais on conçoit aisément que toute autre espèce de gravure, ou rend le dévirolage impraticable, ou doit être altérée ou dénaturée par ce dévirolage, et il faut même remarquer, qu'en se servant pour l'opérer, de l'ascension du coin inférieur, les cannelures sont bientôt altérées par le heurt de ce coin, qui lui-même s'égrène à ses arêtes supérieures.

293. M. *Droz* paraît être le premier qui ait su réunir, à l'avantage que procure la virole, quant à la conservation de la forme régulière de la pièce, celui de pouvoir s'en servir pour graver sur tranche, sans avoir aucun inconvénient à craindre des lettres et des figures quelconques; mais il a été indispensable, pour remplir cet objet, de composer la virole de plusieurs pièces, c'est-à-dire, d'en faire ce qu'on appelle une *virole-brisée*; dont les parties puissent, après le frappé de la pièce, s'écarter aisément, et laisser cette pièce libre.

Voici la forme et le mécanisme qu'il a ultérieurement adoptés pour cette *virole-brisée*, et employés pour frapper des médailles d'environ 2 centimètres de rayon.

Un prisme d'acier, à base hexagone, dont la hauteur est de 3 centimètres (le rayon du cercle circonscrit à la base étant de 10 centimètres), est percé dans son milieu, perpendiculairement à ses bases, sur plus de moitié de sa hauteur, d'une ouverture cylindrique de 4 centimètres et demi de rayon. Là, le diamètre de cette ouverture est diminué d'un centimètre, au moyen d'une feuillure ou ressaut; une seconde feuillure, pratiquée un peu plus bas, réduit le diamètre de l'ouverture aboutissant à la face opposée du prisme, à 7 centimètres et demi. (Voyez fig. 7, 8, Pl. XII).

294. Qu'on imagine maintenant, 1°. que l'ouverture circulaire pratiquée d'une base à l'autre du prisme, est fermée par un couvercle ou tampon cylindrique qui, entrant dans la partie la plus large, se repose sur la première feuillure; 2°. que ce cylindre est creusé du côté de la feuillure en calotte sphéroïde, et que sa surface extérieure a aussi la forme d'une calotte convexe, mais plus aplatie; 3°. que des plans passant par l'axe commun du tampon cylindrique et de l'ouverture à laquelle il est appliqué, divisent ce tampon en cinq ou six secteurs égaux; qu'après sa section en cinq ou six parties, on évide son milieu en y faisant un trou cylindrique d'un diamètre égal à celui du flaon que ce trou cylindrique est destiné à recevoir, et on aura une idée de la forme générale de ce que l'on nomme la virole-brisée.

Les cinq ou six pièces logées dans l'ouverture circulaire pratiquée d'une base à l'autre du prisme, sont les *mâchoires* de la virole.

295. Il était nécessaire, 1°. que chaque mâchoire pût avoir, sans sortir de son encastrement, un petit mouvement de rotation autour d'un axe parallèle aux faces du flaon, qui élevât la partie de cette mâchoire contre laquelle la tranche du flaon s'appuie; 2°. que cette élévation eût toujours lieu spontanément, lorsque la mâchoire n'éprouverait pas de pression contraire. M. *Droz* a aisément opéré ce dernier effet, au moyen des ressorts placés dans l'intérieur de la virole; mais la première condition était plus difficile à remplir, parce qu'il fallait la concilier avec celles de la solidité et de la perfection de l'empreinte. Voici, parmi divers moyens, celui auquel il a donné la préférence.

296. Il perce son prisme d'acier parallèlement à ses bases,

(voyez *la coupe*, Pl. XII, fig. 8), par des trous cylindriques de quatre millimètres de rayon, en nombre égal à celui des mâchoires, et il s'arrange pour que les axes de ces cylindres creux soient tangens à l'enveloppe cylindrique sur laquelle se trouvent toutes les faces postérieures des mâchoires. Il suit de là que, vis-à-vis ces mâchoires, les trous cylindriques sont percés moitié dans la matière du prisme, et moitié dans la matière des mâchoires ; et que, si l'on introduit dans ces trous des verges de même forme et de même diamètre, qui doivent être d'acier très-dur, les mâchoires seront parfaitement retenues dans l'encastrement qui les contient. Alors, pour leur donner un petit mouvement d'articulation autour des verges qui les retiennent, il suffira d'y pratiquer de petits amaigrissemens ou arrondissemens d'arêtes, tant à la partie extérieure que vers la feuillure intérieure.

Telle est la description succincte de la virole-brisée de M. *Droz*, qui est évidemment susceptible de recevoir et de transmettre toute espèce de gravure dont on voudra que les monnaies et les médailles portent l'empreinte sur tranche.

La gravure des viroles-brisées se multiplie par des moyens analogues à ceux employés pour les coins.

297. Lorsque la tranche des monnaies ou médailles doit porter une empreinte en relief, on grave en relief la tranche d'un flaon d'acier qui, à cet égard, sert de poinçon ou étalon prototype, et on emploie ce poinçon pour graver, en creux, les tranches des mâchoires de plusieurs viroles-brisées.

Si, au contraire, la tranche des monnaies ou médailles doit être frappée en creux, on grave en creux la tranche du flaon prototype d'acier, afin d'avoir son empreinte en relief sur les tranches des mâchoires de la virole-brisée.

Ces empreintes du flaon d'acier prototype sur les viroles-brisées, s'obtiennent par des coups de balancier, ainsi que cela se pratique pour les coins.

298. Le balancier est une invention moderne qui n'a qu'environ deux cents ans de date; avant qu'on en fît usage, l'opération par laquelle on donnait l'empreinte aux monnaies et aux médailles était celle que l'on appelle *monnayage au marteau*, parce que cette empreinte était formée au moyen d'une percussion à main d'homme. Les opérations qu'on exécute aujourd'hui avec la machine à laminer, se faisaient aussi au marteau, jusqu'à l'invention d'*Aubry Olivier*, qui, vers le milieu du 16e. siècle, essaya le premier l'emploi des cylindres pour le laminage. La fabrication faite avec des flaons, ainsi laminés, prit le nom de *monnayage au moulin*, quoique le changement ne portât que sur une partie des opérations du monnayage; mais, indépendamment des précautions qu'*Olivier* prit pour avoir de bons graveurs, il n'est pas douteux que les flaons tirés de lames passées au laminoir, devaient fournir de beaucoup plus belles pièces que les flaons aplatis au marteau; malgré ces avantages, comme les premiers établissemens étaient dispendieux, le *monnayage au moulin* fut successivement adopté, rejeté, et remis en usage jusque vers l'an 1645, époque à laquelle le balancier inventé, près de trente ans auparavant, par *Nicolas Briot*, fut employé concurremment avec la machine à laminer, exclusivement à tous autres moyens de fabriquer la monnaie.

Le balancier de *Nicolas Briot* avait néanmoins plusieurs défauts, dont quelques-uns ont été successivement corrigés; mais personne, que nous sachions, n'a travaillé plus fructueusement à le perfectionner, que M. *Droz*; et nous allons parler du premier balancier qu'il a construit pour le roi d'Espagne.

299. La première et une des principales améliorations qu'il a

faites à cette machine, est celle de tailler la vis entièrement cylindrique, au lieu de la faire conique, comme cela se pratiquait avant lui, et de faire mouvoir cette vis cylindrique dans un écrou d'une longueur de 60 centimètres, au lieu de celle de 25 centimètres qu'avaient les anciens écrous. Cet écrou n'est point taillé dans la voûte de l'arcade, mais dans un morceau de cuivre séparé, qu'on introduit ensuite dans une ouverture verticale pratiquée à la voûte de l'arcade, où elle a un emboîtage très-juste avec différentes retraites, pour empêcher qu'elle ne s'élève par la réaction verticale qui s'exerce de bas en haut à chaque coup de balancier.

300. La boîte coulante à laquelle le coin supérieur est attaché, a un mécanisme et un mouvement absolument semblables à celui de la boîte coulante de la machine à tailler les flaons. Nous nous bornerons à parler ici d'un moyen simple et ingénieux qu'a employé l'auteur, pour remédier, dans tous les cas, au jeu ou à la vacillation horizontale de sa boîte coulante, qui pourrait avoir lieu lorsque les rainures des coulisseaux ou les arêtes des jumelles, le long desquelles les coulisseaux se meuvent, viendraient à s'user par le frottement. Ce moyen consiste à attacher aux coulisseaux, avec des vis coniques, les traverses qui supportent le gobelet; la moitié du périmètre du filet est taraudée sur une des extrémités de chacune de ces traverses, qui n'embrassent ainsi qu'une moitié de la circonférence de la vis, tandis que cette vis est entièrement enveloppée par l'écrou qui lui est pratiqué au travers de l'épaisseur du coulisseau. Il résulte de cette disposition, que la vis serrée fait l'office d'un coin qui tend à écarter la traverse, ou le gobelet qu'elle supporte, du coulisseau; à serrer ce coulisseau, contre l'arête du prisme vertical, le long duquel il doit glisser; et à ôter par conséquent tout le jeu qui pourrait exister entre l'un et l'autre.

MARTINETS, BALANCIERS, MOUTONS. 93

On n'a besoin d'adapter ces vis coniques qu'à un des coulisseaux seulement, et l'autre peut se fixer aux traverses qui supportent le gobelet avec des vis ordinaires.

301. Le mouvement régulier de la vis et du coin supérieur étant assuré, l'auteur a disposé de la manière suivante le mécanisme de la pièce qui porte le coin inférieur. Une semelle circulaire en acier, placée sous la vis, a deux entailles, dans lesquelles entrent les arêtes des prismes, le long desquels glisse la boîte coulante, et qui remplissent ici le même objet. Cette semelle pose, par les deux extrémités de celui de ces diamètres qui est le plus près des entailles dont nous venons de parler, sur les deux côtés horizontaux de deux leviers coudés (les deux autres côtés de ces leviers ont des fonctions dont nous parlerons bientôt); et, par les extrémités d'un autre diamètre à angle droit, avec le précédent, sur deux ressorts à boudin, qui n'ont d'autre office que d'empêcher une légère oscillation autour du premier diamètre. Ces quatre appuis ont des hauteurs, telles que le dessous de la semelle est distant de la base ou sol de l'arcade, de la quantité que le flaon s'abaisse pendant la frappée.

302. C'est sur cette semelle qu'est posée la pièce qui maintient le coin inférieur; pièce que nous appellerons avec l'auteur boîte excentrique, et dans laquelle est une demi-sphère ou rotule placée au-dessous du coin; afin que ce coin puisse se prêter aux petits mouvemens que pourraient exiger les plus légères irrégularités dans la position des coins, la forme ou la position du flaon et le jeu de la machine.

303. M. *Droz* a encore évité de régler la position de sa boîte excentrique par des vis latérales, comme on le fait ordinairement. Il chasse l'un des coins d'une virole pleine, dans laquelle il met un flaon, fait descendre le balancier, et arrange à la main la boîte excentrique, de manière que les parties cylin-

driques des deux coins, ayant le flaon entre elles, soient toutes deux comprises dans la même virole; alors, avant de faire remonter la vis du balancier, il serre des vis de pression verticale, au moyen desquelles, la boîte excentrique se trouve invariablement fixée à la semelle inférieure.

304. Passons maintenant au placement de la virole-brisée.

Cette virole se pose sur une espèce d'anneau circulaire, chaussé avec un peu de jeu sur la boîte excentrique, en même temps que la base de l'ouverture cylindrique du plateau prismatique de la virole, reçoit la partie supérieure de cette boîte excentrique, dont l'arête extérieure est adoucie, et que la partie cylindrique du coin passe au travers de l'ouverture circulaire, autour de laquelle sont les mâchoires ou pièces mobiles de la virole-brisée.

305. Aux deux extrémités d'un des diamètres de l'anneau circulaire, sont deux ressorts un peu inclinés sur le plan de l'anneau; et dont les bouts sont traversés par deux vis formant deux pieds, qui posent sur le sol ou base de l'arcade. Au-dessus des extrémités du diamètre situé à angle droit sur le précédent, sont deux verges verticales, taraudées à leur bout supérieur, qui se vissent dans la voûte de l'arcade. Les bouts inférieurs de ces verges n'appuient pas sur l'anneau, mais sur le plateau prismatique de la virole-brisée que cet anneau supporte; et on peut, au moyen de ces verges et des vis qui traversent les ressorts, régler à volonté la tension de ces ressorts, la pression du carré de la virole-brisée sur l'anneau, et la hauteur précise de cet anneau et de la virole, en conservant leur position horizontale.

306. Revenons maintenant aux leviers coudés, dont les côtés horizontaux supportent la semelle et tout l'équipage du coin inférieur. Les autres côtés de ces leviers, situés dans des plans verticaux, et appliqués contre les faces des parties prismatiques

des jumelles, sont courbés vers leurs extrémités supérieures. Des pièces appelées *cames*, attachées au bas des coulisseaux, écartent les bras verticaux des leviers, lorsque le balancier monte, et leur permettent (au moyen de la courbure de ces bras de levier), de se rapprocher, lorsque le balancier descend.

307. D'après cette disposition, supposons que le balancier soit élevé; tout l'équipage du coin inférieur se trouvera supporté par les leviers; la gravure de ce coin sera à fleur du dessus de la virole-brisée, et un flaon posé sur ce coin, sera en saillie sur la virole; mais, aussitôt que le mouvement est imprimé au balancier pour frapper, les cames cessant de presser les bras des leviers verticaux, le coin inférieur s'abaisse par son poids et par celui de l'équipage auquel il tient, et le flaon vient se loger entre les mâchoires ouvertes de la virole-brisée. Le coin supérieur arrive l'instant après, et commence à s'introduire dans la virole-brisée; les épaulemens pratiqués à la naissance de sa partie cylindrique font fermer les mâchoires de cette virole, qui s'abaisse elle-même, au moyen de ce que les ressorts qui supportent l'anneau sur lequel elle est placée, cèdent à l'impulsion, et il résulte de ces mouvemens, le double effet de l'impression sur les faces et sur la tranche.

308. L'impression faite, le balancier remonte, les cames écartent les bras verticaux des leviers, dont les bras horizontaux agissent par conséquent de bas en haut sur la semelle, la boîte excentrique, etc.; les ressorts qui supportent la virole-brisée, tendent aussi à reprendre leur première forme, et il résulte de toutes ces circonstances, l'ouverture de la virole-brisée et l'élévation de la pièce frappée au-dessus de cette virole.

309. Il nous reste à parler d'un mécanisme ingénieux qu'a imaginé M. *Droz*, pour porter les flaons au centre de la virole-

brisée, et les en chasser lorsqu'ils ont reçu l'empreinte, sans employer d'autre moteur que le balancier lui-même.

310. Une règle de métal se meut longitudinalement dans une coulisse placée de manière, qu'un des côtés de la règle est dirigé sur l'axe des coins, et passe par le centre de la base circulaire d'une trémie dans laquelle on place les flaons. Vers l'extrémité de la règle, est une entaille circulaire, dans laquelle le flaon peut loger une partie de sa circonférence, et au-delà de cette entaille, deux *heurtoirs*, dont l'un est disposé pour enlever la pièce frappée de dessus le coin inférieur, et l'autre pour la détacher du coin supérieur, si par hasard elle y restait adhérente.

311. La règle dont nous venons de parler est liée à une autre règle plus courte, au moyen d'une charnière semblable à celles qu'on adapte aux mesures de poche.

Cette seconde règle a aussi, vers son extrémité, une échancrure correspondante à celle de la première règle, de telle sorte, que ces deux échancrures peuvent embrasser plus de la demi-circonférence d'un flaon.

312. Deux autres petites échancrures sont pratiquées à la même seconde règle, près de la charnière, et de part et d'autre de sa largeur. Ces échancrures sont faites pour recevoir deux goupilles, fixées sur une même plaque de métal, et tout est arrangé de manière que, lorsque la plaque de métal se meut en s'éloignant du balancier, la goupille intérieure fait d'abord ouvrir les deux règles, et ensuite les fait mouvoir elles-mêmes en forçant la grande règle de glisser dans sa coulisse, jusqu'à ce que son échancrure extrême se trouve sous la trémie, et permette à un flaon d'y tomber.

313. L'effet contraire a lieu, lorsque la plaque qui porte les deux goupilles se meut vers le balancier. La règle la plus courte,

pressée latéralement par la goupille extérieure, vient d'abord s'appliquer sur la plus grande et embrasser le flaon tombé dans l'échancrure extrême. La goupille extérieure continuant son action, les deux règles s'avancent ; le heurtoir de l'extrémité chasse d'abord la pièce précédemment frappée, et le nouveau flaon arrive ensuite sur le coin inférieur ; alors, la pièce portant les goupilles recule, les deux règles se rouvrent, abandonnent le flaon placé, prennent une marche rétrograde, et ainsi de suite.

314. Pour produire ces divers mouvemens par le balancier, M. *Droz* a attaché la plaque, qui porte les goupilles, à l'extrémité inférieure d'un levier qui tourne autour d'un axe horizontal attaché au corps de la partie fixe de la machine, et dont l'extrémité supérieure se meut entre deux pièces de cuivre courbées et attachées au corps de la vis. Une rainure rectiligne, immobile, et placée à la hauteur à peu près du milieu du bras supérieur du levier, empêche toute vacillation du mouvement de ce levier, mouvement qui doit avoir lieu dans un plan passant par l'axe de la vis.

315. Il est visible que la production des effets qui ont lieu à la partie inférieure du levier, dépend uniquement de la détermination convenable de la courbure qui mène à l'extrémité supérieure. M. *Droz* a résolu le problème par tâtonnemens, avec tout le succès désirable. Sa courbe est construite de manière que le mouvement est lent, tant à son commencement qu'à sa fin; ce qui présente plusieurs avantages.

On trouve, dans l'intéressant mémoire de M. *de Prony*, des remarques sur les avantages de la virole-brisée, comparée aux autres moyens analogues qui ont été employés ; on y trouve aussi des documens authentiques qui prouvent que M. *Droz*, à la sollicitation des célèbres mécaniciens *Watt* et *Bolton*, importa en Angleterre ses procédés ; là, il fit construire huit balanciers, huit coupoirs, et les ateliers nécessaires à ce genre de fabrication : c'est là où la machine à vapeur a été substituée, avec succès aux bras des hommes, pour mettre les balanciers et les coupoirs en mouvement. La puissance de cette machine fut si bien appliquée, que chaque balancier frappait régulièrement soixante pièces par minute, et qu'un enfant suffisait pour le service de deux balanciers. C'est dans cet atelier que fut fabriquée cette jolie monnaie de cuivre qui a circulé pendant quelque temps en France, sous le nom de *monnerons*.

316. M. *Morosi*, très-habile mécanicien, a fait construire dans l'hôtel des monnaies de Milan, d'après les principes de M. *Droz*, de fort-belles machines monétaires, qui sont mues par des roues hydrauliques.

317. Le balancier de M. *Droz* est représenté avec tous ses détails, Pl. XII, fig. 1, 2, 3, 4, 5, 6, 7, 8. La fig. 1 est l'élévation de la machine vue en face; la fig. 2, une moitié du plan; la fig. 3, une coupe sur la ligne D D du plan; on voit fig. 4, deux demi-coupes accolées, dessinées sur une plus grande échelle. Les fig. 5 et 6 indiquent la *main-mécanique*, et enfin les fig. 7 et 8 représentent la virole brisée.

318. (Fig. 1) A A, barre du balancier garni, à ses extrémités, de deux lentilles. — V, vis du balancier. — G G, le gobelet. — D D, les coulisseaux, auxquels ce gobelet est attaché par le moyen des traverses tt, tt. Chacun de ces coulisseaux a une rainure ou gueule de loup, qui embrasse l'arête de la partie prismatique H H de l'arcade I I I, afin que le mouvement vertical de la boîte coulante n'éprouve aucune vacillation; l'un de ces coulisseaux porte une vis conique, pour serrer le coulisseau contre le prisme H, lorsqu'ils ne joignent point assez l'un contre l'autre. — ab, ab, sont les tringles qui tiennent la boîte coulante (c'est-à-dire le gobelet et les coulisseaux), suspen-

due au collier cc, dans lequel la partie supérieure de l'arbre de la vis tourne sans que ce collier puisse glisser le long de l'arbre.

319. (Fig. 3) On y voit, dans toute leur longueur, les tringles ab qui tiennent la boîte coulante suspendue au collier cc, et le collet uu qui empêche que le collier cc ne glisse le long de l'arbre de la vis, sans nuire au mouvement de rotation de la vis dans ce collier. On y voit aussi deux verges ff, dont les parties supérieures sont vissées dans la masse de l'arcade, et dont les bouts inférieurs appuient sur le plateau prismatique de la virole-brisée.

320. La fig. 4 représente deux demi-sections verticales prises du bas de la grande vis et des équipages relatifs aux coins et à la virole brisée, par deux plans verticaux, passant par l'axe de la grande vis. La demi-section A B C est faite sur la ligne C C du plan fig. 2; et la demi-section A B D est faite sur la ligne D D du même plan. (demi-section à gauche.) — 1, est le coin supérieur; — 2, le coin inférieur; — 3 3, la boîte excentrique et la rotule ou articulation sur laquelle le coin inférieur est posé; 4 et 4 sont les boîtes ou colliers qui embrassent les bases des coins inférieur ou supérieur, l'un au-dessus de la boîte excentrique 3; et l'autre, au-dessous du gobelet G G; — 5 5 virole brisée; — 6, ressort qui supporte l'anneau oo, et qui est retenu par la vis Z Z qui sert aussi à lui donner la tension convenable; — 8, est l'extrémité inférieure de la vis du balancier; — 9, est un carreau d'acier formant une pièce intermédiaire entre le bout inférieur de la vis et le fond du gobelet; — 10, est le gobelet toujours plein d'huile qui reçoit le bout inférieur de la vis.

(Demi-section à droite) S, est la semelle sur laquelle repose tout l'équipage de la virole brisée et du coin inférieur. Elle est fixée par des vis de pression (une d'elles est indiquée en W W à gauche).

321. On observe (fig. 1) un levier *r p s* auquel répond un autre levier pareil qui lui est diamétralement opposé, et qui est caché par la partie prismatique H H de l'arcade. Ces leviers tournent autour des axes horizontaux *s*, et tiennent soulevé le système de la semelle d'acier, S, de la boîte excentrique et du coin inférieur, parce que les cames *q* attachées aux coulisseaux *d*, appuient contre la partie *p r* qui est convexe du côté de ces cames : mais lorsque la grande vis, et la boîte coulante se seront abaissées, les cames *q* tomberont dans la partie concave qui est vers *p* ; alors les courbes *p r* permettront à tout l'équipage qui porte le coin inférieur de s'abaisser.

322. Avant que cet abaissement n'eût lieu, le flaon était posé sur le coin inférieur, ou sur un plan qui arrasait le dessus des mâchoires de la virole-brisée ; et, lorsque l'abaissement est opéré, le flaon entre dans le vide cylindrique (fig. 4), compris entre les mâchoires de la virole-brisée ; cette virole, supportée isolément par les ressorts Z z 6, ne s'est point abaissée ; mais la grande vis continuant à descendre, la partie cylindrique inférieure du coin supérieur vient s'introduire dans le vide cylindrique au-dessus du flaon ; les épaulemens *n n*, pressant sur les extrémités des mâchoires, font en même temps plier les ressorts 6 et fermer la mâchoire ; et de là résultent les deux impressions sur face et sur tranche. La vis remonte ensuite ; les cames *q* (fig. 1) font écarter les bras du levier *s r*, ce qui opère l'élévation du système de la semelle d'acier de la boîte excentrique et du coin inférieur, en même temps que les ressorts 6 font remonter l'anneau *o o* et la virole-brisée ; et par la combinaison de ces deux mouvemens, la pièce frappée revient au même arrasement où elle était avant d'avoir reçu l'empreinte.

323. Il nous reste à décrire la main mécanique qui fait

sortir la pièce frappée du dessus du coin inférieur, et qui y place un nouveau flaon. — (fig. 6) $a\ b\ c\ d$, est une règle assujettie à se mouvoir dans une coulisse, de manière que le côté $a\ d$ est toujours dirigé sur l'axe de la grande vis et sur celui de la trémie cylindrique (fig. 1), dans laquelle se placent les flaons à frapper. Une autre règle $rvdkv't'$ est attachée à celle $a\ b\ c\ d$ par la charnière r; en sorte que le système de ces deux règles s'ouvre et se ferme en tournant autour de r, comme les deux pièces d'une mesure de poche à charnière. Les échancrures e et y, respectivement pratiquées aux extrémités des deux règles, embrassent, lorsque ces règles sont appliquées l'une contre l'autre, le flaon qui tombe de la trémie, sous laquelle les deux règles glissent, le portent sur le coin inférieur, après avoir, au moyen des heurtoirs u, chassé la pièce précédemment frappée, s'ouvrent, laissent ce flaon en place et vont en chercher un autre. Voici comment ces mouvemens s'opèrent.

324. Une plaque de métal $l\ n\ h\ m$, assujettie à se mouvoir parallèlement à la ligne $a\ d$, porte les deux goupilles p et q qui se logent dans des échancrures $v\ t$ et $v'\ t'$, pratiquées à la règle $rvdkv't'$. D'après cette disposition, on conçoit sur-le-champ, que si la pièce $l\ n\ h\ m$ se meut du côté de $e\ y$, ou s'approche de la trémie $t\ t$, les deux règles supposées ouvertes, doivent d'abord se fermer par l'action de la cheville q sur la courbe $t'\ v'$, et ensuite être entraînées du côté du balancier par la continuation du mouvement de la pièce $l\ n\ k\ m$. L'effet inverse a lieu, lorsque cette pièce se meut en s'éloignant de la trémie $t\ t$.

L'effet du placement des flaons et du déplacement des pièces frappées s'explique sans difficulté, par ce double mouvement, et il ne s'agit plus que de savoir comment il se produit.

Une cheville h, fixée à la pièce coulante $l\ n\ h\ m$, entre dans une ouverture oblongue, pratiquée à l'extrémité du bras inférieur du levier lyl (fig. 6.); l'axe y est horizontal et perpendiculaire au plan, passant par l'axe de la grande vis; de telle sorte qu'en faisant mouvoir ce levier dans un sens ou dans l'autre, on pousse la cheville h, et par conséquent la pièce $lnhm$ en avant ou en arrière. Or, l'extrémité supérieure du levier lyl est assujettie à se mouvoir entre deux courbes k, de métal, attachées chacune par une de leurs extrémités à l'arbre de la grande vis, et disposées de manière que, lorsque cette grande vis s'abaisse, la cheville h s'éloigne et réciproquement; on voit complètement par-là comment le jeu de la main mécanique se trouve lié au mouvement du balancier, et comment il en est le résultat; — M, est une des brides qui servent à maintenir les deux courbes ensemble, de manière qu'elles se fortifient réciproquement, afin que leur écartement soit invariable; ces brides sont disposées en forme de ponts pour ne pas s'opposer au mouvement du levier.

Pour éviter toute vacillation latérale dans le mouvement du levier, on a placé en h, deux bandes de métal, rectilignes, parallèles et horizontales, attachées aux parties fixes du balancier, entre lesquelles le levier est toujours contenu en faisant ses oscillations.

Balanciers hydrauliques, Pl. XIII, fig. 1, 3.

325. MM. *Perrier* ont proposé d'appliquer le principe de la presse hydraulique (voyez le volume intitulé *Composition des machines*) à des balanciers monétaires. Ce principe consiste à mettre en communication, par l'intermédiaire d'une colonne d'eau, deux pistons de différens diamètres, qui agissent dans deux tubes verticaux, réunis par un canal horizontal. On sait, par les lois de l'hydrostatique, qu'une force appliquée au petit piston peut (indépendamment de tout autre mécanisme) sur-

monter une résistance inhérente au grand piston, dont l'effort serait comparativement au sien, comme le carré du diamètre du grand piston est au carré du diamètre du petit. Ce principe, dont *Pascal* a le premier proposé l'emploi en mécanique, donne un moyen simple d'avoir des presses, et conséquemment des balanciers d'une force extraordinaire.

326. Les balanciers dont nous parlons peuvent non-seulement être employés à frapper de grandes médailles, mais encore à imprimer dans des matrices quelconques toutes sortes d'objets métalliques, et ils peuvent servir de coupoirs. Nous ne croyons pas cependant qu'on puisse les substituer, avec un avantage réel, aux balanciers actuellement usités pour frapper les monnaies.

Le balancier représenté fig. 1, agit de bas en haut. — $a\,a$ est le châssis du balancier en fonte de fer ou en cuivre; — $b\,b$, le grand corps de pompe; — $c\,c$, la petite pompe dont le piston x est mû par le levier $y\,y$, garni à son extrémité, d'un boulet semblable à ceux des balanciers ordinaires. La petite pompe $c\,c$ communique avec le gros corps de pompe $b\,b$, par l'intermédiaire du canal horizontal l.

327. Un des coins s est fixé à la traverse supérieure du châssis $a\,a$, l'autre t est fixé sur un cylindre r, qui se meut dans le gros corps de pompe $b\,b$ et qui surmonte le piston m.

328. Lorsqu'on met en jeu le balancier $y\,y$, le petit piston x foule la colonne d'eau intermédiaire entre les deux pistons x et m: ce refoulement produit l'élévation du piston m; mais il est évident que l'élévation doit être d'autant plus lente, que la différence entre les diamètres des pistons est plus grande, et il est également évident (d'après les principes fondamentaux de la mécanique), que la pression qui résulte de l'élévation du grand piston sera d'autant plus forte, que la vitesse de ce piston sera moindre, comparativement à celle du petit piston x. Pour

obtenir une pression d'une force quelconque, il ne s'agit donc que de proportionner convenablement ces vitesses, qui dépendent de la grandeur respective de la base des deux pistons, c'est-à-dire, du carré de leurs diamètres.

329. La fig. 3 représente un autre balancier hydraulique qui agit de bas en haut. Dans celui-ci, les deux corps de pompe *a* et *b* sont superposés et ont un même axe.

Des Moutons en général.

330. En mécanique le nom de *mouton* désigne une masse inerte de bois ou de métal, qu'un moteur quelconque élève jusqu'à une hauteur déterminée, pour l'abandonner ensuite à l'action de sa propre gravité, action qui lui fait acquérir une force de percussion d'autant plus grande que la hauteur de la chute qu'elle a à parcourir est plus considérable.

331. Le *mouton* se distingue du *bélier* et du *marteau* par la direction de son mouvement qui est rectiligne et verticale, tandis que celle du *bélier* est horizontale, et que celle du marteau suit une courbe.

332. L'architecture fait le plus grand usage des moutons, pour enfoncer les pilots ou les pieux qui doivent soutenir les fondations des édifices, dans les terrains qui n'ont point une solidité suffisante. Les principales variétés des moutons employés à cet usage ont été décrites dans le volume intitulé *Machines employées dans les constructions diverses*, page 133 et suivantes.

333. L'usage des *moutons* dans les opérations de métallurgie est incomparablement plus restreint. L'on ne s'en sert ordinairement que lorsqu'on a besoin d'une percussion exactement verticale, soit pour imprimer sur une plaque une empreinte, soit pour agir sur un emporte-pièce : mais, dans le plus grand

nombre de cas, on préfère pour ces sortes d'opérations l'emploi du *balancier*.

334. Les Anglais ont su se prévaloir de l'action d'un fort mouton pour séparer une barre de fer en plusieurs parties d'une longueur déterminée, et cela avec autant de promptitude que de facilité.

Mouton destiné à couper une grosse barre de fer, Pl. XI, fig. 8, 9.

335. Cette machine est exécutée dans quelques grandes usines en Angleterre, et est mise en mouvement par la machine à vapeur. Le mouton proprement dit est à déclic, c'est-à-dire, composé de deux parties, d'une tenaille a et du bloc b; la tenaille et le mouton se meuvent entre deux jumelles $c\ c$; les deux crochets d de la tenaille saisissent et tiennent suspendu le mouton. La tenaille est attachée à une corde ff; cette corde est fixée à l'extrémité supérieure de l'arc circulaire g d'un levier l.

336. Des cames fixées sur l'arbre tournant de la machine à vapeur agissent tour à tour sur une bascule qui met en mouvement le levier k et élève la tenaille et le mouton à une telle hauteur, que les branches divergentes $x\ x$ rencontrant les plans inclinés $y\ y$, se rapprochent pour laisser échapper le mouton qui tombe de tout son poids sur l'enclume z, au-dessus de laquelle est la barre que l'on veut couper. On voit fig. 9, le mouton et l'enclume dessinés sur une plus grande échelle. Le mouton se termine par le bas en une arête tranchante, et l'enclume a une cavité correspondante à la forme du mouton.

CHAPITRE QUATRIÈME.

Des Laminoirs.

337. Nous donnons le nom de *laminoirs* à toutes les machines composées de cylindres qui sont destinés à aplatir les métaux et à les étirer. Les cylindres, ordinairement au nombre de deux, sont en fonte grise, dressés et travaillés au tour.

338. L'invention de ces importantes machines, qui ne remonte guère que vers l'an 1540, a rendu les services les plus signalés aux arts dépendans de la métallurgie. Leur usage devient de plus en plus étendu, et l'on est parvenu à se servir de laminoirs de dimensions colossales, pour forger et corroyer le fer avec autant d'économie que de promptitude ; pour fendre des lames de fer en barres et en verges ; pour laminer ce même métal et le réduire en tôle plus ou moins épaisse. Des machines analogues laminent le cuivre, le plomb, l'étain ; forment avec une célérité admirable une foule d'objets utiles qui sembleraient exiger un travail long et minutieux, tels que des couteaux, des clous, des barres garnies d'ornemens et de moulures, etc.

339. Les laminoirs de petites dimensions sont d'une utilité non moins grande aux orfévres, aux metteurs en œuvre, aux fabricans d'objets plaqués en argent, aux manufactures de galons de toute espèce.

340. Les laminoirs ont singulièrement amélioré la fabrication des monnaies et des médailles. On admire, dans les collections d'antiquités, quelques médailles des villes grecques,

dont les dessins purs, corrects et élégans rappellent à notre imagination les chefs-d'œuvre inimitables du siècle de *Périclès*. Une circonstance, cependant, affaiblit singulièrement l'admiration qu'elles excitent en nous, c'est l'imperfection des procédés techniques qui ont été mis en usage pour leur fabrication, procédés qui laissaient subsister, soit dans la forme, soit dans l'épaisseur de la pièce de métal qui compose la médaille, les irrégularités les plus choquantes. L'invention du laminoir a fait disparaître une grande partie de ces irrégularités. Par son moyen, on est parvenu à obtenir des lames de métal, parfaitement lisses sur les deux faces, et d'une épaisseur exactement uniforme.

341. Les laminoirs occupent un rang distingué parmi les machines douées du précieux avantage de produire un travail tout à la fois précis, économique et accéléré. L'économie et la célérité qu'ils procurent sont dues à la continuité et à l'uniformité de leur action.

Si l'on compare les résultats que produisent les laminoirs à ceux que donnent les marteaux et les autres machines analogues, dont le mode d'agir est variable et intermittent, on aura une nouvelle preuve de la très-grande utilité qu'on obtient, en général, lorsque l'on peut parvenir à produire par un mouvement circulaire continu, ce qui s'effectue par un mouvement alternatif quelconque.

342. Nous examinerons successivement les principales applications du laminoir aux opérations métallurgiques, en commençant par la plus importante, qui est celle de le substituer aux marteaux pour forger et étirer le fer; mais nous ne pouvons en donner une idée claire et satisfaisante, qu'en décrivant en même temps les procédés anglais pour fondre et affiner ce métal. La supériorité de ces procédés ne laisse aucun doute sur

Affinage du fer suivant la méthode anglaise.

343. Il y a environ quarante ans que *Henry-Cort*, de Gosport, a imaginé la méthode d'affiner le fer actuellement en usage en Angleterre; on en trouve une première description dans une lettre écrite par *David Hartley*, en 1786 (*a*). Elle a été ensuite décrite avec plus de détails dans les journaux consacrés aux arts. On trouve:

Dans le Journal des Mines,

Un mémoire de M. *Coquebert de Montbret*, sur le procédé de *Henry-Cort*, an 3, n°. 6;

Une note de M. *Thomas-Smith*, sur les procédés de M. *Reynolds*, pratiqués à *Coal-Brook-Dale*, an 11, n°. 73;

Un mémoire très-intéressant de M. *H. de Bonnard*, sur les procédés employés en Angleterre pour le traitement du fer par le moyen de la houille; tome 17.

Dans les Annales des Arts et Manufactures,

Le mémoire de M. *de Bonnard*, ci-dessus indiqué et plusieurs autres mémoires de MM. *O'Reilly* et de MM. *Dobson*.

Dans le Bulletin de la Société d'Encouragement,

Un mémoire de M. *Ryss-Poncelet*, tome 10;
Un mémoire du M. *Dufaud*, tome 12.

344. La fabrication du fer à la houille se compose en général en Angleterre de quatre opérations:

_____

(*a*) Annales d'Agriculture, d'*Arthur Yonng*, n°. 70.

DES LAMINOIRS.

1°. La fonte des minerais dans le haut fourneau appelé *blast-furnaces*. On l'opère avec du charbon de houille ou coaks. Elle produit des espèces de gueuses que l'on nomme *pig-iron* (fer en saumon);

2°. Une seconde fusion que l'on fait subir à la fonte dans des foyers nommés *fineris*, assez semblables à nos feux d'affinerie. Cette opération se fait encore au *coaks*. Elle produit d'autres gueuses que l'on désigne sous le nom de *fine-metal* (métal affiné);

3°. La véritable opération de l'affinage de la fonte qui s'exécute dans des fourneaux à réverbères, appelés *puddling-furnaces*. Elle produit des loupes que l'on ébauche de manière à former des espèces de massets auxquels on donne le nom de *lumps*;

4°. Une chauffe que l'on fait subir aux massets dans d'autres fourneaux à réverbère, nommés *blowing-furnaces*, pour les étirer ensuite en barres entre des cylindres cannelés.

345. On voit que les deux premières de ces opérations ont pour objet la fusion du minerai et la préparation de la fonte, de manière à la rendre propre à être affinée; et que le but des deux dernières est la conversion de cette fonte en fer forgé.

1ʳᵉ. Opération.

346. Les hauts fourneaux (blast-furnaces) qui servent dans la première opération ont de grandes dimensions : leur hauteur varie de 40 jusqu'à 60 et même 65 pieds; leur plus grand diamètre est de 12 à 14 pieds; il est, en général, placé à peu près au tiers de la hauteur totale. L'ouverture du gueulard a depuis 2 pieds et demi jusqu'à 4 pieds de diamètre.

347. Ces fourneaux exigent une très-grande quantité d'air; un écoulement de 1,200 à 1,500 pieds cubes d'air par minute leur

est nécessaire ; aussi les machines soufflantes ordinaires, telles que les *soufflets à liteaux accouplés* (107), seraient insuffisantes, puisque celles de plus grandes dimensions ne sont susceptibles de fournir qu'un écoulement de 400 pieds cubes par minute. Il a donc fallu avoir recours aux machines soufflantes en fonte et cylindriques. Nous les avons décrites (134 et suivans). Les cylindres des machines soufflantes, adaptés aux *blast-furnace*, ont un diamètre de 6 à 7 pieds et 8 à 9 pieds de hauteur. Les régulateurs de ces machines sont ou des cylindres de fonte de semblables dimensions, et dont le piston est chargé de poids (198), ou des cases à air (155), ou de grandes caisses renversées dans l'eau (216). Des jauges à mercure placées sur les régulateurs, indiquent le degré de compression auquel est soumis l'air qu'ils renferment.

348. Une machine soufflante établie à *Glamorgau*, et que M. Bonnard a vue fonctionner, était mue par une machine à vapeur à double effet de 40 pouces de diamètre, et donnant 13 à 14 coups par minute ; les cylindres soufflans avaient 7 pieds de diamètre et 8 pieds de hauteur. Cette machine fournissait le vent à deux *blats-furnaces*, et en même temps à trois *fineris*. Son établissement a coûté environ 2,500 livres sterling ou 600,000 francs, dont 1,500 livres sterling pour la machine à vapeur, et 1,000 livres sterling pour la machine soufflante.

349. Dans chacun des blast-furnaces où l'on avait donné au vent une direction un peu ascendante, on plaçait 80 et même 90 charges par 24 heures. Chacune de ces charges était composée d'environ 4 quintaux de *coaks*, 4 quintaux de minérai et 1 quintal de *castine*. On coulait deux fois pendant cet intervalle de temps 6 à 7 milliers de fonte, ce qui fait, pour le produit qu'on pourrait obtenir d'un de ces fourneaux, 84 à 98 milliers par semaine et 4 à 5 millions par an.

2ᵉ. Opération.

La fonte subit une seconde fusion dans les foyers nommés *fineris*, alimentés avec du coaks. Pour cet effet, après avoir cassé les *pig-irongs* en morceaux de 50 à 60 livres pesans, on place un ou plusieurs de ces morceaux sur le *coaks* dont le foyer est rempli. La matière se fond, et en passant devant la tuyère tombe dans le creuset, où le vent qui plonge continuellement brûle la presque totalité de carbone qu'elle contient, et où les scories qui la couvrent l'empêchent d'être en contact avec le combustible qui pourrait lui en fournir de nouveau. On ajoute ainsi successivement de nouveaux morceaux de *pig-iron* au-dessus des charbons, à mesure que les premiers se fondent, et le creuset se remplissant de métal, les crasses qui surnagent sont chassées par le vent des tuyères et s'écoulent naturellement par-dessus les bords du foyer.

350. De deux en deux heures, ou même plus souvent, on débouche un trou qui existe au bas de la plaque qui forme la paroi antérieure du foyer, et la fonte coule dans des rigoles qu'on a préparées dans le sable pour la recevoir, et où elle se moule en saumons plus considérables que ceux que l'on forme au sortir des hauts fourneaux. On en fait deux à chaque coulée. On nomme cette fonte *fine-métal*. Les foyers étant continuellement en feu, on y passe environ 1,500 livres de fonte en six heures.

3ᵉ. Opération.

351. Les fourneaux à réverbère appelés *puddling-furnaces* ont un âtre d'environ 6 pieds et demi de longueur sur 3 pieds 10 pouces de largeur; il est un peu creusé, construit en brique, ainsi que tout le reste du fourneau, et recouvert de sable. La

grille de la chauffe a environ deux pieds de largeur. L'ouverture qui donne entrée à la flamme dans le fourneau a 2 pieds et demi de côté, et celle par où elle en sort pour entrer dans le *rampant* de la cheminée est de deux pieds en carré. Ce rampant est garni d'un registre qu'on ouvre et qu'on ferme à volonté pour augmenter ou diminuer la force du courant et l'intensité de la chaleur. Au-dessous de son entrée est un petit bassin destiné à recevoir les scories.

352. L'ouverture antérieure du fourneau, par laquelle on charge le *fine-métal* et on retire les loupes, se ferme avec une porte en fonte de 20 à 24 pouces en carré, suspendue à l'extrémité d'un levier horizontal, au moyen duquel on l'élève ou on l'abaisse à volonté. Cette porte est percée à son milieu d'une ouverture de 7 à 8 pouces de côté, qui sert à l'ouvrier pour introduire les instrumens avec lesquels il travaille dans l'intérieur du fourneau, et qui se ferme par une petite porte dans laquelle est pratiqué un trou circulaire de 8 à 10 lignes de diamètre par où l'on peut regarder pour connaître à quel point en est l'opération.

353. M. *Dufaud*, très-habile maître de forges et ancien élève à l'école polytechnique, a proposé un fourneau à réverbère d'une forme très-avantageuse.

Dans ce fourneau, la flamme, au lieu de s'échapper, comme dans les fourneaux à réverbère ordinaires, par une ouverture qui règne sur toute la largeur du four, est forcée de prendre issue par deux ouvertures latérales, dont la hauteur est égale à la distance de la voûte à la sole, et la largeur de 10 pouces; ces ouvertures peuvent être fermées à volonté par deux coulisses en fonte.

La flamme ainsi dirigée passe entre le dessus de la voûte du four à réverbère et une seconde voûte qui la conduit à la cheminée construite sur le derrière de la chauffe, et dont la hauteur est au moins de 36 pieds.

354. Par ce moyen, la voûte ne peut permettre aucune déperdition de calorique, et on peut même se servir de cette espèce de second four pour divers usages. Depuis long-temps on emploie de semblables fours dans plusieurs manufactures pour la fabrication de la litharge et du minium.

355. On remarque qu'une porte sert à donner de l'air pendant l'affinage; qu'une autre est destinée au passage des *massets* affinés et à l'introduction des outils pour l'affinage; et enfin que le four supérieur a une ouverture par où un ouvrier peut s'introduire pour visiter les voûtes.

356. Les *puddling-furnaces* anglais sont chauffés avec de la houille en nature. Après avoir garni de sable le sol du fourneau, on le charge en y plaçant près de l'*autel* 300 livres de *fine-métal* en morceaux plus ou moins volumineux. On ferme alors la porte aussi hermétiquement que possible, en *margeant* tous les bords avec de l'argile et bouchant même le petit trou du milieu. On jette de la houille sur la grille, et on entretient le feu, en laissant ouverte la porte antérieure de la chauffe, et laissant à moitié ouvert le registre de la cheminée. Au bout d'une demi-heure environ, lorsque la fonte est devenue d'un rouge-blanc, on donne un coup de feu plus fort en continuant à alimenter la grille, fermant hermétiquement la porte de la chauffe et ouvrant en entier le registre de la cheminée. Ce coup de feu a pour objet d'opérer la fusion du métal, qui, en effet, se ramollit aussitôt et commence à couler. Au bout de moins d'un quart d'heure, la fusion étant presque entièrement achevée, l'ouvrier ouvre la petite porte du fourneau, et y introduit un ringard avec lequel il casse les morceaux qui existent encore, et les rapproche du foyer pour accélérer leur liquéfaction. En effet,

Des Machines employées dans diverses fabrications.

après quelques minutes, tout est ordinairement fondu. Alors l'ouvrier, se servant alternativement de ringards et de râbles, et les agitant continuellement dans le bain de métal, le brasse fortement, de manière à renouveler sans cesse les points de contact avec la flamme, qui désoxide successivement les molécules métalliques qu'elle a séchées. En perdant ce principe étranger, le fer perd également sa fusibilité ; aussi les parties revivifiées reprennent-elles aussitôt l'état solide; et, au bout d'une demi-heure de brassage, la substance présente l'aspect d'une pâte à demi-liquide, et renfermant une multitude de petits grains. Pendant la durée de ce travail, l'ouvrier jette quelquefois un peu de sable sur la partie du bain qu'il est occupé à brasser, afin de faciliter la formation des scories, qui, à mesure qu'elles viennent, surnagent le bain métallique, sont poussées dans le bassin destiné à les recevoir, où l'on a soin d'entretenir leur liquidité avec des morceaux de houille enflammée, et duquel on les fait couler de temps à autre, en débouchant un trou destiné à cet usage.

357. La porte où les portes de la chauffe, et le registre de la cheminée, servent à l'ouvrier de régulateurs pour augmenter ou diminuer la force de la chaleur ou l'effet de la flamme. Quelquefois il referme toutes les ouvertures du fourneau pour donner encore des coups de feu plus violens ; mais qui ne sont jamais qu'instantanés, et il continue, presque sans aucune interruption, à brasser avec force, pour renouveler toujours les points de contact de la flamme avec les molécules de la substance métallique qui devient la plus pâteuse. Les grains s'agglutinent ensemble et forment des morceaux que l'ouvrier réunit avec ses outils, et qu'il achève de coller l'un à l'autre, soit en les pressant avec son ringard, soit en les frappant avec une masse de fer assez pesante. Il forme de cette manière un nombre de petites loupes qui varient de trois à sept, suivant les usages aux-

quels elles sont destinées, mais qui est ordinairement de cinq. Il les range autour de l'âtre, en fermant la porte du fourneau et ouvrant celle de la chauffe, il les laisse encore exposées à l'action du courant de la flamme, jusqu'au moment où il doit les sortir pour les forger.

358. La durée de cette opération, depuis l'instant où l'on a chargé le fourneau, jusqu'à celui où on le referme après avoir formé les loupes, est d'environ sept quarts d'heure.

359. La méthode de travailler et d'ébaucher les loupes formées dans les *puddling-furnaces*, varie beaucoup : la plus généralement suivie, consiste à les porter immédiatement sous le marteau.

360. Les marteaux employés dans toute l'Angleterre sont excessivemens pesans. Le manche est en fonte, coulé en une seule pièce avec la tête, dont la base a 15 à 18 pouces en carré, et qui pèse environ 1,200 livres. A la partie antérieure de la panne, sont deux entailles carrées, qui aident à donner aux massets la forme qu'on veut leur faire prendre. En avant de la tête est une espèce de mentonnet, au moyen duquel le marteau est soulevé par les cames d'un arbre tournant, qui est mis en mouvement par le balancier d'une machine à vapeur.

361. L'ouvrier tire avec son râble une des loupes du fourneau, et la fait tomber sur le sol de l'atelier; il la traîne aussitôt jusqu'au marteau, la pose sur l'enclume et la livre au marteleur. Au même instant, un enfant porte à celui-ci une barre de fer carrée, de 8 à 9 lignes d'épaisseur, dont un des bouts, chauffé sur la grille du fourneau pendant l'affinage, est devenu d'un rouge blanc. Le marteleur pose cette extrémité de la barre sur la loupe, et le premier coup de marteau lui fait faire corps avec elle. Il s'en sert alors, en la tenant par la partie froide, pour retourner la loupe dans tous les sens, et l'exposer dans

toutes ses partie au choc de la masse qui la frappe. Après l'avoir allongée, il la retourne verticalement, et c'est dans cette position qu'elle reçoit les derniers coups qui achèvent de souder ses deux extrémités. Cette loupe étant à peine solide, par l'extrême degré de chaleur auquel elle est élevée, les scories qu'elle contient en sont exprimées avec beaucoup de facilité, et au bout d'une minute et demie elle a acquis une forme cylindrique de 18 à 20 pouces de long, sur 3 ou 4 de diamètre. Elle porte en cet état le nom de *lump*. Une loupe succède à l'autre sans interruption; ainsi, le produit d'un fourneau, qui est ordinairement de cinq loupes, est ébauché en un demi-quart d'heure. A la fin de chaque cinglage, on plie dans tous les sens la barre de fer qui a servi à manœuvrer la loupe, jusqu'à ce qu'on parvienne à la casser, de sorte qu'il en reste toujours un morceau qui fait partie du *lump* obtenu.

362. Chacun de ces *lumps* est ordinairement destiné à donner dans l'opération suivante une seule barre de fer; mais quand on doit obtenir plusieurs barres avec un seul masset, on le porte en sortant du marteau, et encore rouge, dans des cisailles que nous décrirons bientôt, qui le coupent en deux ou trois parties, suivant les dimensions des fers que l'on doit fabriquer avec lui.

363. Un marteau peut suffire pour douze *puddling-furnaces*, dont les produits se succèdent immédiatement l'un à l'autre dans les mains du marteleur; et dont le travail est disposé de telle manière, que l'ouvrier du second fourneau termine la formation de ses loupes, un instant avant que celui du premier ait fini de faire cingler les siennes, et ainsi successivement pour les autres, de sorte que le travail de chacun d'eux est en arrière d'environ un demi-quart d'heure sur celui du fourneau qui le suit. De cette manière, l'on peut voir dans un même atelier, et au même instant, l'opération a tous ses périodes.

364. Chaque puddling-furnace fournit ordinairement cinq loupes, et l'ébauchage de 60 pièces produites par les douze fourneaux, est terminé avant que l'affinage qui a été recommencé dans chacun d'eux, aussitôt après la confection de ses *lumps*, soit achevé dans le premier. On profite de cet intervalle de temps pour faire reposer le marteau, en arrêtant la machine à vapeur qui le met en mouvement, et on l'arrose pour le refroidir.

365. Les marteleurs ont ordinairement un cuir attaché à leur chapeau, au milieu duquel est un verre circulaire, et qu'ils laissent tomber devant leur visage pendant qu'ils travaillent, afin d'éviter d'être brûlés par les scories qui jaillissent avec force.

366. Le produit d'un puddling-furnace est de 250 livres en lumps; ainsi le fer éprouve un sixième de déchet dans l'opération de l'affinage. On y consomme environ 6 septièmes de livre de houille pour chaque livre de fer obtenu, ou 5 septièmes de livre de houille pour chaque livre de *fine-metal* employé.

367. Dans un grand nombre d'usines, au lieu de porter les loupes sous le marteau au sortir des puddling-furnaces, on les passe entre de gros cylindres cannelés.

Cylindres forgeurs, Pl. XIV, fig. 4, 5, 6.

368. Leur usage s'est introduit en Angleterre vers la fin du siècle dernier. On en distingue de trois sortes : 1°. cylindres ébaucheurs; 2°. cylindres préparateurs; 3°. cylindres étireurs.

369. Les cylindres ébaucheurs A A (fig. 4), ont entre 3 et 7 pieds de long sur 16 à 54 pouces de diamètre; ils sont divisés dans le sens de la longueur par plusieurs cannelures *a b c d e* de 6 à 12 pouces. Les plus grands cylindres ont 8 cannelures; les plus petits 4.

370. Les cylindres préparateurs (fig. 5) ne diffèrent des précé-

dens que par leurs dimensions. Ils ont entre 3 et 5 pieds de long sur 16 à 24 pouces de diamètre; leur poids varie entre 5 et 14 milliers; les plus grands ont 10 cannelures; les plus petits en ont 7; elles ont de 3 à 7 pouces de diamètre.

371. Les cylindres étireurs B B (fig. 6), ont de 3 à 4 pieds de long sur 16 à 18 pouces de diamètre. L'un des cylindres a des cannelures rectangulaires *f g m n* dont le nombre varie entre 6 et 8, leur longueur peut avoir d'un à 6 pouces, et leur profondeur d'un à 2. L'autre cylindre a des bandes saillantes *p q r v*, mais dont la partie saillante n'a que 6 lignes d'épaisseur environ. Ces bandes entrent dans les cannelures pour aplatir le fer, lui donner la forme et les proportions qu'on désire.

372. On fixe les cylindres entre deux châssis de fonte ou de fer forgé, composés chacun de forts piliers entre lesquels sont des *empoises* ou colliers de fonte, pour recevoir l'axe des cylindres. Les piliers sont fixés par le bas, soit dans une forte pièce de bois, soit dans une sole de fonte; ils y sont retenus dans la partie supérieure par un chapeau ou des brides de champ; deux écrous qui se vissent au-dessus du chapeau, servent à rapprocher les deux cylindres l'un contre l'autre et à déterminer l'écartement qu'ils doivent avoir.

373. Chaque cylindre s'emboîte dans un arbre qui lui communique le mouvement qu'il doit avoir, et qui est ordinairement circulaire continu; mais dans les cylindres ébaucheurs, le mouvement est quelquefois oscillatoire.

374. Ces cylindres sont mus par une machine à vapeur, à l'extrémité du balancier de laquelle est adaptée une tige verticale avec une manivelle qui fait tourner un arbre horizontal. Sur cet arbre est une grande roue dentée qui engrène avec une roue plus petite située sur un second arbre parallèle au premier, et sur l'axe duquel un des cylindres est placé. Ce cylindre, en

tournant sur lui-même, fait tourner le second en sens contraire, au moyen d'un engrenage. Un grand volant de fonte, situé sur l'arbre du premier cylindre, contribue à entretenir l'uniformité du mouvement.

375. On passe la loupe successivement dans les cannelures *a b c d*, fig. 4, qui, en la comprimant de plus en plus, font jaillir les scories qu'elle renferme, en lui donnant une forme cylindrique et allongée, assez semblable à celle des *lumps* obtenus sous le marteau. On opère ensuite sur ces *lumps* de l'une des trois manières suivantes :

1°. Quelquefois on leur fait subir sur-le-champ, et sans les réchauffer, l'opération de l'étirage; mais il faut, pour que cela puisse avoir lieu, que les *lumps* aient conservé un grand degré de chaleur, et que, l'affinage ayant été poussé fort loin dans le fourneau, les molécules de fer aient entre elles une adhérence qu'elles n'y acquièrent pas ordinairement. Aussi n'arrive-t-il que rarement que l'on puisse employer cette méthode et épargner une chauffe; encore le fer obtenu de cette manière n'a-t-il jamais beaucoup de nerf, et n'est-il pas aussi bien soudé que celui qui a éprouvé une chauffe de plus.

2°. La manière la plus ordinaire est de mettre les *lumps* de côté pour les traiter postérieurement comme ceux obtenus sous le marteau.

3°. Quand on veut soigner davantage la qualité du fer, on passe les lumps au sortir des cannelures des cylindres (fig. 4) entre d'autres cylindres unis, qui les aplatissent, et en font des espèces de barres fort longues et fort épaisses remplies d'un grand nombre de gerçures, et présentant tous les caractères d'un fer très-imparfait. Ces barres sont refroidies et cassées en morceaux de 18 pouces de long environ. On met ensuite quatre morceaux l'un sur l'autre pour leur faire subir l'opération de l'étirage, que nous décrirons bientôt. On donne aux paquets faits de cette manière le nom de *blums*.

376. Dans d'autres forges, on passe les loupes, immédiatement au sortir des fourneaux, entre des cylindres unis, où elles s'étendent en espèces de plaques épaisses et uniformes, puis, et de suite, entre d'autres cylindres sur le pourtour desquels sont seulement quelques saillans tranchans qui coupent la surface de ces plaques, et y font des entailles au moyen desquelles on parvient, quand elles sont refroidies, à les briser facilement et uniformément. Les morceaux obtenus sont ainsi presque tous semblables entre eux. On en place plusieurs les uns sur les autres, et on fait subir à ces blums une nouvelle chauffe dans des fourneaux à réverbère semblables à ceux qui servent à l'affinage. Quand elles sont d'un rouge blanc, on les porte sous le marteau où l'on en fait des lumps semblables à ceux obtenus ailleurs d'une première opération, et que l'on met de côté pour être traités postérieurement comme ceux-ci.

377. Dans l'usine de *Bradley*, on passe les loupes au sortir des *puddling-furnaces*, entre des cylindres cannelés qui ont environ 4 pieds de diamètre. Ces cylindres sont, ainsi que les autres, mis en mouvement par une machine à vapeur; mais la tige verticale adaptée au balancier de cette machine, au lieu d'être perpendiculairement au-dessus de l'axe qu'elle fait tourner, est située à environ cinq pieds de distance horizontale de cet axe, de sorte que la manivelle ne fait qu'à peu près un tiers de tour pendant la levée totale du balancier; et, lorsqu'il descend, retourne dans un sens opposé. Il en résulte que les cylindres, au lieu de tourner autour de leur axe, n'ont qu'un mouvement de va et vient. Cette méthode présente cet avantage, qu'un seul homme suffit pour travailler une loupe, qu'il place dans une des cannelures des cylindres, et qui revient à lui d'elle-

DES LAMINOIRS.

même, lorsque le mouvement change de direction, au lieu qu'il faut deux ouvriers pour ébaucher une loupe avec les cylindres ordinaires. Cependant on la regarde généralement comme offrant plus d'inconvénient que d'utilité, par l'embarras qu'occasione une aussi énorme machine. Ces cylindres pèsent, dit-on, chacun 20 milliers. Ils ne sont pas surmontés de vis de pression. Leur propre poids et celui d'une caisse, qui charge encore le cylindre supérieur, suffisent pour opérer sur le fer la compression nécessaire.

378. Ces cylindres ont des cannelures pareilles à celles des cylindres (fig. 4), mais ils en ont aussi de semblables à celles des cylindres (fig. 6), et seulement d'une proportion plus grande. On y ébauche du fer de deux manières, soit en formant seulement, avec des cannelures de la première espèce, des *lumps* que l'on porte de suite à la chauffe de la quatrième opération, soit en aplatissant ces *lumps* dans des cannelures de la seconde espèce, et les laissant refroidir. Quand ils sont froids, on les casse en morceaux, et on en fait des *lumps* semblables à ceux obtenus avec d'autres cylindres, et que l'on réserve comme eux pour l'étirage.

4e. Opération.
Étirage.

379. Cette partie du travail consiste à porter d'abord les *lumps* ou les *blums* dans un fourneau à réverbère nommé *blowing-furnace*, dont les dimensions sont plus grandes que celles des *puddling-furnaces*. On les chauffe jusqu'à ce qu'ils soient devenus d'un rouge blanc; alors le chauffeur, saisissant un d'entre eux avec une pince, le porte jusqu'aux cylindres, et l'abandonne aux ouvriers chargés de l'étirage. Ces cylindres sont travaillés avec beaucoup plus de soin que ceux destinés à

ébaucher les loupes. Les cannelures de la première paire (fig. 4) sont semblables à celles des cylindres ébaucheurs, mais plus petites; les cannelures de la seconde paire (fig. 6) sont différentes, parce qu'elles sont destinées à faire prendre aux massets déjà fort allongés, la forme aplatie et rectangulaire d'une barre.

380. Deux ouvriers sont attachés à chaque paire de cylindres; l'un d'eux place les massets dans les cannelures, l'autre les reçoit et les repasse au premier. Chaque masset passe ordinairement trois ou quatre fois en tout dans les différentes cannelures des cylindres préparateurs (fig. 4), et autant dans celles des cylindres étireurs (fig. 6), et il a alors acquis les dimensions que l'on veut donner aux barres que l'on fabrique. Les scories qui restent dans le fer en sont exprimées avec beaucoup de force, et chassées au loin pendant cette opération, surtout la première fois que le masset passe dans les cannelures des derniers cylindres, il perd la forme presque cylindrique qu'il avait conservée jusqu'alors, pour prendre celle d'une barre.

381. Ce travail marche en effet avec une extrême rapidité. Des massets pesant 50 livres, et longs de 18 à 20 pouces, n'ont besoin de passer que sept fois dans les diverses cannelures de deux paires de cylindres, pour devenir des barres de 11 à 12 pieds de longueur. La totalité de cette opération s'exécute en 40 secondes environ; mais comme, aussitôt que la barre passe aux seconds cylindres, on apporte un nouveau masset entre les premiers, il y a toujours, en une minute, deux barres complétement achevées.

382. Si les barres sortant des cylindres sont parfaitement droites, on les marque de suite pendant qu'elles sont rouges, et quand elles sont refroidies, on coupe leurs deux bouts avec des cisailles; mais le plus souvent elles ont besoin d'être redressées. Pour cet effet, on les chauffe successivement par les deux bouts

dans un fourneau à deux chauffes; et, quand elles sont d'un rouge cerise, on les bat un peu sous un marteau à panne plate et carrée, dont un des coups sert à leur donner la marque de l'établissement dans lequel elles ont été fabriquées.

383. M. Dufaud a donné dans le onzième volume de la société d'encouragement, page 119, les résultats comparatifs suivans entre le nouveau et l'ancien procédé.

« Le four à réverbère d'affinage consume en 24 heures, 2,500 kil. de houille, et on peut y affiner dans le même temps 2,400 kil. de fonte qui produisent 2,000 kil. de fer en *massiots*.

384. » Ces massiots chauffés dans un feu de forge alimenté par la houille, et étirés au marteau, produisent de 1,600 à 1,700 kil. de fer, suivant les proportions désirées; car plus le fer est d'une petite dimension, plus souvent il faut le porter au feu et au marteau, et par conséquent plus il y a de déchet. La consommation de la houille est de 2,500 kilog.

385. » Les 2,000 kil. de massiots chauffés au contraire dans le four de chaufferie et tirés au laminoir, produisent 1,800 kil. de fer, et n'exigent, pour leur entière confection en fer marchand, que 1,000 kil. de houille au plus.

» On voit déjà une très-grande différence entre le travail du marteau et celui du laminoir.

386. » Pour affiner 2,400 kil. de fonte, et la convertir en barres de fer marchand sous le marteau, on emploie en tout, ainsi qu'il vient d'être détaillé. . . . . 5,000 kil. houille.

» Pour affiner la même quantité de fonte
et la convertir en barres sous le laminoir,
on emploie. . . . . 3,500 kil.

» Bénéfice au profit du laminoir. . . . 1,500 kil.

» 2,000 kil. de massiots étirés au laminoir produisent,

ainsi qu'il vient d'être dit, en fer marchand.... 1,800 kil.
» La même quantité de massiots étirés au marteau ne produisent en fer marchand, que de 16 à 1,700 kil., terme moyen......... 1,650.
» Bénéfice au profit du laminoir........ 150.

» En évaluant la houille au prix moyen de 26 f. 40 c. les 1,000 kil., et le fer à 600 f. aussi les 1,000 kil., on trouvera au profit du laminoir, 129 f. 60 c., sur l'affinage de 2,400 kil. de fonte ; savoir :
» 1500 kil. houille, à 26 f. 40 c. les 1,000 kil. 39 f. 60 c.
» 150 kil. fer, à 600 f.................. 90
Total...... 129 60

Ancien procédé.

387. » Pour affiner au charbon de bois, suivant le procédé généralement usité, 2,400 kil. de fonte, on consomme 23 mètres 34 décimètres (673 pieds cubes) de charbon, et on obtient 1,600 kil. de fer marchand.

388. » En prenant le terme moyen du prix des charbons de bois dans les forges du royaume, on ne peut en évaluer le mètre cube à moins de 9 f. 70 c. ; ce qui porte la dépense de ce combustible, pour la fabrication de 1,600 kil. de fer, à 223 f. 42 c.

389. » Il est maintenant facile de juger de l'avantage du nouveau procédé sur celui que l'on suit généralement.
» En comparant la dépense du fer affiné à la houille et étiré au marteau avec celle qu'occasione l'affinage au charbon de bois, on trouve sur l'affinage de 2,400 kil. de fonte, un bénéfice de 121 f. 42 c. au profit de la nouvelle méthode ; et si

on fait cette comparaison avec le fer affiné également à la houille et étiré au laminoir, la différence au profit du nouveau procédé est de 251 f. 2 c.

» En effet, 2,400 kil. de fonte affinée au charbon de bois, emploient 23 mètres 34 décimètres cubes de charbon de bois, qui, à raison de 9 f. 60 c. le mètre cube, donne une somme de. . . . . 223 f. 42 c.

» Pour affiner la même quantité à la houille et étirer le fer au marteau, on consomme 5,000 kil. de houille qui, à 26 f. 40 c. les 1,000 kil., donnent une somme de. . . . . 132 »

» Différence au profit de la houille. 91   42
» Si l'on ajoute à cette somme 50 kil. de fer, que ce procédé donne de plus que l'ancien, et ce, à raison de 600 f. les 1,000 kil. 30   »

» Profit de l'affinage du fer par la houille en employant le marteau. 121   42

390. » Il a été démontré que le laminoir avait un avantage de 129 f. 60 c. sur le marteau. En réunissant donc ces deux sommes, la différence du nouveau avec l'ancien procédé dans l'affinage de 2,400 kil. de fonte sera, comme il vient d'être dit, de 251 f. 2 c.

391. » En adoptant ce nouveau procédé, le prix pourra diminuer de 100 f. par 1,000 kil., en offrant encore aux maîtres de forges un bénéfice beaucoup plus considérable que celui qu'ils obtiennent par la méthode actuelle ; alors on obtiendra ce métal, si nécessaire à l'agriculture, à la guerre, à la marine et à tous les arts, à un prix tel que la concurrence des fers étrangers ne sera plus à craindre pour nos forges. »

(a) Machine à cylindre de M. Wilkinson, Pl. XV, fig. 1, 2.
Élévation et plan.

392. Cette grande machine contient de gros cylindres ff pour dégrossir la loupe, et des cylindres de moyenne grandeur g pour façonner la barre. Tous ces cylindres sont mus simultanément par une machine à vapeur, dont $a\,a$ (fig. 1) indique le balancier, b la bielle, et c le volant. Les cylindres g ont un mouvement de rotation continu ; mais les gros cylindres f n'ont qu'un mouvement circulaire alternatif.

393. On voit en f (fig. 2), le plan des gros cylindres. Le cylindre supérieur pèse 10 milliers ; ce poids est augmenté par une caisse remplie de fonte, qui porte sur les deux tourillons. Le but du travail de ces énormes cylindres est de réduire la loupe en une barre que l'on puisse réchauffer dans un four à réverbère, et passer de suite entre les cannelures des cylindres destinés à réduire le fer au calibre qu'exige le commerce.

394. Ces gros cylindres n'ont point un mouvement de rotation continu. Le mouvement leur est transmis de telle manière qu'ils ne font qu'environ le tiers d'une révolution à chaque coup du piston de la machine à vapeur. Ce qui produit un mouvement alternatif circulaire. Par cette disposition du mécanisme des cylindres, la barre de fer, après avoir éprouvé leur pression est ramenée au point de départ, et on évite la nécessité de passer le fer par-dessus, comme on est obligé de le faire avec des cylindres dont la rotation est continue.

Des engrenages $y\,y\,y\,y$ transmettent le mouvement aux cylindres affineurs.

395. MM. *Dobson*, qui ont inséré dans les *Annales des Arts et Manufactures*, une suite intéressante de mémoires sur

---

(a) Annales des Arts et Manufactures, tome 43.

le traitement du fer par la houille, assurent que M. *Wilkinson*, avec une seule machine à vapeur fait environ neuf fois autant d'ouvrage qu'on peut obtenir du marteau à *ordon* le plus vigoureux. Ces habiles ingénieurs ont examiné avec beaucoup de sagacité, quelle est la principale cause de la grande supériorité que l'expérience a fait reconnaître dans l'emploi des cylindres, comparativement aux marteaux.

« La cause réelle, ont-ils dit de la vitesse de la fabrication qu'on obtient par la pression, et qu'on tenterait en vain de se procurer par la percussion, dérive de l'emploi de toute la force de la machine sur une très-petite portion de la masse totale de matière soumise à son action, et de la succession rapide de cette action sur toutes ses parties. La cause de la lenteur de l'opération par le marteau se trouve au contraire dans la grandeur de la surface opposée au coup. La face d'un marteau de forge du poids de 1,000 livres, a 14 pouces de long sur 3 pouces et demi de large, c'est-à-dire, une surface de près de 50 pouces carrés. Lorsqu'il s'agit d'égaliser la barre, on est obligé de présenter toute cette surface au coup de marteau, et l'effet en est excessivement faible, par le grand nombre de points que lui présente une surface aussi étendue.

396. » Dans l'emploi des cylindres, la pression étant continuée sans interruption, le temps qu'il faut employer pour élever le marteau à chaque coup est gagné. La circonférence des cylindres n'ayant point d'angles, et, au contraire, présentant une continuité de surface unie, la barre, en s'étirant, se trouve toute pressée sur ses bords comme sur ses faces. Le travail au marteau est accompagné d'un inconvénient grave qu'on évite en employant les cylindres; cet inconvénient consiste dans les gerçures que le marteau agrandit toujours; en voici la raison : le fer en recevant le coup, n'a pas de soutien sur les bords, et

l'effet du coup se fait sentir autant sur la largeur que sur la longueur de la barre, ce qui oblige l'ouvrier à la tourner continuellement ; et, comme il est impossible de manier le fer sur l'enclume avec assez de précision pour qu'aucun coup ne porte directement, on est forcé de parer la barre toujours dans la position la plus défavorable pour avancer l'ouvrage. »

Les cannelures dont les cylindres sont garnis, servent à donner aux barres les dimensions exigées et toute la régularité désirable ; elles ne permettent à la pression de s'exercer que dans le sens de la longueur ; la pression latérale ne fait que remplir la cannelure au vif dans les angles ; de sorte que la barre a une uniformité exacte dans toute sa longueur, et offre une surface unie et parfaite qu'aucune opération de marteau ne peut imiter.

Laminage du fer et de l'acier.

397. On donne en général le nom de tôle au fer et à l'acier réduits en lames, dont l'étendue et l'épaisseur varient, suivant les divers usages auxquels elles sont destinées. On peut fabriquer la tôle par deux procédés différens, le premier qui est le plus ancien, le plus imparfait, et néanmoins le plus suivi jusqu'à ce jour est celui des *batteries* ; le second est celui du laminage.

Le travail des batteries s'effectue par de gros marteaux du poids de 4 à 500 livres, semblables à ceux que nous avons décrits dans le chapitre précédent.

398. La fabrication de la tôle par le laminage, se fait au moyen d'une machine construite à l'instar de celle représentée Pl. XIV, fig. 1, 2, et qui est employée par MM. *Jamain* et *Poncelet*, du département des Ardennes. Ces habiles fabricans ont obtenu en 1791, un brevet d'invention pour les procédés relatifs au laminage du fer et de l'acier qu'ils ont importés et perfectionnés. Les procédés dont il s'agit ont été publiés

dans le second volume de la *Description des Brevets d'invention.*

399. La fig. 1 indique le plan général de l'usine où la machine est établi. Cette machine reçoit le mouvement par l'intermédiaire de deux roues à aubes; le courant d'eau qui les anime est divisé en deux branches qui se dirigent vers les coursiers des roues. La machine contient deux laminoirs a et b; le cylindre supérieur de chacun de ces laminoirs est mû immédiatement par l'axe même d'une des roues hydrauliques; à cet effet, un *manchon* à trou carré réunit le bout de l'axe de la roue avec celui du cylindre; ce manchon donne aussi la faculté de suspendre à volonté le travail d'un laminoir sans arrêter la roue correspondante. Lorsque nous parlerons des fenderies, nous décrirons plus en détail ces sortes de manchons dont un est représenté sur une grande échelle, Pl. XIV, fig. 2, X.

400. Le cylindre supérieur des deux laminoirs ne reçoit point, comme l'inférieur, directement le mouvement par l'axe même d'une des roues hydrauliques, mais il lui est transmis au moyen d'une roue et d'une lanterne. La roue dentée 1 est fixée sur l'axe x d'une des roues hydrauliques, et la lanterne 2 est montée sur un arbre particulier dont l'axe est dans le prolongement du cylindre inférieur, avec lequel il est réuni par un manchon.

Par cette disposition, l'on voit que le cylindre inférieur du laminoir a est mû par la roue x, et réciproquement celui du laminoir b par la roue y.

401. Quoique la figure indique que les cylindres des deux laminoirs a et b sont d'égale dimension, on remarque que dans diverses usines ils sont de grandeurs différentes. Ceux d'un des laminoirs ont par exemple 24 à 30 pouces de largeur, tandis que ceux de l'autre ont de 60 à 72 pouces.

402. Le cylindre inférieur de chaque laminoir tourne sur un

collet fixé ; quant au supérieur, il peut être soulevé verticalement et s'en écarter suivant le besoin ; on se sert à cet effet d'écrous 4 4 4 4 garnis de chevilles.

Deux fourneaux à réverbère cc, destinés à chauffer le fer qu'on veut laminer, sont établis respectivement vis-à-vis des laminoirs ; un plan incliné rr, composé de barres de fer, établit la communication entre chaque fourneau et le laminoir correspondant ; c'est sur ces plans inclinés qu'on fait glisser les barres qui sortent du fourneau pour les présenter à l'action du laminoir. La fig. 2 indique la forme d'un cylindre des laminoirs ; la fig. 3, représente un laminoir vu de face.

403. Voici la série des opérations pour réduire le fer en tôle, décrites dans le mémoire de MM. *Jamain* et *Poncelet*.

Les fers et aciers du commerce ne sont pas suffisamment travaillés, ni assez régulièrement corroyés pour le travail du laminage ; il faut donc les reforger sous le martinet, non-seulement pour rendre la matière plus pure, et plus homogène, mais encore pour bien calibrer les barres sur tous les points ; car leurs dimensions doivent être proportionnées à celles qu'on veut donner aux feuilles laminées.

On coupe avec soin les bouts des barres ; celles qui doivent servir à fabriquer des tôles minces, dites à *tuyaux*, ont 4 à 5 pouces de largeur sur un pouce d'épaisseur.

404. Le maître lamineur marque avec de la craie sur les barres ainsi préparées le poids de chacune ; et comme elles ont de 5 à 6 pieds de longueur, il les coupe en deux pour pouvoir les manier et les chauffer aisément ; d'après l'espèce de tôle qu'on veut avoir, il verra, déduction faite du déchet qu'il doit connaître, combien chaque barre lui fournira de feuilles : c'est ordinairement 19 ou 20 ; si le nombre est pair, il les coupe en deux parties égales en poids ; s'il est impair, il les coupe inéga-

lement pour n'avoir que des feuilles entières, et jamais de demi-feuilles. Ces portions de barres se nomment *bidons*.

405. Lorsque le four est chauffé *à blanc*, et que la grille est chargée d'une épaisseur de 5 à 6 pouces de houille bien allumée, on le charge de 1,200 à 1,400 livres de bidons.

406. Pendant la chauffe, le maître ouvrier s'assure que rien ne manque au laminoir; il élève le cylindre supérieur comme il convient, et ce n'est qu'après avoir passé le premier bidon qu'il règle définitivement, pour toute la fournée, le degré d'écartement qui doit exister entre les deux cylindres du laminoir. Les barres rougies à blanc, on les passe successivement par le bout au laminoir ainsi réglé, qui les allonge et calibre leur épaisseur.

407. Par une deuxième opération semblable, il les allonge autant qu'elles doivent l'être pour former un nombre rond de feuilles; c'est ce dont il s'assure au moyen d'une règle graduée. Après quoi le bidon est coupé encore chaud, à la cisaille, en autant de portions que l'application de la règle a produit de divisions. La longueur de chacune doit être égale à la largeur qu'on doit donner à la tôle. Ces deux premières opérations durent ordinairement une heure pour une fournée de 1,200 à 1,400 livres.

408. On remet la moitié de ces bidons dans les fourneaux, en les rangeant les uns au-dessus des autres, en deux piles, sur une couche de houille assez épaisse, pour que l'air, passant au travers de la grille, ne refroidisse point la partie inférieure des piles. Lorsqu'ils sont rougis à blanc, on les fait descendre vivement le long du plan incliné, pour les présenter par le côté à l'action du laminoir, dont le cylindre supérieur est rapproché de l'inférieur comme il convient, c'est-à-dire, avec la précaution de ne pas le rapprocher autant qu'il doit l'être définitivement après le passage du premier bidon. On évite ainsi les

accidens, et on ménage l'usine. Chaque bidon passe quatre ou cinq fois de suite en augmentant chaque fois la pression. Par cette opération, le bidon a une largeur double; il a 10 à 11 pouces. Toute la fournée étant passée, on laisse à terre la moitié de ce qu'on vient de travailler, et on remet l'autre moitié dans le four pendant que le laminage s'opère : ceci suppose qu'on n'a qu'un four; mais ordinairement on en a deux et même trois. Dans ce cas, on fait chauffer à la fois les 1,200 ou 1,400 livres de fer, pour ne pas faire interrompre le travail du laminoir.

409. Ce laminage en travers étant achevé, on fait refroidir les cylindres. On procède au second laminage en travers, en commençant par les bidons remis dans le four; la pression est telle, que leur largeur est encore double, c'est-à-dire, qu'elle est d'environ 20 pouces. Quand tous les bidons sont parvenus à ce point, l'aide du maître lamineur en fait des trousses, chacune de quatre feuilles, en les assortissant le mieux possible, et en laissant de côté toutes les feuilles défectueuses. On remet à la fois quatre trousses dans le four; on les chauffe et on les laminé alternativement jusqu'à ce qu'elles aient 40 à 46 pouces environ. Le maître lamineur les coupe alors à la cisaille, en deux parties, le plus égales possible. On en reforme de nouvelles trousses de trois feuilles chacune; et comme la feuille du milieu, conservant mieux sa chaleur, s'allonge plus que les autres, on a soin d'y placer les plus petites. On traite ces nouvelles trousses comme les premières, jusqu'à ce qu'elles aient de 36 à 40 pouces. Si la feuille du milieu s'allonge trop et excède celle des côtés dès la première chauffe, on alterne avec celle-ci; on les change même de face pour que les scories ne s'accumulent pas plus sur une face que sur l'autre. Ce travail fini, on donne, à chaque trousse, un léger recuit dans le four même : après quoi on les laisse refroidir par terre.

410. Tous les jours avant de commencer le laminage, on doit avoir soin de *retourner* les cylindres qui, durant le travail éprouvent toujours quelques altérations, se creusent et se piquent. Si l'on négligeait cette précaution, la tôle serait inégale et présenterait beaucoup de gerçures. De plus, le fer ne s'allongerait alors que très-difficilement, attendu que, remplissant les vides et piqûres qui se forment sur la surface des cylindres, les feuilles y resteraient adhérentes, ce qui pourrait percer et altérer surtout les feuilles minces.

411. Quoique les cylindres aient communément 14 à 15 pouces de diamètre, sur 30 pouces de longueur, la pression est si forte dans le travail, qu'ils fléchissent toujours plus ou moins, et rendent la tôle d'une inégale épaisseur; c'est pour cela qu'on a coutume de la tenir légèrement bombée au milieu.

412. La tôle *à tuyaux* fatigue le plus le laminoir, et à tel point qu'il faut refroidir les cylindres de demi-heure en demi-heure, sans quoi le laminoir perd une portion de son activité par l'augmentation des frottemens.

413. Pour fabriquer 1,000 livres de tôle mince, il faut ordinairement 1,160 à 1,180 de fer; ce qui porte le déchet à 160 ou 180 livres par mille. Il n'y a cependant de déchet réel qu'environ 30 livres; le reste consiste en ferrailles et rognures qui tombent des cisailles, lorsqu'on met les feuilles de dimension et d'équerre; on estime qu'elles valent la moitié du fer neuf. On en fait divers objets de quincaillerie, tels que fiches de croisées, couplets, cadenas, palastres de serrures, manches de couteaux, etc.

414. Un laminoir animé par un courant d'eau d'une force suffisante peut faire, en allant nuit et jour, 9 à 10,000 livres de tôle fine par semaine, et 16,000 livres de tôle forte. Un mille pesant fournit 300 feuilles de tôle à tuyaux. Le service d'un laminoir double exige huit hommes.

415. Le laminage de la tôle destinée à l'étamage, lorsqu'elle est devenue assez mince pour ne plus recevoir l'action du laminoir, se fait de la manière suivante : On la replie en deux sur elle-même ; mais, avant de la remettre au four, on la plonge dans une eau dans laquelle on a délayé un peu d'argile ; afin d'empêcher la feuille de se souder sur elle-même. On répète ce doublage et cette immersion quatre fois, et on présente toujours par le pli, au laminoir, la feuille doublée.

Laminoir pour profiler des pièces de fer.

416. M. *Chopitel* paraît être le premier qui ait employé la machine appelée laminoir pour profiler des plates-bandes de fer, des montans de croisée, des tringles et autres ouvrages de serrurerie. Il fit construire en 1780, à Essonne, une machine destinée à cet usage ; cette utile machine fut visitée, en 1781, par des commissaires de l'Académie royale des sciences qui en firent un rapport, contenant les détails suivans :

417. « Jusqu'à présent on s'est servi de l'estampe pour donner des profils aux plates-bandes de fer. L'*estampe* est une pièce d'acier profilée sur la largeur qui est de 2 pouces environ ; c'est dans ce profil que l'on moule à chaud et peu à peu les plates-bandes, à grands coups de marteau. On commence par ébaucher la plate-bande sur l'estampe, et l'on y revient à plusieurs reprises, jusqu'à ce qu'elle soit bien profilée ; cette manœuvre est très-longue, elle fait consumer beaucoup de charbon, parce qu'on ne peut chauffer à la fois qu'une très-petite partie de la pièce, et qu'on est obligé de la remettre au feu. Quelque soin qu'on prenne pour perfectionner sur l'estampe les plates-bandes profilées, il s'y rencontre souvent des défauts qu'on est obligé de réparer, et quelquefois il est impossible d'effectuer complétement ces réparations.

418. » La machine de M. *Chopitel* nous paraît très-propre à lever ces inconvéniens ; c'est un laminoir composé de deux cylindres de fer, dont l'un profilé sur sa circonférence, pour imprimer sur les plates-bandes les moulures qu'on veut leur donner.

419. » Les deux cylindres de ce laminoir sont mus par deux roues hydrauliques, établies dans le même coursier : le cylindre inférieur est adapté immédiatement au tourillon de la première roue dont le bout, qui se termine par un carré, se joint au carré de ce cylindre par le moyen d'une boîte de fer.

420. » L'autre cylindre reçoit le mouvement de la seconde roue, par l'intermédiaire d'un engrenage qui le fait tourner en sens contraire du premier cylindre.

» Ces deux cylindres étant en mouvement, on présente la bande de fer rouge au profil qu'on y veut imprimer (plusieurs profils de différentes nature étaient creusés sur l'un des cylindres); saisie entre les deux cylindres et entraînée par leur mouvement, elle s'allonge et se profile d'une seule opération sur toute sa longueur en très-peu de temps.

421. » Pour empêcher que la bande de fer qu'on lamine ne s'enveloppe autour du cylindre profilé, un ouvrier la saisit avec la pince, aussitôt qu'elle commence à passer de l'autre côté du cylindre, et la contient jusqu'à ce qu'elle soit entièrement sortie.

» Nous avons fait tirer ainsi à Essonne, et imprimer différens profils en notre présence, sur six bandes de fer de 15 à 18 pouces de longueur, et d'un pouce de largeur ; elles ont pris des profils et plus corrects et plus vifs que ceux qu'on pourrait leur donner avec l'estampe.

422. » Un fourneau semblable aux fourneaux de refonte est établi à côté du laminoir ; on y peut chauffer un millier de fer

à la fois, pour le passer immédiatement sous le laminoir; ce qui fait un très-grand objet d'économie.

» Il s'ensuit que M. *Chopitel* peut fournir à moindres frais des blates-bandes et autres pièces de fer mieux profilées que celles qu'on confectionne par les pratiques ordinaires. Sa manière réunissant trois avantages considérables, plus de promptitude dans l'opération, plus d'épargne sur le charbon et plus de perfection dans les profils.

423. » Pour connaître si le laminage ne change point la qualité du fer, nous avons fait rompre une barre de fer avant et après le laminage. Avant, le fer était aigre; les deux bouts semblaient se toucher par des facettes dans toute l'épaisseur de la bande; on apercevait peu de parties saillantes dans les bouts rompus. Après le laminage, on voyait de part et d'autre, dans toute l'épaisseur des filamens, des parties saillantes en forme de lames plates et allongées; c'est ce que les ouvriers appellent *nerf* dans les fers doux, et c'est à cette marque qu'on les reconnaît pour être de bonne qualité. Il paraît donc que le fer acquiert de la qualité par le laminage, ce qu'on savait d'ailleurs par les expériences faites dans les fabriques de fil d'archal. »

Laminoir de M. W. Bell, pour fabriquer promptement des lames d'instrumens tranchans, Pl. XVII, fig. 5, 6.

424. Les cylindres du laminoir de M. *W. Bell* different de ceux des laminoirs ordinaires, par des cannelures parallèles et circulaires, qui sont pratiquées autour de la surface convexe du cylindre supérieur. Ces cannelures ont des formes appropriées à celles des instrumens qu'on veut fabriquer à l'aide de ce laminoir. Ces instrumens sont des couteaux, des rasoirs, des ciseaux, ainsi que des limes et des clous.

Les cylindres sont montés à la manière ordinaire, dans un

châssis *a a*. Le cylindre inférieur *b* est légèrement cannelé sur sa longueur ; le supérieur *c* porte des entailles plus profondes. On fait passer entre ces deux cylindres, soit à chaud, soit à froid, des plaques d'acier, de fer et de tout autre métal ; la forte pression opérée par les cylindres sur toute la longueur de la plaque qui passe entre les deux, imprime sur cette plaque des cavités longitudinales analogues à la forme des cannelures du cylindre *c* ; après ce laminage, pour former les lames de couteaux ou les autres objets analogues, il ne reste plus qu'à les séparer avec des cisailles et à leur donner le dernier fini à la main.

425. Il existe en Angleterre plusieurs clouteries, où l'on fait usage de laminoirs analogues à ceux que nous venons de décrire.

Cylindres propres au laminage du cuivre.

426. Les machines pour laminer le cuivre ne diffèrent point essentiellement des autres grands laminoirs. Les deux cylindres sont en fer fondu, dressés au tour et parfaitement unis. Ils ont ordinairement 7 à 8 pouces de diamètre, et 3 pieds à 3 pieds et demi de longueur ; les cylindres ont des tourillons, c'est-à-dire, que les deux extrémités sont terminées par des parties saillantes, qui n'ont qu'environ 4 pouces de diamètre, et ont une longueur de 7 à 8 pouces. Un des tourillons du cylindre inférieur doit être le double plus long, et carré par son extrémité ; on y fixe un rouet, d'environ 3 pieds de diamètre, qui engrène avec une lanterne, posée à l'extrémité de l'arbre d'une roue hydraulique.

427. Les deux cylindres doivent être placés perpendiculairement l'un sur l'autre, entre deux fortes jumelles, de manière que leurs tourillons traversent et soient engagés dans deux mortaises pratiquées sur la longueur des jumelles. Les touril-

lons du cylindre inférieur doivent être portés sur deux fortes *empoises* de cuivre fixées au bas des mortaises. Les tourillons du cylindre supérieur doivent être surmontés de deux semblables *empoises*, mais mobiles dans les mortaises, de manière qu'on puisse les élever ou les abaisser au moyen d'un certain nombre de lames de fer dont on garnit le haut des mortaises. Des vis de pression correspondent immédiatement au-dessus. On serre les écrous de ces vis à mesure que le laminage se fait, de sorte que chaque fois que la planche de cuivre passe entre les cylindres, elle s'amincit de plus en plus. On fait tourner les écrous au moyen d'un levier dont l'extrémité a une ouverture dans laquelle la patte de l'écrou entre avec précision.

428. Il importe essentiellement que les rapprochemens successifs qu'on fait éprouver aux cylindres, ne les fassent aucunement dévier du plus exact parallélisme. Pour obtenir cet effet important, la tête de chaque écrou porte une aiguille qui marque sur un cercle gradué, placé au-dessus, la portion de circonférence que l'écrou a décrite; on peut donc déterminer avec toute l'exactitude désirable, combien on doit serrer l'un des écrous après que son correspondant a été mû.

Les plaques de cuivre qu'on lamine parcourent un plan horizontal, formé par un fort châssis garni de rouleaux tournans, parallèles, également distans et exactement de niveau.

429. Il arrive quelquefois que la planche de cuivre qu'on lamine se soulève par-devant, lorsqu'elle éprouve une très-forte compression; pour obvier à cet inconvénient, on place un rouleau par-dessus, et on fixe ce rouleau par des étriers à écrous.

430. Il est évident que, si les deux cylindres n'étaient point parallèles avant le laminage, le régulateur à cadran, dont nous

avons précédemment parlé, ne produirait point son effet. Voilà pourquoi, avant de mettre en action la machine, on serre les deux vis jusqu'à ce que les deux cylindres se joignent de telle sorte que l'on n'aperçoive aucun jour entre les deux; alors on observe les points des cadrans où les aiguilles correspondent; puis on desserre également les écrous, autant qu'il le faut pour pouvoir introduire entre les cylindres la planche à laminer. Il est indispensable que les deux écrous et les deux vis aient été faits à la même filière et par le même taraud.

Cylindres à étirer des fils de cuivre, Pl. XVII, fig. 7.

431. M. *Sheffield* emploie la méthode suivante pour étirer le cuivre en fil ductile. Il commence par le laminer, afin d'en former une plaque, qu'il passe ensuite entre deux cylindres d'acier cannelés b et c, qu'on fait tourner par un moyen mécanique quelconque. Les arêtes des gorges, ou cannelures de ces cylindres, portent exactement l'une sur l'autre, et laissent entre elles un espace circulaire de la grosseur du fil que l'on veut étirer. On conçoit que, pour obtenir diverses grosseurs de fil, il suffit de faire les cannelures des cylindres de différens diamètres, depuis les plus gros jusqu'aux plus fins, ce qui accélère beaucoup l'opération, dont l'effet est d'écrouir le cuivre mieux que ne le fait la filière, et de le rendre parfaitement cylindrique et sans *rebarbes*. Lorsqu'on introduit une plaque de cuivre entre les cylindres cannelés, elle commence à être sillonnée; ces sillons augmentent progressivement, et, en passant une seconde et une troisième fois, elle se trouve divisée en autant de fils qu'il y a de cannelures sur les cylindres. Ces fils n'adhèrent entre eux que très-faiblement, il est aisé de les séparer au moyen d'un outil préparé à cet usage. On fait ensuite passer chaque fil par un petit tube d'acier d'où il sort très-net.

Cylindres pour le placage du cuivre et de l'acier.

432. L'objet que l'on veut plaquer après avoir été *décapé*, est couvert d'une feuille d'argent, plus ou moins épaisse, suivant la destination de cet objet; on l'expose à un feu modéré qui fait adhérer les métaux; puis on le fait passer au laminoir, dont les cylindres sont lisses lorsqu'il s'agit de plaquer des surfaces planes, et ils ont des cannelures graduellement plus petites les unes que les autres, quand les objets plaqués sont cylindriques. Ces cannelures sont disposées après de la même manière que celles de cylindres représentés, fig. 5, Pl. XIV.

Cylindres pour lamimer le plomb, Pl. XVI, fig. 1, 2, 3.

433. Cette machine a été employée en Angleterre, vers l'an 1700. Elle peut être mue par un manége ou par une roue hydraulique, ou enfin par une machine à vapeur.

434. La fig. 3 représente le laminoir vu de face, les cylindres *a b* qui le composent sont de fer fondu et tourné; ils ont 4 à 5 pieds de longueur, et leur diamètre ne doit point être moindre d'un pied, afin qu'ils puissent résister à la grande pression qu'ils doivent produire sans prendre aucune courbure; il est indispensable qu'ils soient solidement affermis, qu'ils conservent constamment leur parallélisme, et que néanmoins on ait des moyens faciles et expéditifs de les rapprocher ou de les éloigner, et de les faire tourner en sens contraire.

435. Le mécanisme qui sert à rapprocher plus ou moins les deux cylindres, sans leur faire perdre leur parallélisme, s'appelle *régulateur*; il est représenté sur une grande échelle, fig. 1 et 2. La fig. 1 en est le plan horizontal, la fig. 2 une vue latérale. On voit, fig. 2, que les tourillons du cylindre supérieur *b* sont soutenus par deux étriers *m m m m*. Ces mêmes étriers vus de profil en *m m n n*, fig. 3, sont terminés dans leur partie supérieure par des chaînes qui s'enveloppent sur

le treuil $r\,r$, qui est muni d'un levier q. On conçoit facilement qu'en agissant sur le levier q, on pourra élever plus ou moins le cylindre b, et que son propre poids tendra à le rapprocher du cylindre inférieur a. Mais ce poids, suffisant pour faire coïncider ces deux cylindres, lorsque la machine est inactive et lorsqu'une lame métallique n'est pas engagée entre les deux; ce même poids, dis-je, serait incapable à lui seul de produire le rapprochement progressif nécessaire pour un prompt laminage; mais on obtient cet effet d'une manière très-satisfaisante en faisant usage du *régulateur*.

436. Le régulateur (fig. 1, 2) est destiné à comprimer simultanément, et exactement de la même manière, les collets $q\,p\,q$, superposés aux tourillons du cylindre b. Chacun de ces collets a deux oreilles $q\,q$ (fig. 2), percées d'un trou dans lequel passent les colonnes de fer $b'\,b'$ qui forment la cage du laminoir. Le collet inférieur x, qui est immobile, a également des oreilles traversées par les mêmes colonnes. Ces colonnes sont, dans leur partie supérieure, taillées en forme de vis; les écrous $o\,o$ de ces vis sont garnis de roues dentées $s\,s\,s\,s$ (fig. 1, 2), exactement semblables; elles engrènent avec deux pignons $t\,t$; chacun desquels est surmonté par une roue d'angle v, qui engrène avec des vis sans fin $u\,u$. L'axe $z\,z$, de ces vis sans fin, porte à son extrémité une croix y.

437. Voici comment on fait agir ce régulateur; il suffit de faire tourner la croix y, alors les vis sans fin $u\,u$ font tourner simultanément et d'une même quantité les roues d'angles $v\,v$, et conséquemment les pignons $t\,t$ qui leur sont annexés, et qui mettent en mouvement les quatre roues $s\,s\,s\,s$ toutes à la fois. Ces roues font partie des écrous qui surmontent les oreilles $q\,q$ des collets $q\,p\,q$, de sorte qu'elles font descendre ces collets lorsqu'on agit dans un sens sur la croix y, et au contraire elles

18*

relâchent les collets, lorsqu'on agit en sens contraire; dans ce dernier cas, on peut, en agissant sur le levier q (fig. 3), soulever le cylindre b comme nous l'avons déjà dit.

438. Il nous reste maintenant à examiner de quelle manière on peut à volonté faire tourner les cylindres, tantôt dans un sens et tantôt dans le sens contraire. Cet effet est produit par un double engrenage et par un verrou. Le premier engrenage est composé de deux seules pièces, c'est-à-dire, d'un roue c et d'une lanterne d; le second est composé de deux lanternes e, f, et d'un pignon intermédiaire g. Ces deux engrenages sont indépendans l'un de l'autre, et les lanternes d et f, qui ont un axe commun, sont tellement placées sur cet axe, qu'elles peuvent tourner sans qu'il se meuve et, réciproquement, que l'arbre peut tourner sans que l'une de ces lanternes ou même toutes les deux participent à ce mouvement; pour obtenir cet effet, il faut que l'axe soit carré, et que le trou des lanternes soit circulaire. Un verrou h, à trou carré, enveloppe l'axe entre les deux lanternes. Ce verrou est composé de deux anneaux 1 et 2 garnis de dents saillantes 3 3, 4 4 : un levier coudé $k\,k$ sert à pousser le verrou à droite ou à gauche; s'il le pousse à droite, les dents 3 3 entrent dans des cavités correspondantes pratiquées dans la lanterne d, et ils la fixent. C'est, au contraire, la lanterne f qui est fixée, lorsque le verrou est poussé vers la gauche. Nous avons décrit dans le volume intitulé, *Machines employées dans les constructions diverses*, pag. 289 et suivantes, plusieurs verroux de même nature.

439. L'usine dans laquelle est placé le laminoir que nous venons de décrire, contient aussi la chaudière pour fondre le plomb, le moule pour en former une table de la grandeur et de l'épaisseur convenables, et enfin une grue tournante pour mouvoir avec facilité la table de plomb, et pour l'engager sous le laminoir,

Cette grue est à peu près semblable à celle que nous avons décrite dans le volume ci-dessus énoncé, pag. 280.

440. La chaudière en fonte de fer est entourée de maçonnerie; plus bas est placé un vase appelé auge pareillement en fonte. L'auge est destinée à recevoir le plomb fondu qui y est versé par un tuyau à robinet adapté à la chaudière; l'auge est assise sur un soc de maçonnerie au bout du moule dans lequel se fait le coulage; car ce moule est vis-à-vis le fourneau, et placé sur le même alignement. Cette auge occupe toute la longueur du moule, et contient environ 3,500 livres de métal: le moule auquel elle est adossée est soutenu par plusieurs pieds de charpente, et est d'une construction extrêmement solide, pour n'être pas endommagé par le poids de l'auge et du plomb qu'elle contient, dont il supporte en partie le fardeau, jusqu'à ce que les ouvriers l'aient vidée. Il a 4 pieds et quelques pouces de large sur 6 de long; il contient une couche de sable d'environ 6 pouces d'épaisseur; ses bords sont épais; on peut l'ouvrir par le bout, afin d'avoir la facilité d'en retirer plus commodément les tables qu'on y coule.

441. Quand on a fondu et écumé une suffisante quantité de plomb pour faire une table, et qu'il est prêt à être coulé, pour transmettre le plomb de la chaudière dans l'auge, on a une feuille de tôle roulée en gouttière; on en place un bout dans l'auge, et on place l'autre sur un chevalet qui répond au robinet de la chaudière; on ouvre le robinet, et le plomb coule dans l'auge.

442. L'auge, fort pesante par elle-même, contient plus de 3 milliers de plomb, et elle est si chaude, qu'il ne serait pas possible d'y porter les mains pour verser le plomb qu'elle contient sur le moule. On est cependant parvenu à effectuer cette opération avec beaucoup de facilité, au moyen de deux leviers

placés au-dessus de l'auge, et qui, par l'intermédiaire de deux chaînes attachées à la partie postérieure de l'auge, la font incliner assez pour verser le plomb dans le moule. Cette manœuvre n'exige que le travail de deux hommes qui agissent de concert à l'extrémité des leviers dont nous venons de parler.

443. Le plomb étant versé dans le moule, deux ouvriers armés d'un râble aplanissent la surface supérieure de la table de plomb dont l'épaisseur est de 16 à 18 lignes.

444. La table étant ensuite ébarbée et nettoyée du sable qui pourrait y être resté attaché, on la fixe au crochet de la chaîne d'une grue (439); on la porte sur les rouleaux dont est garni le châssis du laminoir, on présente une de ses extrémités entre les deux cylindres; on abaisse, au moyen du régulateur, le cylindre supérieur sur la table de plomb, autant qu'il convient pour la faire mordre : le verrou étant attaché à la lanterne f, on met en mouvement la machine; la table convenablement comprimée passe entre les deux cylindres. Quand toute la longueur de la table est passée, on change le verrou pour l'attacher à la lanterne d, et, sans changer la position des cylindres, on la fait revenir d'où elle était partie; alors on resserre un peu les cylindres; on attache le verrou à la lanterne f, et la table reçoit une nouvelle pression : on répète cette opération quelquefois deux cents fois pour réduire la table à l'épaisseur qu'elle doit avoir, n'augmentant la pression au moyen du régulateur, que quand la lanterne f travaille; l'autre d ne sert qu'à rappeler la table en sens contraire.

445. Comme les tables qu'on veut rendre fort minces acquièrent plus de longueur que n'en a le châssis du laminoir, on les coupe par le milieu pour les laminer séparément.

446. Lorsqu'on veut avoir des feuilles de plomb extrêmement minces, après les avoir réduites à la moindre épaisseur

qu'on peut obtenir par le secours des seuls cylindres ; on les passe au laminoir, en les posant sur une table de plomb plus épaisse et déjà laminée ; alors il n'y a que celle de dessus qui se lamine. On peut, par ce moyen, réduire le plomb à l'épaisseur d'une feuille de papier. En cet état, on s'en sert spécialement pour faire des boîtes à tabac.

447. Plusieurs motifs rendent, en général, les tables de plomb laminées préférables à celles qui sont simplement coulées :

1°. On peut leur donner exactement une épaisseur déterminée ;

2°. Une table de plomb laminée a une épaisseur égale dans toutes ses parties; il s'ensuit que les différens morceaux de cette table laminée, coupée à tel endroit que ce puisse être, seront toujours du même poids, s'ils sont de même grandeur ;

3°. Il sort du laminage, des tables de 25 à 30 pieds de longueur sur 4 et demi de largeur. Cette grande dimension épargne les soudures ;

4°. L'égalité de l'épaisseur du plomb laminé le rend moins altérable par les variations de température, que celui qui est coulé, dont les parties minces sont souvent déchirées par celles qui sont plus épaisses. D'ailleurs, l'épaisseur inégale du plomb coulé exige un emploi surabondant de métal qu'on épargne en se servant de tables laminées.

Des Tuyaux de plomb.

448. Il y a deux méthodes de former les tuyaux de plomb; la première consiste à rouler les tables de plomb *laminées* que l'on coupe de telle largeur et longueur que l'on veut, proportionnellement à la grosseur des tuyaux dont on a besoin; et l'on soude les bords rapprochés de la lame roulée.

La seconde méthode est de couler les tuyaux dans un moule;

les tuyaux ainsi formés s'appellent tuyaux sans soudure. Le moule est en cuivre ; la partie extérieure de ce moule est composée de deux pièces demi-cylindriques, appelées *côtières*, réunies par des anneaux à charnière, ou brides en fer. Les deux côtières du moule assemblées, forment un cylindre creux, surmonté d'un entonnoir, et ayant, dans sa partie supérieure, de petites ouvertures appelées ventouses, et qui effectivement sont destinées à donner issue à l'air, lorsqu'on verse le métal dans le moule.

449. Ce cylindre est placé horizontalement sur un établi où il est affermi avec solidité ; mais, pour qu'on puisse couler le tuyau, il faut introduire dans ce cylindre un noyau cylindrique que l'on nomme boulon, et qui doit être parfaitement concentrique au cylindre, bouché à ses deux bouts par des tampons de métal qui ont cependant une ouverture à leur centre, dont le diamètre est tout juste suffisant pour laisser passer les deux bouts du boulon qui sortent hors du moule.

450. Lorsque le moule est convenablement monté sur son établi, et que les tampons et le boulon sont en place, on verse le métal par l'entonnoir ; ce métal remplit tout l'espace compris entre le cylindre et le boulon. Il faut ensuite retirer ce dernier, ce qui exige de la force ; on est à cet effet obligé d'employer un cric, disposé de la manière suivante :

L'établi, sur lequel le moule est fixé, porte deux supports, entre lesquels est placée une crémaillère horizontale qui engrène dans un pignon adapté à l'axe du moulinet. L'extrémité de la crémaillère est fourchue, et une clavette la réunit au boulon. Ainsi, pour retirer ce boulon, il suffit de faire tourner le moulinet, et on le fait sortir avec facilité. Ce même cric peut agir également en sens contraire et remettre le boulon à sa place.

451. Avant de couler un tuyau, il faut avoir soin de nettoyer toutes les pièces du moule et de les frotter de graisse. Lorsqu'un tuyau a été fondu, on le place immédiatement hors du moule sur l'établi, où l'on a la facilité de le souder et de le réunir, avec le tuyau qu'on fondra ensuite avant que ce dernier soit entièrement refroidi.

452. On pourrait, de la manière indiquée, allonger autant que l'on voudrait les tuyaux, mais passé une certaine longueur, ils deviendraient trop embarrassans ; voilà pourquoi on ne leur donne guère une longueur qui surpasse 13 ou 14 pieds.

Des Laminoirs de petites dimensions.

453. Les laminoirs que nous venons d'examiner sont de grandes machines qui exigent des moteurs très-vigoureux, et qui occupent de grands emplacemens. Il existe un grand nombre d'autres laminoirs de petites dimensions qui peuvent être regardés comme de simples outils. La plupart de ces laminoirs que l'on fixe sur un établi au moyen de quelques boulons, sont composés de deux petits cylindres travaillés au *tour*, retenus entre deux plaques de fer appuyées sur des *empoises* ou coussinets de cuivre; les coussinets inférieurs sont fixes, les supérieurs sont mobiles, et ils sont surmontés par des vis de pression au moyen desquels on peut rapprocher plus ou moins les deux cylindres, dont l'un porte, sur un des tourillons, une manivelle sur laquelle agit la main de l'ouvrier qui veut se servir de ce laminoir.

Parmi les laminoirs de petites dimensions, celui que M. *Droz* a imaginé, se fait remarquer par son ingénieuse disposition.

Laminoir de M. Droz, Pl. XVII, fig. 1, 2, 3, 4.

454. Les axes des cylindres *a*, *b*, entre lesquels passe la lame,

ne sont point isolés ; mais le cylindre inférieur mène le supérieur au moyen de l'engrenage ff, gg. Pour réunir dans cet engrenage la finesse à la solidité, M. *Droz* a adapté, à chaque axe deux dentures f et g, égales et alternatives, c'est-à-dire, telles que les pleins de l'une répondent aux vides de l'autre ; ce qui équivaut, pour la continuité du mouvement, à des dentures simples deux fois plus serrées.

455. Pour concilier l'avantage qu'il en retire, avec la possibilité de hausser et de baisser le cylindre supérieur, sans déranger son parallélisme, M. *Droz* a pratiqué à l'axe du cylindre deux articulations m et n, dont la flexion réunie au petit mouvement longitudinal que les parties de cet axe, qui s'emboîtent, peuvent avoir l'une dans l'autre, permettent de donner un mouvement vertical au cylindre supérieur, sans que son parallélisme soit dérangé, et sans qu'il cesse d'être mené par les engrenages ff et gg. (On voit fig. 4, un plan des articulations).

456. Le cylindre supérieur a est supporté par deux colliers ou empoises de cuivre (fig. 2), chacun de deux pièces r et s ; des tringles verticales x x, vissées par le bas aux pièces inférieures s des colliers, et traversant le chapiteau t qui réunit les parties supérieures des jambages u u, entre lesquelles les colliers se trouvent placés, sont fixées par le haut à une plate-bande v, avec des écrous aux quatre angles. La plate-bande est assujettie à monter et à descendre, suivant qu'on tourne ou détourne des vis qui la traversent, et dont les écrous, placés au-dessus des colliers qui supportent le cylindre, sont fixés aux jambages qui maintiennent les colliers. Ces vis portent, près de leurs têtes (fig. 1), des pignons 1 et 2, assez espacés pour qu'on puisse placer et fixer entre deux, une clef portant un troisième pignon 3, qui engrène les deux premiers. En tournant cette clef,

d'un côté ou de l'autre, on fait élever ou baisser le cylindre supérieur, sans que son parallélisme soit dérangé.

CHAPITRE CINQUIÈME.
Cisailles, Espatards, Découpoirs.

457. Nous avons examiné dans les chapitres précédens les machines qui servent à épurer les métaux et à les séparer des matières hétérogènes avec lesquelles ils étaient entremêlés au sortir de la mine; celles qui fournissent un écoulement d'air capable de faciliter leur fusion; enfin, celles qui servent à les réduire après la fusion, en lames plus ou moins épaisses, ou en verges d'une longueur plus ou moins grande. Ces lames, ces verges, doivent être ensuite coupées et refendues de plusieurs manières différentes; les machines employées pour produire ces derniers effets seront l'objet de ce chapitre. Ces machines sont de trois espèces, savoir : les cisailles, les espatards et les découpoirs.

458. Nous ne parlerons point dans ce chapitre des instrumens et des machines tranchantes qui n'agissent, pour ainsi dire, que sur la surface des objets métalliques que l'on soumet à leur action, et dont le but est de donner une forme déterminée à cette surface, et non pas de séparer l'objet en plusieurs parties distinctes, comme le font les machines dont nous nous occupons présentement; celles-là seront décrites dans le septième chapitre de ce livre.

Des Cisailles.

459. Les cisailles sont de grands ciseaux qui servent à couper

les lames de fer ou de cuivre ; il y en a de deux sortes, les unes sont mues à bras d'homme, d'autres sont appliquées à une roue hydraulique.

Cisailles mues par des hommes, Pl. XVIII, fig. 1, 2, 3.

460. La fig. 2 représente une cisaille affermie d'une manière inébranlable dans l'arbre C qui est enfoncé profondément en terre ; cette cisaille est remarquable en ce qu'elle porte à l'extrémité a, de la branche fixe, une pointe recourbée d, qui dépasse les tranchans, et qui s'élève de 3 à 4 pouces au-dessus de la tête de la cisaille ; cette pointe a une tige qui traverse toute l'épaisseur de la tête, et comme elle peut s'en approcher et s'en éloigner, il suit qu'elle détermine la largeur de la tranche que l'on coupe.

461. Pour couper une bande de cuivre avec cette cisaille, l'ouvrier place la bande ou lame à couper, dans un canal supérieur m ; et en la tirant à lui il la soutient et la dirige de la main gauche le long du tranchant du ciseau, en l'appuyant aussi contre la pointe d ; il pousse pendant ce temps la branche mobile x avec son genou, sur lequel il a attaché un coussin ; il ramasse à mesure la partie tranchée avec sa main droite, et il la dirige par le canal o ; aussitôt qu'il a coupé une bande entière, il relève la lame pour recommencer une seconde coupe.

462. S'il s'agissait de couper une bande épaisse, la force d'un seul ouvrier serait insuffisante ; alors il faut avoir recours à la cisaille à levier, représentée fig. 3.

463. La cisaille $o\ p\ q$ est plantée et assujettie dans un gros tronc d'arbre r, solidement lié par des cercles de fer et profondément enterré. La cisaille, n'y étant fixée que par la branche droite, peut se démonter quand on le juge à propos ; l'autre branche courbée p, est engagée dans l'anneau t que porte un

CISAILLES, ESPATARDS, DÉCOUPOIRS. 151

levier de 18 à 20 pieds de longueur, dont l'extrémité *s* est fixée à la pièce de bois *q*; de manière qu'elle peut tourner librement autour du point de suspension.

L'autre extrémité *v* est soutenue par la chaîne *a*. A cette même extrémité du levier sont attachés des bouts de corde *y y*, auxquelles plusieurs hommes sont adaptés pour faire agir le levier; ce levier ne peut se mouvoir sans faire ouvrir ou fermer la mâchoire mobile de la cisaille, et cela avec d'autant plus de force que la longueur du levier est plus grande.

464. La bande que l'on veut couper est placée sur une planche inclinée *l*; le long de cette planche est une rainure, dans laquelle sont placées les queues de deux taquets *g* (la fig. 3 n'en indique qu'un). Ces taquets étant retenus par des écrous, on a la faculté de les faire glisser à volonté le long de la coulisse, de la même manière que les poupées d'un tour, et on peut ainsi fixer la largeur que doivent avoir les bandes que l'on doit couper.

Cisailles à roue hydraulique, Pl. XVIII, fig. 4.

465. L'arbre *s* de la roue hydraulique porte une manivelle *v*, qui, au moyen du tirant *z*, communique avec la queue *q* de la mâchoire mobile de la cisaille *p*, et la fait ouvrir et fermer.

466. On trace, sur la lame à couper, la largeur des bandes qu'on veut en séparer; puis on la place sur une table inclinée, où elle se trouve entre deux tasseaux mobiles, disposés comme nous l'avons dit dans le paragraphe précédent.

Les tasseaux la dirigent, mais ne la fixent pas; un ouvrier la retient et la laisse glisser peu à peu, par son propre poids sur la cisaille, à mesure qu'elle se coupe.

467. Dans quelques autres cisailles à roue hydraulique, la branche mobile est mue par des cames distribuées à

CISAILLES, ESPATARDS, DÉCOUPOIRS.

distance égale autour de l'arbre de la roue hydraulique. Lorsqu'une de ces cames s'appuie sur la branche de la cisaille, celle-ci se ferme, et en même temps l'extrémité d'un balancier, dont le bout porte un poids, s'abaisse. Aussitôt que cette came a abandonné la branche de la cisaille, le bout du balancier chargé d'un poids, redescend et ouvre conséquemment la cisaille en élevant une de ces branches. Chacune des cames reproduit le même effet.

Grande Cisaille mue par une machine à vapeur, Pl. XX, fig. 5.

468. Une double came $a\,a$, ou, pour mieux dire, un fort plateau tournant en fonte, entoure l'arbre tournant c d'une machine à vapeur ou bien encore d'une roue hydraulique. La cisaille b est adaptée à une enclume en fonte A, portant deux oreilles $d\,d$, à travers lesquelles on passe un fort boulon, traversant lui-même la cisaille b; le manche de cette cisaille est élevé deux fois à chaque tour de l'arbre c, et retombe ensuite par son poids. L'enclume A (fig. 6) a une cavité z, qui correspond à la forme du tranchant de cisaille; la plaque que l'on doit couper est placée entre la cavité z et le tranchant de la cisaille.

Des Fraises ou Cisailles cylindriques.

469. Les diverses cisailles que nous venons de décrire ne produisent pas toujours un travail d'une régularité parfaite. Leur mouvement alternatif exige, à égalité de circonstance, une plus grande force que s'il était continu, et ne donne que de moindres résultats.

470. La supériorité du mouvement continu est prouvé incontestablement par une foule d'exemples, aussi voyons-nous, que, depuis que les arts mécaniques ont pris un élan vigoureux,

CISAILLES, ESPATARDS, DÉCOUPOIRS.

et qu'ils s'acheminent avec rapidité vers la perfection, les recherches des hommes les plus habiles ont eu spécialement pour but de transformer dans les machines, en actions continues et uniformes, celles qui étaient alternatives et intermittentes; ces recherches ont été souvent couronnées par les plus heureux succès. Nous avons vu, dans les volumes précédens, les importans résultats que produisent les machines à rotation continue pour battre le blé, pour faner le foin, pour cribler, pour écraser et pulvériser diverses substances, pour scier et refendre, etc.; et nous avons fait observer combien ces machines étaient plus productives que les machines analogues à mouvemens alternatifs. Il en est de même des cisailles circulaires à rotation continue, comparées aux cisailles ordinaires. Ces cisailles n'ont été introduites dans les manufactures que depuis quelques années, et elles ne sont point encore aussi répandues qu'elles le méritent. On connaissait cependant, depuis long-temps, une machine qui a la plus grande analogie avec ces cisailles; c'est celle qui est employée dans les fenderies, et qu'on désigne communément sous le nom d'*espatard*. Nous la décrirons après avoir fait connaître les cisailles cylindriques.

Cisailles cylindriques, Pl. XVIII, fig. 5, 6.

471. Les cisailles représentées Pl. XVIII, fig. 5, 6, produisent un travail aussi prompt que régulier; elles peuvent, dans une foule de cas, remplacer les cisailles ordinaires pour refendre, rogner et couper les lames métalliques.

472. Les couteaux de ces cisailles sont deux troncs de cônes a, b, d'acier trempé, adaptés à l'extrémité des cylindres d, c. Ces cylindres portent à l'autre bout, des roues dentées qui sont mues par la manivelle t; ils sont montés dans une cage composée de quatre piliers, comme celle d'un laminoir, et

assujettie par des boulons sur un fort bâti de bois qui sert de pied à la machine.

473. La fig. 6 est une coupe de la machine qui montre la position des collets A B, et la manière dont la cage des cisailles est fixée sur son support. — x, y sont des vis qui agissent sur les collets pour les rapprocher plus ou moins et les fixer.

474. On voit en s, fig. 6, une vis de pression qui agit sur le couteau inférieur a, pour rapprocher sa face latérale de celle correspondante du couteau b. Les deux cylindres, ou axes d, c, ne doivent pas se trouver parfaitement dans le même plan vertical, afin de pouvoir faire joindre plus immédiatement les bords tranchans des couteaux circulaires, du côté où l'ouvrier présente la plaque à découper; de cette manière, la coupe est toujours nette.

475. L'engrenage est composé de quatre roues 1, 2, 3, 4, dont la première est placée sur l'axe de la manivelle; la seconde et la troisième sont adossées à l'extrémité du cylindre d, et la dernière est assujettie au bout du cylindre c.

476. La lame à découper doit être placée sur la table $t\,t$; un ouvrier la fait avancer entre les deux couteaux qui s'en emparent aussitôt qu'on tourne la manivelle, et la découpent en suivant le trait qu'on a formé; ou mieux encore, on appuie un des côtés de la lame contre un coulisseau, retenu par des vis de pression, qui empêche qu'elle ne dévie lorsque les couteaux la découpent.

Pour faciliter l'introduction d'une lame un peu épaisse, par rapport au diamètre des couteaux, on a soin de pratiquer sur le bord des couteaux, avant la trempe, une denture peu profonde qui, sans nuire à la solidité du tranchant, donne aux cisailles la propriété de s'emparer de la lame qu'on veut découper, quelle que soit son épaisseur, et sans qu'il soit nécessaire

CISAILLES, ESPATARDS, DÉCOUPOIRS. 155

d'exercer sur elle la moindre pression, ce qui rend l'usage de la machine plus facile, et propre à découper les diverses épaisseurs des lames, sans aucun changement de pièces, en supposant toujours que les variations d'épaisseur n'excèdent point certaines limites.

Espatards ou Découpoirs des fenderies, Pl. XIX, fig. 1, 2, 3, 4.

477. La fig. 1 représente la machine vue de face; la fig. 2 en indique le plan; la fig. 3 est une coupe sur la ligne A A du plan, dessinée sur une plus grande échelle.

Les découpoirs dont on se sert dans les fenderies, pour couper les lames de fer en plusieurs parties dans le sens de leur longueur, sont composés, comme les laminoirs, de deux cylindres $a\,a$ et $b\,b$, auxquels on donne le nom d'arbre.

Ces arbres portent des rondelles de fer bien acérées $r\,r\,r\,r$ et $s\,s$: ces rondelles sont de deux espèces, les unes $r\,r\,r\,r$, plus grandes, s'appellent taillans, elles ont ordinairement 10 à 11 pouces de diamètre; les autres, nommées *fausses-rondelles*, n'ont que 6 à 7 pouces de diamètre.

478. Chacun de ces arbres étant dépouillé des taillans et des fausses rondelles, est divisé en cinq parties; celle du milieu est carrée et à 3 ou 4 pouces de diamètre; les deux tourillons qui suivent ont un égal diamètre, et la longueur des bouts carrés est la même que celle du corps de l'arbre. Le milieu de chacune des rondelles a une ouverture carrée qui a les mêmes dimensions que la mèche ou le corps de l'arbre de fer sur lequel elles doivent être fixées. L'épaisseur des rondelles varie entre 3 et 12 lignes, selon la grosseur des verges que l'on veut obtenir.

479. Les arbres $a\,a$ et $b\,b$ sont enchâssés dans quatre montans de fer m, de 3 pouces d'épaisseur sur 1 pouce de largeur. Ces montans, qui forment une cage, sont fixés dans une plate-forme de bois p, de 12 pieds de longueur sur 2 d'équarris-

sage; ils la traversent, et sont arrêtés au-dessous, par le moyen de clefs de fer. Les plate-formes sont enclavées dans les *encoches* d'un fort châssis, sur lequel elles portent, de façon à pouvoir être avancées ou reculées par des coins qu'on chasse contre les parois des encoches.

480. (Pl. XIX, fig. 4). Entre les montans sont les *empoises c c* en fonte, qui ont le milieu creusé cylindriquement pour recevoir les tourillons ; le bout des *empoises* est creusé pour être affermi et enchâssé dans les montans. Quelquefois on fixe sur les *empoises*, une pièce de cuivre, pour supporter les tourillons, et diminuer les frottemens. Sur les *empoises* supérieures, sont placées des *brides-plates*, et par-dessus celles-ci des *brides de champ* ; ces brides, qui retiennent l'écartement des montans, sont serrées et assujetties par des clavettes de fer.

481. Le nombre des rondelles emmanchées sur le cylindre inférieur, est toujours plus grand de deux, que le nombre de celles qui sont emmanchées sur le cylindre supérieur. Il faut, indispensablement, que les grandes rondelles de l'un des cylindres correspondent avec exactitude dans l'intervalle vide que laissent les petites rondelles de l'autre. On les y enfonce de la profondeur de 6 lignes environ.

482. L'assemblage des rondelles et des taillans, s'appelle *trousse de taillans*. Les taillans, composés de rondelles de fer battu, bien acérées et trempées, sont percées dans le milieu d'une ouverture *a* (fig. 3) carrée, pour recevoir la mèche de l'arbre ; indépendamment de cette ouverture, les taillans ont quatre trous *b b b b*, de 8 lignes de diamètre, à 1 pouce des bords de l'ouverture carrée *a*. Les trous *b b b b* livrent passage à quatre boulons de fer qui traversent tous les taillans et toutes les rondelles qui composent une trousse, et servent à les assujettir et à en former pour ainsi dire une seule masse.

CISAILLES, ESPATARDS, DÉCOUPOIRS.   157

483. La fig. 4 représente une élévation perspective de l'équipage des taillans garni de toutes ses pièces. — 1 1 1 1 indiquent les montans de fer entre lesquels sont placées les *empoises* ou collets *c , c*. Les montans 1 1 1 1, traversent une forte pièce de bois 2, 2, dans laquelle ils sont encastrés ; ils sont liés latéralement par des traverses de fer 3 3 , et vers le haut, par des *soles* également en fer 4 4, qui sont retenues par les clavettes *s s s s*. Sur les soles repose une espèce d'arrosoir X, qui reçoit l'eau que, durant le travail de la machine, un petit canal verse continuellement sur les taillans.

484. Entre les traverses 3 3 sont placées les têtes 6 6 des T ou guides, qui servent à diriger la barre qu'on veut fendre. (un des deux T ou guides est représenté séparément fig. 8). On voit en Y la trousse inférieure des taillans, et en Z la trousse supérieure ; les arbres qui traversent ces deux trousses sont terminés par des parties carrées L L, appelées mèches. C'est par l'intermédiaire de ces mèches que l'on met en communication l'axe ou arbre des trousses avec celui d'une roue hydraulique qui met en mouvement la machine ; un anneau à trou carré réunit les mèches des deux arbres contigus. Cet anneau appelé manchon est représenté séparément fig. 5.

485. La fig. 7 représente une des *empoises* vue en perspective. On voit qu'elle a latéralement des rainures *x x*, pour recevoir les montans ; l'objet de ces rainures est d'assujettir solidement l'empoise, de lui interdire toute vacillation, sans l'empêcher cependant de pouvoir monter et descendre le long des montans.

486. On distingue, fig. 4, la disposition des *guides* ; cette disposition est telle que les verges de fer qui ont été fendues par la machine, ne puissent s'envelopper autour de la trousse des taillans. Entre les taillans sont placées des fourchettes *t t*, dont une est dessinée séparément fig. 6. C'est entre les guides et les

queues de ces fourchettes que l'on présente la barre qui doit être fendue.

487. Le but des fenderies est de diviser une lame en plusieurs baguettes ; pour faire cette division avec exactitude, il faut que les barres de fer aient une épaisseur uniforme sur toute leur étendue ; voilà pourquoi la machine employée dans ces usines contient, outre les taillans, un laminoir. Voici comment on se sert de cette machine :

488. Les barres de fer qu'on veut fendre, doivent d'abord être coupées de longueur convenable ; pour pouvoir être placées dans un four à réverbère : on les y arrange les unes sur les autres, de manière qu'elles soient, autant que possible, isolées ; lorsqu'elles sont chauffées *à blanc*, un ouvrier, avec de longues tenailles, les tire hors du four l'une après l'autre ; il présente la barre au laminoir où elle s'aplatit et s'allonge d'environ un tiers. Un autre ouvrier, placé derrière le laminoir, reçoit la barre avec des tenailles, et la passe par-dessus les équipages de l'espatard à un troisième ouvrier, qui introduit entre les taillans la barre aplatie et encore rouge ; elle est saisie et attirée par la rotation simultanée des deux trousses de taillans ; la bande sort du côté opposé, divisée en autant de verges qu'il y a de taillans, moins deux, dans la somme de ceux qui composent la trousse supérieure impaire, et la trousse inférieure qui est toujours paire.

489. Pendant l'opération de la fente, ainsi que pendant l'opération d'aplatir le fer entre les cylindres du laminoir, on a soin de rafraîchir continuellement les taillans et les cylindres, par l'eau qu'un coursier M, fig. 1, verse, et qui est conduite dans un entonnoir *p*, par un petit canal *q*.

A chaque fois que l'on passe une barre entre les taillans, il faut avoir soin de les graisser avec du suif.

490. Pour desservir une fenderie, il faut cinq ouvriers. Une fournée de barres d'un millier pesant peut être fendue en une heure.

Découpoirs ou emporte-pièces.

491. Lorsqu'une lame ou une barre de métal d'une médiocre épaisseur doit être divisée en plusieurs petites parties d'une forme déterminée, on se sert à cet effet d'un découpoir ou emporte-pièce ; on appelle ainsi un outil tranchant, dont le contour de la partie tranchante a un périmètre égal à celui que doit avoir la pièce que l'on veut découper ; cet outil exige une percussion, ou une forte pression ; souvent un simple marteau à main suffit, mais d'autres fois il faut recourir à des moyens plus puissans et plus exacts. Des balanciers, construits à l'instar de celui dont nous avons déjà parlé dans le chapitre précédent, remplissent cet objet. Nous allons décrire le découpoir à balancier de M. *Droz*, qui est un des plus parfaits que nous connaissions.

Découpoir de M. Droz, *Pl. XX, fig. 1, 2. Élévation et plan.*

492. Le corps de la machine est composé de deux jambages, aboutissant à une espèce de voûte surbaissée ; toutes ces parties sont fondues ensemble.

493. L'arcade est percée verticalement d'un trou cylindrique taraudé pour recevoir une vis à trois filets ; cette vis est armée d'une barre, aux extrémités de laquelle sont deux lentilles.

L'extrémité de la vis repose sur une boîte coulante, composée d'un gobelet de métal, dont le fond est continuellement rempli d'huile, et qui tient par des traverses horizontales à des coulisseaux, derrière lesquels est pratiquée une rainure verticale, dans laquelle sont encastrées les arêtes de deux prismes triangulaires verticaux pratiqués dans l'intérieur des jambages ou jumelles de l'arcade dont ils font partie.

494. La boîte coulante se trouve suspendue à l'arbre de la vis par des tringles.

Le dessous du gobelet est disposé de manière qu'on peut y adapter avec la plus grande solidité un cylindre, d'acier très-dur, un peu creusé à sa base, qui, avec l'emporte-pièce, fixé au bas de l'arcade, opère la taille des cylindres métalliques appelés flaons.

Découpoir à bascule par M. Molard, Pl. XX, fig. 4.

495. Cette machine, fort simple, peut servir également comme découpoir ou emporte-pièce, et pour frapper des empreintes. — a est le poinçon ou bien l'emporte-pièce; il est fixé à l'extrémité du levier $b\,b$, où il est retenu par une vis de pression c.

496. Un ouvrier assis sur le siége d, et les pieds posés sur un étrier e, pousse ses pieds en avant; alors un rouleau e, fixé au balancier ff, comprime l'extrémité du levier, et l'oblige de s'abaisser. Le balancier retourne à sa situation verticale par son propre poids, aussitôt que les pieds de l'ouvrier ont cessé de le comprimer; dans ce même moment, le poids p attaché à une corde qui passe sur la poulie m, relève le levier $b\,b$. Cette machine agit avec autant de promptitude que de force.

Emploi de la scie pour couper la fonte de fer.

497. D'après les expériences de MM. *Molard*, *d'Arcet* et *Dufaud*, il résulte qu'une scie ordinaire à bois suffit pour couper la fonte de fer à chaud; ce sciage n'endommage point les dents de la scie si l'on observe les précautions suivantes :

FILIÈRES.

1°. Ne chauffer la fonte qu'au rouge cerise, car si la surface est trop rapprochée de l'état de fusion, la scie s'empâte, et l'opération se fait imparfaitement ;

2°. Il faut scier avec célérité et en se servant de toute la longueur de la lame, parce qu'alors elle s'échauffe moins, trace mieux la fente, et la section est plus juste et plus nette ;

3°. La pièce à scier doit être soutenue sur toute sa longueur, à l'exception de l'endroit où la scie doit opérer, autrement on est exposé à l'inconvénient de couler ou même de casser cette pièce ;

4°. La fonte chauffée au four se scie plus facilement que la fonte chauffée à la forge ; car, dans le four, la fonte est également chauffée sur tous les points, tandis que dans un foyer de forge, la partie la plus près de la tuyère est presqu'en fusion, quand celle qui lui est opposée est à peine rouge.

CHAPITRE SIXIÈME.

Filières.

498. On donne en général le nom de *filières* ou *fileries*, aux machines dont le but est de réduire une verge de fer, de cuivre, d'or ou d'argent, en fil plus ou moins délié.

499. De toutes les préparations que l'on fait subir aux métaux, celle de les filer, est une des plus utiles et des plus fécondes en importantes applications. C'est par le filage que l'on forme cet outil si précieux par ces résultats, quoique du prix le plus modique, qui sert à réunir et à coudre les diverses parties de nos vêtemens, et des étoffes qui ornent nos logemens. C'est par le filage que l'on fournit aux arts les étoffes

Des Machines employées dans diverses fabrications.

métalliques, et au luxe, les galons, les broderies et autres brillantes superfluités. Le filage produit les cordes vibrantes, qui, placées sur divers instrumens harmonieux, font retentir les sons les plus agréables et les plus variés. Il serait trop long d'énumérer les autres nombreux résultats que l'on obtient par le filage des métaux.

500. Il en est des fileries comme des laminoirs : quelques-unes, de grandes dimensions, ne peuvent agir qu'à l'aide d'un moteur très-vigoureux; tel qu'un courant d'eau ou la vapeur de l'eau bouillante; d'autres, d'un petit volume, doivent être placées plutôt parmi les outils que parmi les machines, et un effort très-médiocre exercé sur une simple manivelle leur suffit.

501. Les grandes fileries sont désignées par le nom de tréfileries, parce que ces machines sont ordinairement triples, c'est-à-dire, qu'elles étirent trois fils à la fois, ou bien un nombre de fils multiple de trois, par exemple, six, ou neuf, ou douze. Nous examinerons d'abord, les tréfileries, puis les fileries à bras; et enfin nous décrirons l'utile mécanisme inventé par M. *Mouchel*, et qui a pour but de dresser le fil de fer propre aux cardes et aux aiguilles.

Tréfilerie à eau, Pl. XXI, fig. 1.

502. La machine reçoit le mouvement par une roue hydraulique, dont l'arbre porte des cames à peu près semblables à celles qui font agir les gros marteaux dans les forges. Une tréfilerie est garnie de plusieurs tenailles que la même roue fait agir simultanément. Chacun des fils métalliques engagés dans les filières dont cette machine est garnie, est saisie par une pince, qui, en s'éloignant de la filière, force une certaine longueur de fil à passer par le trou de cet outil; la pince s'ouvre,

se rapproche aussitôt de la filière, saisit de nouveau le fil, le serre, et s'éloigne : en continuant ces mêmes mouvemens, elle fait passer toute la longueur du fil par la filière, et successivement, par des trous de plus en plus petits, ce qui allonge, arrondit et polit le fil.

503. Le mécanisme qui fait agir les tenailles, étant construit de la même manière pour toutes, il suffira d'en examiner un séparément avec tout son appareil.

504. La filière *p* est attachée sur la pièce de bois inclinée *k*, appelée *la bûche*, et y est fixée perpendiculairement à sa longueur; quatre forts barreaux montans, ou jumelles *n n* la retiennent; ils sont placés deux à deux, vis-à-vis l'un de l'autre; on met la filière de champ entre ces montans, on la serre en cette situation avec des coins de bois; et afin qu'elle ne puisse point s'élever, et pour rendre les montans plus inébranlables, les deux qui sont vis-à-vis l'un de l'autre, sont liés au bout d'enhaut par un boulon à clavette *o* qui les traverse.

505. Le fil qui est engagé dans la filière est saisi, entre la filière et l'arbre A, par une forte tenaille *h* qui le serre, et qui, en s'éloignant ensuite de la filière, oblige une certaine longueur de ce fil à passer par le trou dans lequel on l'a engagé. Ces tenailles, étant arrivées au bout de leur course, reviennent, par leur propre poids, auprès de la filière pour commencer une nouvelle tirée. Cette course n'est pas longue; car la tenaille ne tire à chaque coup qu'environ 3 pouces de longueur de fil en terme moyen. Pour faciliter le mouvement de la tenaille, on met entre elle et la bûche une planche *m* très-lisse, et plus inclinée que la bûche même; elle est arrêtée par un bout auprès de la filière, et son autre bout repose sur un tasseau qui l'élève. Cette planche, nommée *tuile*, préserve la bûche des dommages que la tenaille y occasionerait, et elle est facile à changer quand elle est usée.

164   FILIÈRES.

506. Nous avons dit, que la tenaille s'ouvre en descendant, et qu'ensuite elle se referme pour saisir le fil quand la force motrice agit pour l'éloigner de la filière. Voici comment cela s'exécute (fig. 2). Les deux branches de la tenaille passent dans un anneau *g* ovale, un peu aplati, et garni d'une queue *c*. Cet anneau se nomme *chaînon*.

Les deux branches de la tenaille se renversent en dehors, de sorte que lorsque le chaînon est tiré en arrière, il fait force pour rapprocher les branches de la tenaille, et par conséquent pour serrer les mâchoires *a* qui saisissent le fil métallique, d'autant plus que la force exercée pour faire passer le fil par le trou de la filière sera plus grande; mais quand l'anneau où le chaînon est poussé en avant, les branches et les mâchoires s'ouvrent, et la tenaille n'étant plus serrée par le chaînon, coule sur la tuile, se rapproche de la filière et mord le fil de nouveau quand on tire le chaînon en arrière.

507. Le mouvement alternatif du chaînon est produit par deux causes, savoir : 1°. par la force motrice qui le retire en arrière ; 2°. par sa propre gravité, qui le fait glisser sur la tuile.

508. Dans plusieurs tréfileries à trois bûches, on observe qu'à chacune des deux premières correspondent trois cames, et quatre à la troisième; mais que les cames de la première sont plus courtes que celles de la seconde.

Filière.

509. Les fig. 3, 4, Pl. XXI, représentent une filière proprement dite, vue de face, et coupée sur l'axe des trous; ces trous doivent être coniques, les bouts évasés *a a* se nomment *pertuis* ; les petits bouts *b b* s'appellent *œil*. Il importe que les divers trous diminuent de diamètre successivement et par

FILIÈRES.

nuance insensible, afin que le fil métallique se tire peu à peu et sans se rompre. Il est évident que, si le trou de la filière qu'un fil peut traverser, était presque de la même grosseur que celui d'où il sort, on perdrait du temps, mais la qualité du fer n'en souffrirait pas; si au contraire le trou était trop fin, le fil éprouverait dans son passage une grande résistance qui le romprait ou le difformerait. Quand les trous de la filière ne sont pas bien arrondis et qu'il y a de petites bavures, le fil au lieu d'être rond, est strié et comme cannelé; en ce cas, il faut réparer les trous défectueux avec un poinçon.

510. Pour que le fil glisse plus aisément en traversant la filière, il est bon qu'il soit toujours gras; et pour cela on ajuste, dans un nouet de toile, un morceau de lard que le fil traverse avant de passer par le trou.

511. On voit, fig. 6, une tréfilerie qui est mue par une roue hydraulique, dont l'arbre A est garni de cames bbb, qui agissent successivement sur l'extrémité z du levier coudé zvf, lequel a son centre de rotation en v. Le chaînon g est attaché à la branche verticale f de ce levier, par un boulon à anneau d, dans lequel s'insinue le bout crochu de la queue du chaînon. Le levier zvf communique en outre, par l'intermédiaire de la corde ou chaîne y, avec un ressort ou perche élastique xx.

Quand l'arbre A est en mouvement, et que le bout d'une came b comprime et abaisse l'extrémité z du levier zvf, la tenaille est obligée de monter après avoir saisi le fil métallique, qu'elle étire, jusqu'à ce que la came agissante ayant dépassé le bout du levier, celui-ci se trouve libre; mais aussitôt une autre force qui agit en sens contraire tend à le relever, et cette force réside dans l'élasticité du ressort xx, qui avait été précédemment bandé par l'action de dépression que la force motrice avait exercée sur le levier zvf.

512. On doit observer ici, que les tenailles adaptées à une même tréfilerie, ne parcourent point, toutes, un espace égal. Dans les tréfileries de fil de fer, la première, étant destinée à étirer un fil plus gros que la seconde, tire ordinairement un pouce de moins; la troisième, un pouce de moins que la seconde, et ainsi de suite. L'arbre étant ordinairement garni de trois cames pour chaque tenaille, et décrivant environ seize révolutions dans une minute, il s'ensuit que la tenaille étire pendant ce temps environ 48 fois. Les cames doivent être disposées de manière que les tenailles agissent immédiatement l'une après l'autre, pour que la force motrice ait, autant que possible, le même effort à exercer.

Tréfileries hydrauliques propres à faire le fil de laiton.

513. Ces sortes de fileries ont ordinairement six tenailles, mues par une même roue, dont l'arbre a environ 25 pieds de longueur et 15 à 16 pouces de diamètre. Cet arbre porte six manchons, dont chacun correspond à une tenaille, et est garni de six cames, en bois de cormier ou poirier sauvage. Les cames poussent tour à tour l'extrémité d'un levier, qui se meut sur un boulon, fixé entre deux madriers; ce levier communique avec un ressort, au moyen d'une tringle; l'extrémité du levier forme une fourche dans laquelle est engagée et retenue, par un boulon, la tringle de fer ou tirant, qui fait mouvoir la tenaille de la filière, ce qui forme un trait. Aussitôt qu'une came est échappée de l'extrémité du levier, l'élasticité du ressort la retire en arrière au moyen de la tringle, ce qui ramène la tenaille contre la filière.

514. La perfection du travail exige, 1°. que lorsque la tenaille a tiré un trait de fil, elle le lâche avant que de se mouvoir en

FILIÈRES.

avant pour aller le reprendre contre la filière et faire un second trait ; 2°. que la tenaille se trouve ouverte autant qu'il faut pour saisir le fil lorsqu'elle arrive contre la filière, et qu'elle se ferme pour le saisir avant que de se mouvoir en arrière. Pour remplir ces deux conditions, la tenaille est construite comme il suit.

515. (Fig. 5.) La tenaille est composée de quatre pièces, $if\ if$, $x\ x$; les deux premières $if\ if$ sont faites en S, et étant assemblées elles ont à peu près la forme d'une tenaille ordinaire, avec cette différence cependant que les mâchoires f sont relevées en forme de crampons, afin que le fil qui est saisi par cette partie ne vienne pas s'embarrasser contre la charnière h, et qu'au lieu d'un simple rivet, avec lequel on forme la charnière des tenailles ordinaires, celles-ci sont assemblées par un boulon garni de deux écrous. Les branches $if\ if$, à leur extrémité $i\ i$, sont réunies à articulations, avec les brides $x\ x$, dont la courbure est celle d'un arc de cercle. Les brides $x\ x$ sont trouées aux extrémités s pour recevoir le bout d'un tirant c qui, à cet effet, est replié en équerre et bien arrondi.

516. La tenaille ainsi composée est placée sur une planche $e\ e$; le boulon h traverse cette planche où il est retenu en dessous par un écrou encastré dans l'épaisseur du bois ; de cette manière, la tenaille ne peut aller en avant et en arrière que conjointement avec la planche $e\ e$. Le bout m du tirant c entre dans une entaille $s\ r$, pratiquée dans la planche et revêtue d'une plaque de fer.

517. Le tout étant ainsi disposé on voit premièrement, que le tirant c ne peut avancer de s en r, sans presser les brides x et les avancer en r, ce qui ne peut se faire sans que les points $i\ i$ s'écartent un peu et fassent ouvrir la tenaille ; et cela se fait sans que la planche $e\ e$ remue, parce que le coude

du tirant n'y touche point pendant l'instant qu'il parcourt l'entaille *s r*.

518. Le coude *m* arrive au point *r*, presse la planche *e e*, et tend à la tirer en avant. La planche se meut alors effectivement, car elle est posée sur une table entre deux rainures qui lui permettent un mouvement de va et vient, et forment en un mot une coulisse; le fil est étiré par le mouvement simultané de la planche et de la tenaille qui remontent conjointement vers l'arbre de la roue motrice.

519. Lorsqu'ensuite le tirant *c* rétrograde, il est évident qu'il ouvre d'abord la tenaille, puisque le coude *m* doit parcourir toute l'entaille *s r* avant d'arriver au point *r*, pour pousser en bas la planche *e e* et la tenaille même.

Le levier qui agit est disposé de telle sorte, que la planche, avec la tenaille qui lui est superposée, puisse parcourir sur la tenaille 10 à 12 pouces à chaque pulsation.

520. La table est inclinée, vers le bas, de 5 à 6 degrés. Cette table, affermie solidement par de forts supports, a 4 pieds de longueur sur 2 pieds de largeur, et 4 pouces d'épaisseur; elle est creusée dans le milieu, sur environ 15 pouces de largeur et 2 pouces de profondeur pour recevoir la planche de la tenaille, dont nous avons précédemment parlé. Les rebords que cet enfoncement laisse de chaque côté, sont taillés en queue d'aronde, ainsi que les bords de la planche qu'ils retiennent.

521. La filière est une lame d'acier de 15 à 18 pouces de longueur, sur 2 pouces de large, et 6 lignes d'épaisseur; elle a huit ou dix trous dont le diamètre du plus grand a environ une ligne, et le plus petit un quart de ligne.

La filière est placée perpendiculairement dans une mortaise profonde, faite dans la bûche, et elle est fixée par une forte

FILIÈRES.

vis de pression dont la tête a un œil, comme la vis d'un étau, pour y insérer une clef de fer.

522. Quand on veut mettre en action la machine, on enfonce la filière dans la mortaise jusqu'à ce que le trou dont on veut se servir, réponde exactement à l'endroit de la tenaille qui doit saisir le fil; on tient la filière ferme à ce point, et l'on serre l'écrou de manière qu'elle ne puisse plus varier.

523. A côté de la filière, on place une petite enclume sur laquelle le *fileur* appointe son fil qu'il enfonce dans le trou de la filière, de manière qu'il sorte de 2 ou 3 lignes; ce qui suffit pour être saisi par la tenaille; et, à mesure qu'il sort de la filière, le fileur en forme des écheveaux ronds.

Filières à bras.

524. Les tréfileries n'étirent ordinairement le fil de fer que jusqu'à la grosseur d'un tiers de ligne de diamètre, et les grandes fileries n'étirent les fils de laiton qu'au diamètre d'un quart de ligne. Pour réduire ces fils ainsi que ceux des métaux plus précieux au dernier degré de finesse exigé par l'emploi qu'on veut en faire, on se sert des filières à bras. Il y en a de plusieurs sortes; les plus usitées sont les filières à levier, celles à bobines horizontales, et celles à bobines verticales.

Filière à levier, Pl. XXII, fig. 8.

525. Une bûche *a*, c'est-à-dire, une grosse pièce de bois inclinée, sert de base à tout le mécanisme, qui est composé d'une filière *b*, d'une tenaille *c*, et du levier *m*, qui communique à cette tenaille un mouvement de va et vient.

526. La bûche a 3 pieds et demi de longueur, 8 à 10 pouces de largeur, et 5 à 6 d'épaisseur; un des bouts de la bûche pose à terre, et l'autre est soutenu par deux pieds dont la hauteur est d'environ 28 pouces.

La filière *b* est fixée par des coins entre des étriers *de* fer *f*. Les branches de la tenaille *c*, évasées en dehors, entrent dans un anneau *t*, adapté à la barre ou tirant *k*, qui communique avec un levier coudé *m m*. La tenaille se meut le long d'une planche *i i*, plus inclinée que la bûche même. Quand les frottemens ont usé cette planche, on lui en substitue une autre.

527. Lorsque l'ouvrier agit avec sa main droite, sur l'extrémité du levier *m m*, l'anneau *t* serre les branches de la tenaille, et en faisant monter cette tenaille il étire une certaine longueur de fil. Quand il relève ensuite le levier, la tenaille s'ouvre et descend, pour saisir de nouveau le fil et en étirer une autre portion aussitôt que l'ouvrier aura abaissé le levier, et ainsi de suite. Pendant ce travail, la main gauche de l'ouvrier est libre pour diriger les tenailles et le fil, lorsqu'il éprouve quelque dérangement.

528. Cette manière d'étirer le fil ne fatigue point l'ouvrier, mais elle est lente, chaque coup de tenaille n'en fait passer qu'environ une longueur de 3 ou 4 pouces; et, comme les mâchoires compriment fortement le fil, cette compression endommage le fil fin. Aussi, quand ce fil est parvenu à une certaine finesse, on a recours aux filières à bobines.

Filière à bobine horizontale, Pl. XXII, fig. 9.

529. Cette filière diffère de la précédente en ce qu'on a supprimé la tenaille et le levier, et on y a substitué un petit treuil ou grosse bobine *b*. Le fil, au sortir de la filière *a*, se dirige vers la bobine *b*, sur laquelle il s'enveloppe. Dans les filières précédentes, le mouvement est alternatif; dans celle-ci il est circulaire-continu. La fig. 7, Pl. XXII, représente une filerie à cabestan, connue sous le nom de *argue*.

FILIÈRES.

Machine de M. Mouchel, pour dresser le fil de fer propre aux cardes et aux aiguilles, Pl. XVIII, fig. 7.

530. Le *dressage* des fils métalliques est une opération qui a pour objet de leur faire perdre la courbure qu'ils ont prise sur les bobines de la filière. On l'effectue ordinairement, en faisant passer le fil à dresser entre des clous implantés sur une pièce de bois. Cette méthode est fort imparfaite. Le dresseur est, à tous momens, obligé d'ajuster les clous, en les inclinant ou les relevant à coups de marteau : chaque *numéro* de fil exige qu'ils soient différemment espacés.

531. La machine de M. *Mouchel* produit ce travail avec toute la régularité et la promptitude désirables. Six poupées d'acier très-dur $c\ c\ c\ c\ c\ c$, y remplacent les clous de l'outil ordinaire, et sont fixées sur des tiges parallèles $b\ b\ b$, à l'aide d'une vis et de son écrou. Une règle graduée $x\ x$ sert de régulateur, et indique l'écart que doivent avoir les poupées, pour chaque numéro. Toutes les difficultés du dressage se trouvent ainsi aplanies; et le dresseur, qui peut maintenant être un enfant, n'a qu'à tirer son fil, étendu entre les bobines, à l'aide d'une roue sur laquelle il le dévide; lorsqu'il l'en a retiré, il le reploie sur lui-même pour le mettre en bottes.

532. La machine est établie sur une plaque de cuivre, chaque support des écrous est fixé dans une sorte de coulisse g, à l'aide d'une vis de pression, de sorte qu'on peut le faire avancer ou reculer à volonté. Au sortir d'entre les poupées, le fil passe sur des conducteurs $h\ h$ (sortes de poulies fixes). Deux curseurs $k\ k$, retenus sur des vis de pression, servent à déterminer la position des barres $f\ f$ qui servent à fixer la position des tiges $b\ b$.

533. Nous terminerons ce qui concerne le filage des métaux,

172 TOURS, LIMES, MEULES, ALÉSOIRS, etc.

par l'indication d'une méthode aussi facile qu'ingénieuse, que le docteur *Wollaston* a mis en usage, pour réduire des fils de platine à un degré de finesse extraordinaire. Elle consiste à couler du fil de platine d'une grosseur médiocre ; à couler dessus de l'argent, de manière à ce que le fil en soit entièrement entouré ; à passer ensuite ce fil ainsi couvert d'argent par des filières de différens diamètres : on peut, de cette manière, l'étirer aussi délié qu'il est possible ; enfin, on le trempe dans l'acide nitrique qui, y ayant dissous l'argent, laisse à nu le fil de platine qui avait servi de noyau.

CHAPITRE SEPTIÈME.

Tours, Limes, Meules, Alésoirs, Machines à fendre les roues, etc.

534. Les machines, que nous avons examinées dans les Chapitres précédens, servent, ou à faciliter l'épuration des métaux, ou bien à les réduire en barres, en lames et en fils de dimensions déterminées pour être, en cet état, livrés aux divers fabricans qui leur font ensuite éprouver des modifications ultérieures. Ces modifications, qui exigent l'usage d'autres machines, ont pour but de donner aux objets métalliques que l'agriculture, l'économie domestique, les arts et le luxe emploient, les formes qui leur conviennent.

535. Ce Chapitre est consacré aux machines qui produisent les modifications dont nous venons de parler. Quelques-unes, ayant déjà été décrites dans les volumes précédens, ne seront point reproduites dans celui-ci.

536. La plupart des objets métalliques sont d'abord ébauchés et dégrossis à la forge, par le moyen du feu et du marteau ;

puis la lime, la meule, le tour, l'alésoir, le plateau à refendre, l'emporte-pièce, l'estampe, etc., les façonnent avec plus de régularité ; enfin, les polissoirs les perfectionnent encore plus, et leur donnent tout l'éclat dont ils sont susceptibles.

Des Limes.

537. La bonté d'une lime dépend spécialement de trois choses ; 1°. de la nature de l'acier avec lequel elle est formée ; 2°. de sa trempe ; 3°. de sa forme et de sa taille. En général les aciers les plus fins forment les meilleures limes, par la raison surtout, que la trempe qu'ils peuvent recevoir est plus parfaite que la trempe dont sont susceptibles les aciers d'une qualité inférieure. Le choix de l'acier est de la plus grande importance, car l'imperfection d'un instrument dépend souvent de ce qu'il n'a point été fabriqué avec l'acier qui lui convenait, ce qui a empêché de lui donner la trempe qui lui est nécessaire. Mais il est difficile de fixer d'une manière précise, et de soumettre à des lois exactes l'art de la trempe, et cette difficulté augmente encore avec les différentes qualités des aciers qui exigent, pour chacun d'eux, une trempe différente. Il est à présumer que cette opération dépend entièrement du degré de chaleur et du refroidissement qu'on fait éprouver à l'acier. Ainsi, jusqu'à présent, c'est à l'usage et à la pratique seule qu'on a laissé le soin de juger de la qualité de ce métal, et du degré de chaleur auquel il est nécessaire de le soumettre, pour le tremper et lui donner la ténacité, la dureté et l'élasticité dont on a besoin.

538. Sans une forme convenable, les limes ne peuvent avoir le degré de perfection désirable ; la plupart des fabricans négligent souvent cette partie. Les limes plates qui servent à former les surfaces planes, dont la forme semble être la plus arbitraire,

sont cependant celles qui demanderaient le plus de soin ; leurs faces doivent toujours avoir une certaine convexité qu'il serait essentiel de déterminer exactement et de maintenir avec soin : mais la trempe les déforme souvent.

539. La taille d'une lime est sans contredit de toutes ses qualités celle qui influe le plus sur sa perfection. En vain une lime serait-elle fabriquée avec le meilleur acier, trempée au juste degré, et formée de la manière la plus convenable, si la taille n'est pas uniforme et ses dents dans de justes proportions, la lime s'usera facilement, et l'on ne parviendra pas à exécuter l'ouvrage avec la précision et l'exactitude nécessaires. Ces différens inconvéniens se font d'autant plus sentir que ces limes ont besoin d'une taille plus fine ; mais cette qualité si essentielle, quoique la plus facile peut-être, à donner à une lime, puisqu'on pourrait employer à cela des moyens purement mécaniques, est celle qui semble la moins perfectionnée. En effet, excepté quelques machines à tailler les limes plus ou moins imparfaites, et dont on ne se sert pas, et les grossières mécaniques employées en Allemagne, pour tailler les grosses limes ou les râpes, nous ne connaissons point de machines à tailler les limes qui puissent avec avantage remplacer les bras dans cette opération, ni de fabriques qui, par leurs produits, puissent en faire soupçonner l'emploi. Du moins, le commerce n'offre-t-il aucune lime qui, par l'uniformité et l'exactitude de sa denture, fasse présumer qu'elle a été taillée mécaniquement.

Jusqu'à ces dernières années, la France tirait toutes ses limes de l'Angleterre et de l'Allemagne, et aujourd'hui encore elle est obligée d'en tirer une partie ; mais, quelques fabriques se sont établies, dont les produits ont été jugés d'une qualité égale et même supérieure à ceux des fabriques étrangères les plus renommées.

TOURS, LIMES, MEULES, ALÉSOIRS, etc. 175

Des Meules.

540. Nous ne répéterons pas ce que nous avons exposé dans le volume intitulé *Machines employées dans les constructions diverses*, page 166 et suivantes, où l'on trouve la description d'une aiguiserie, des diverses meules qu'elles contient, et d'une machine très-utile de M. *George Prior*, pour préserver les ouvriers des effets nuisibles de la poussière produite par l'émoulage.

541. Nous nous bornerons ici à faire remarquer combien il importe que les meules soient affermies avec toute la solidité possible, et à indiquer une méthode pour les consolider. La rupture des meules, qui tournent ordinairement avec une extrême vitesse, produit les accidens les plus graves. *Guillaume Derham* a calculé (*a*) que la vitesse de la meule ordinaire à appointer les épingles, est presque la cinquième partie de celle d'un boulet de canon. Cette meule est mue par une corde sans fin, tendue entre une grande roue de 5 pieds 4 pouces de diamètre, et une *noix* ou petite poulie de 8 lignes de diamètre dans le fond de sa gorge; la vitesse de cette poulie est à celle de la roue comme 96 est à 1, c'est-à-dire, qu'elle fait 96 tours pendant que la roue n'en fait qu'un. Or, cette roue est mise en mouvement par un homme qui, agissant sur une manivelle, lui fait faire communément 45 tours par minute; ce nombre de tours, multipliés par 96, donne 4,320; ainsi, la meule fait 4,320 tours en une minute. La circonférence de la meule est de plus d'un pied et demi; conséquemment sa vitesse est d'environ 6,500 pieds par minute.

(*a*) Théologie physique, 3.ᵉ édition, page 39.

Méthode de consolider les Meules à ajuster, par M. John Slater.

542. Cette méthode a pour but de tellement consolider une meule sur son axe, que la rotation très rapide qu'elle éprouvera ne puisse en produire la rupture vers son centre; cet accident arrive fréquemment aux meules ordinaires, et occasione quelquefois des accidens funestes.

543. Suivant la méthode de M. *Slater*, la meule est retenue de chaque côté, par trois rondelles qui ont chacune un demi-pouce d'épaisseur sur 24 pouces de diamètre (plus ou moins en raison des dimensions de la meule). La première rondelle, celle qui s'applique immédiatement contre la meule, est en bois; la seconde est en fer; elle est fixée sur l'arbre par de forts tenons serrés par des vis à écrou; la dernière est aussi en fer, elle est assujettie à la précédente par douze vis à tête carrée, serrées par des écrous et placées à distances égales.

Tours.

544. Les *tours* peuvent être subdivisés en deux espèces; les uns servent à façonner la surface extérieure d'un corps cylindrique, les autres agissent dans l'intérieur d'un cylindre creux. Les premiers ont été décrits très amplement dans l'ouvrage de M. *Hamelin-Bergeron* sur l'art du tourneur, et nous en avons indiqué quelques-uns dans le volume intitulé *Machines employées dans les constructions diverses*, page 296 et suivantes; le même volume contient, page 185, la description des alésoirs employés dans les fonderies des canons. Nous ajouterons ici la description de deux autres alésoirs, l'un desquels sert à aléser les corps de pompe de médiocre grandeur, et le second, à aléser les cylindres de grand diamètre.

Machine pour aléser les corps de pompes, Pl. XXII, fig. 1, 2, 3, 4, 5, 6.

545. Le corps de pompe *a a*, que l'on veut aléser, est soutenu par deux poupées *b b*, et porte la poulie *c* qui communique avec le moteur par l'intermédiaire d'une corde sans fin et d'une grande grande roue qui n'est point indiquée dans la figure.

546. La barre *p p* de l'alésoir, traverse entièrement le corps de pompe, elle est soutenue par plusieurs conduits *m m m m* (fig. 2), adaptés dans les plate-formes *d d*.

Le couteau dont l'alésoir est armé, doit parcourir intérieurement toute la longueur du corps de pompe; à cet effet, au bout de la barre *p p*, se trouve la vis de pression *q*, qui sert à pousser l'alésoir en avant. Tel est en général le mécanisme de cette machine simple et précise, inventée par M. *Breithaupt*, de Cassel. Examinons maintenant en particulier, la disposition de chacune de ses parties.

547. *Alésoir.* Il est fixé à la barre *p p*. On ne le voit point dans la figure, puisqu'il est caché dans l'intérieur du corps de pompe *a a*. Sa forme est celle d'un demi-cylindre; il a 4 pouces de longueur; la lame ou couteau dont il est armé se place et se déplace à volonté, au moyen de deux vis. Cette disposition permet de changer les lames lorsqu'elles sont usées, ou lorsqu'il faut seulement les repasser, sans qu'il soit nécessaire de déranger la barre ni ses supports.

548. La barre *p p* est soutenue, en avant et en arrière des poupées, par des conduits *m m m* qui ne lui permettent point de vaciller dans sa marche et d'occasioner des irrégularités dans l'alésage.

549. Lorsqu'on doit aléser des cylindres d'une certaine longueur, il est utile de soutenir la barre dans l'intérieur même du

cylindre, à l'aide de tampons de bois d'un diamètre égal à celui du cylindre.

550. *Conduites de l'alésoir*, (fig. 4.). Elles sont en bronze et portent chacune une vis de pression *a*. Pour empêcher la barre de ballotter, elle est enveloppée dans sa conduite par de petits coussinets. Les conduites sont insérées dans des supports mobiles *d d* (fig. 1, 2), qui, comme les poupées d'un tour ordinaire, ne peuvent se mouvoir que dans le sens de la longueur du banc seulement; à cet effet, le banc a une fente longitudinale, qui sert de coulisse, dans laquelle se meuvent les queues des supports qui sont taraudés, à leur extrémité, pour recevoir un écrou qui les fixe à l'endroit convenable.

551. Les supports *d d* ont des fentes latérales *y y y*, pour qu'ils puissent avoir un petit mouvement, lorsqu'il s'agit de fixer l'axe de la barre dans une direction exactement rectiligne.

552. *Poupées du corps de pompe* (fig. 5, 6.). Ces poupées en fer fondu, sont destinées à renfermer les coussinets qui doivent soutenir le corps de pompe sans empêcher sa rotation. Les poupées sont construites de manière, que les coussinets ne peuvent éprouver aucune déviation. Les deux montans *l l* présentent une arête angulaire, et dans le fond se trouve une entaille *m m*, qui correspond à une partie saillante de forme analogue, exécutée sur les coussinets.

553. *Poulie* (fig. 3.). Cette poulie doit environner le corps de pompe pour lui communiquer son mouvement de rotation à l'aide d'une corde sans fin qui s'enveloppe tout à la fois sur cette poulie et sur une grande roue à plusieurs gorges. Un homme met en mouvement cette roue en agissant sur une manivelle fixée à son axe. La poulie est construite de manière à pouvoir s'adapter à des corps de pompe de différens diamètres. Son moyeu *x* est formé de deux pièces qui se serrent l'une

contre l'autre, à l'aide des vis $z\,z$ qui traversent des bras dont chaque moitié du moyeu est pourvue. Lorsqu'on la place sur un cylindre, dont le diamètre est plus petit que l'ouverture du moyeu, on garnit l'intervalle au moyen d'une *fourrure* en plomb. Ce moyeu ainsi établi sert de monture à la poulie $t\,t$, formée par une sorte d'anneau en bois garni d'une gorge, et portant sur une des faces un cercle de fer $v\,v$, destiné à fixer les rais $g\,g\,g\,g$.

Machine à aléser les cylindres de grand diamètre par M. Billingsley, Pl. XX, fig. 3.

554. Le cylindre à aléser A, est placé au milieu d'une cage en fonte B.B. Cette cage est composée de huit montans $a\,a$, placés entre deux *étoiles* $c\,c$ et $d\,d$, à huit rayons, destinées à recevoir les extrémités des montans et à les assujettir fixement.

555. Le cylindre A est retenu vers sa base par huit brides $h\,h$; et au sommet par huit vis de pression $g\,g$. Les brides $h\,h$, peuvent se mouvoir le long des rayons de l'étoile inférieure $c\,c$, à cet effet, une rainure longitudinale est creusée dans chacun d'eux, pour recevoir la tête de deux boulons 1, 2, qui servent à fixer la bride à l'endroit convenable et à assujettir le bas du cylindre en embrassant fortement son rebord inférieur 3.3.

556. Un arbre vertical $b\,b$ occupe le centre de la cage et traverse le cylindre A, exactement dans son milieu; il porte l'alésoir fixé à un collier mobile $n\,n$, qui peut glisser le long de l'arbre $b\,b$.

557. Le collier $n\,n$ est soutenu par deux crémaillères $o\,o$; l'arbre $b\,b$ est surmonté d'une troisième crémaillère p. Les deux premières ont pour objet d'élever progressivement l'alésoir, à mesure qu'il opère; la troisième sert à enlever l'arbre $b\,b$ hors de la cage lorsque le cas l'exige.

558. L'alésoir doit avoir deux mouvemens simultanés, l'un de rotation autour de l'arbre bb, et l'autre d'élévation rectiligne le long du même arbre bb; il est évident que ce second mouvement doit être bien plus lent que le premier, et d'autant plus lent que le travail de l'alésoir est plus considérable.

559. Le mouvement de rotation est produit par l'engrenage des quatre roues 4, 5, 6, 7. Le moteur est appliqué à la roue 4; la roue 7 sert de support à l'axe bb, qui occupe son centre et qui tourne avec elle.

560. Le mouvement de translation rectiligne est dépendant du mouvement précédent, et est produit par l'engrenage des roues et pignons désignés par les nombres 8, 9, 10, 11, 12, 13, 14, 15; les pignons 14 et 15 engrènent avec les crémaillères $o o$, que nous avons déjà désignées.

561. Lorsqu'on veut enlever l'arbre bb, on agit sur la manivelle l, qui met en mouvement l'engrenage 16, 17, lequel, par l'intermédiaire d'une corde, fait tourner le treuil k, l'axe duquel porte le pignon 18 qui engrène avec la crémaillère p.

562. La machine est placée sur une solide fondation circulaire rr, en maçonnerie, au centre de laquelle s'élève le pilier s; dans cette maçonnerie est enclavée une plaque horizontale en fonte tt; c'est sur cette plaque que reposent les crapaudines des roues 6, 7.

563. La disposition de cette machine offre plusieurs avantages notables : 1°. Les coupures de fer et le sable tombent en dessous du cylindre au fur et à mesure du forage; tandis que, dans les machines horizontales, dont on fait communément usage, ils occupent toujours le côté inférieur du cylindre où le sable use bientôt le taillant des alésoirs; 2°. le cylindre à forer, étant placé verticalement et étant assujetti avec toute la solidité désirable, il ne peut se difformer ou par l'action de son propre poids, ou bien

par l'effort des pressions non contre-balancées, comme il arrive fréquemment dans les machines ordinaires ; 3°. l'alésoir ne se trouvant point encombré par les dépôts des coupures et du sable, peut continuer librement son travail d'un bout à l'autre du cylindre, sans qu'on soit obligé de le faire rétrograder, ce qui produit le double avantage d'accélérer l'opération, et de donner une plus grande précision au forage.

On peut avec facilité, faire varier la vitesse des mouvemens de l'alésoir, il suffit d'avoir plusieurs rechanges de rouages.

Plateaux à refendre et à diviser.

564. On donne le nom de plateaux à refendre et à diviser, aux machines qui servent à former les dentures des roues métalliques d'engrenage, et à tracer sur une surface circulaire des divisions exactes et uniformes.

565. Ces machines, qui opèrent avec autant d'exactitude que de célérité, ont puissamment contribué aux progrès des arts et des sciences même. Avant que ces machines fussent inventées, les engrenages et les divisions des cercles gradués étaient déterminés au compas, ce qui exigeait un travail long, minutieux et dont les résultats étaient trop souvent inexacts. Cette inexactitude, que les plus habiles artistes parvenaient rarement à éviter, rendait les instrumens de précision tout à la fois très-coûteux et peu satisfaisans. L'imperfection des instrumens se faisait nécessairement ressentir sur les résultats des opérations astronomiques et géodésiques auxquelles ils servaient. D'autre part, le haut prix, joint aux mauvaises qualités des engrenages, s'opposaient à la propagation des mécaniques dans les manufactures.

566. L'usage des plateaux à refendre a fait disparaître ces fâcheuses conséquences ; et la formation des engrenages qui,

autrefois était une des parties les plus difficiles de l'art du constructeur de machines, est devenue tellement aisée, qu'on l'abandonne communément aux femmes et aux enfans. Par la régularité des dentures, les machines ont acquis tant de douceur et de précision, qu'on a pu leur confier les opérations qui autrefois exigeaient les mains les plus délicates et les plus exercées.

567. La partie principale des plateaux à diviser, et celle qui a donné son nom à ces sortes de machines, est effectivement un plateau circulaire dont le diamètre est proportionné à la grandeur de la machine; et cette grandeur dépend de la qualité des roues que la machine doit fendre. Ainsi, il y a des plateaux qui n'ont que 3 ou 4 pouces de diamètre et qui servent à fendre les plus petits engrenages de montres; et il y a d'autres plateaux dont le diamètre est de quelques pieds et qui peuvent fendre les roues pour les grandes machines.

568. Le principe qui sert de base à la construction de toutes ces machines est très-simple. Qu'on suppose, qu'à l'axe d'un plateau circulaire soit fixée la roue à laquelle on veut faire une denture, et que le plateau et la roue soient exactement concentriques et parallèles : il est évident que si l'on communique un petit mouvement de rotation au plateau, la roue qui lui est intimement adhérente, décrira un arc d'un même nombre de degrés ou de fraction de degré que le plateau; ainsi, si le plateau décrit successivement soixante arcs égaux, de 6 degrés chacun, la roue décrira pareillement soixante arcs semblables; et si, à la fin de chacun de ces soixante petits mouvemens, on arrête fixement le plateau, et qu'un outil tranchant se présente toujours de la même manière sur la circonférence de la roue, on conçoit clairement que cet outil pourra faire soixante incisions à des distances parfaitement égales.

569. Pour fixer le plateau à la fin des soixante mouvemens

égaux qu'on lui communique, il suffit de tracer sur ce plateau un cercle qui lui soit concentrique, et de graver à sa circonférence soixante petits trous à distances égales ; une *alidade* à charnière est placée au-dessus du plateau, et porte à son extrémité une pointe verticale. Veut-on fixer le plateau, on enfonce l'extrémité de cette pointe dans un des petits trous ; puis, on la soulève et on fait tourner le plateau tout juste autant qu'il le faut ; pour que cette même pointe corresponde au trou suivant, et ainsi successivement.

570. Pour qu'un même plateau puisse servir à fendre des roues d'engrenage, dont le nombre des dents soit plus ou moins grand, on trace sur le plateau un certain nombre de cercles concentriques, sur chacun desquels on creuse un certain nombre de petits trous à distances égales ; l'alidade étant à charnière, on peut la faire correspondre à celui de ces cercles, dont le nombre des points est égal au nombre de dents que la roue à fendre doit avoir.

571. L'outil destiné à fendre les roues est une *fraise* que l'on fait tourner rapidement au moyen d'un engrenage, ou bien au moyen d'une corde sans fin, tendue sur une petite poulie adaptée à son axe, et sur une grande roue qu'un homme met en mouvement.

572. Il faut que la fraise soit placée sur un chariot *doué des mouvemens suivans* : 1°. d'un mouvement rectiligne de progression vers le centre du plateau, et cela pour que la même fraise puisse fendre des roues de différens diamètres, et pour que, sur une même roue, elle puisse donner plus ou moins de profondeur aux fentes qui séparent les dents ;

2°. Un mouvement vertical d'élévation et de dépression qui lui donne la triple faculté de fendre les roues dont la denture suit le prolongement des rayons ; celles dont la

184   TOURS, LIMES, MEULES, ALÉSOIRS, etc.

denture est perpendiculaire au plan de la roue, et enfin les roues d'angle;

3°. Un mouvement vertical de déviation, par lequel le plan de la fraise prend un degré d'obliquité quelconque, avec les rayons qui partent du centre du plateau et vont à sa circonférence. Ce mouvement donne le moyen de fendre les roues à rochet.

573. La description de la machine suivante fera connaître plus particulièrement comment tous ces mouvemens s'effectuent (a).

Machine de M. Petit-Pierre, pour tailler et arrondir les dents des roues., Pl. XXIII, fig. 1, 2. *Élévation et plan.*

574. Cette machine se compose, 1°. d'une plate-forme horizontale en cuivre A A, montée sur un arbre vertical b, et sur laquelle sont marquées des divisions plus ou moins espacées; au-dessus de cette plate-forme mobile, sur le pivot x, est fixée la plaque de cuivre arrondie $i\,i$, destinée à être dentée: cette plaque est assujettie au moyen du tasseau k, surmonté d'un écrou; 2°. d'un équipage ou chariot B, qu'on fait avancer au moyen de la vis sans fin $s\,s$, qui porte le scie circulaire destinée à tailler les dents que l'on veut former dans la plaque $i\,i$.

575. La scie est tellement disposée dans le chariot B, qu'elle peut prendre toutes les inclinaisons nécessaires, pour tailler des roues droites, des roues d'angle, des roues de champ, arrondir les dents, faire des pignons et des râteaux pour l'horlogerie. Ces diverses opérations s'exécutent promptement et

_____

(a) Le volume intitulé *Composition des Machines*, pag. 354 et Pl. XXX, fig. 2, donne la description d'une autre machine à fendre.

avec une grande précision, à l'aide d'une scie d'acier qu'on fixe sur l'axe cc, entre des rondelles à écrous h. On donne à cet axe un mouvement de rotation très-rapide, au moyen d'une corde sans fin, qui passe sur la poulie g, et va s'envelopper sur une grande roue de tour, séparée de la machine, et qui n'est point représentée dans la figure.

576. L'axe cc est fixé sur un châssis à articulation $dddd$, qui peut avoir divers mouvemens nécessaires pour placer la fraise dans une direction ou horizontale, ou verticale, ou oblique. A cet effet, ce châssis, 1°. peut tourner autour du centre f, avec toute la partie du chariot B qui est au-dessus de la coulisse ; 2°. il peut, indépendamment du chariot, tourner autour du centre y ; 3°. il a deux articulations en l et en m ; ces articulations ont chacune des vis de pression pour les fixer. Une longue vis F sert de soutien aux parties articulées, dans lesquelles l'axe cc de la fraise est contenu.

577. L'alidade t est placée sur un chariot R, qu'une vis r fait avancer ou reculer. Cette alidade sert, comme on le sait, à déterminer exactement le petit mouvement de rotation que le plateau des divisions A A, et conséquemment que la roue à denter, doit avoir après la formation de chaque dent. La vis de pression v de l'alidade s'introduit dans un des petits points de division pour fixer le plateau A A.

578. Au moyen de la machine de M. *Petit-Pierre*, on forme non-seulement la dent, mais on l'arrondit en même temps, ce qui dispense du travail toujours long et inexact de la lime, surtout pour les roues d'angle. La machine opère avec une promptitude et une précision remarquables ; toutes les pièces s'ajustent parfaitement les unes dans les autres, et leur jeu est aussi facile que bien conçu.

Machine à fendre les roues, de *M.* Japy, Pl. XXIV, fig. 1, 2, 3.

579. Cette machine jouit de l'avantage de pouvoir fendre simultanément plusieurs roues. La fig. 3 indique le plan de cette machine, la fig. 1, une vue latérale, et la fig. 2, une vue de face.

580. Cette machine se distingue des plateaux à fendre dont nous venons de parler, en ce qu'elle n'a point de plateau diviseur; une roue dentée qui engrène avec une vis sans fin, en tient lieu; cette roue est arrêtée à chaque division, par un petit verrou, qui remplit le même objet que l'alidade des machines ordinaires.

581. Dans la machine de *M. Japy*, on place plusieurs roues du même diamètre et devant avoir le même nombre de dents, sur un tasseau z, où elles sont fortement assujetties par une contre-vis r. Ce tasseau est adapté à un arbre horizontal b, à l'extrémité duquel est placée la roue f qui sert de diviseur. Un verrou h arrête le diviseur au point de division convenable, pendant que tout cet équipage, placé sur un chariot A A, s'avance régulièrement sous une fraise v, qui refend toutes les roues a, à mesure qu'elles se présentent sous son tranchant.

582. Le chariot A A est soutenu sur un plateau en fer B B (fig. 3), garni de rebords de chaque côté, parallèles entre eux, et qui servent de coulisse au chariot.

583. L'axe ll de la fraise v est garni d'une poulie x à plusieurs gorges; il est soutenu entre deux poupées mm, et des vis de pression nn l'affermissent convenablement. Cet axe est porté par un étrier D D (fig. 1), disposé de telle sorte que l'on peut à volonté l'élever ou l'abaisser, suivant que l'exigent les différens diamètres des roues que l'on a à refendre. Des

vis de pression E E servent à fixer l'étrier à la hauteur convenable.

584. La machine est mise en mouvement par une grande roue, qui n'est pas indiquée dans les figures, et qu'un homme fait tourner au moyen d'une manivelle ; une corde sans fin entoure la gorge de la roue, et passe sur une des gorges de la poulie x. La fig. 5 indique une fraise dentelée, qu'on emploie lorsque les roues à fendre sont de cuivre; et la fig. 6 représente la fraise qui sert à tailler les roues de fer ou d'acier.

585. Cette machine doit être munie de plusieurs pièces de rechange; car il faut, 1°. que les tasseaux qui soutiennent les roues à refendre soient adaptés à la forme et au diamètre de ces roues ; 2°. la roue dentée f, qui sert de diviseur, doit être changée toutes les fois qu'il s'agit de fendre des roues dont le nombre des dents est différent.

586. La roue f, qui est représentée séparément (fig. 4), est mue par la vis sans fin g, et une manivelle est fixée à l'extrémité de l'axe de la vis. On voit cette manivelle en i, fig. 1, 2, 3.

587. La machine à refendre dont nous venons de parler, fait partie de la série des machines employées dans la belle manufacture de mouvemens d'horlogerie établie à Beaucourt, département du Haut-Rhin. M. *Frédéric Japy* a obtenu, en 1799, un brevet d'invention pour ces utiles mécanismes, qui sont décrits et figurés dans le second volume du *Recueil des Brevets d'inventions*.

588. Les machines de M. *Japy* exécutent les principales pièces d'une montre avec célérité et précision, en n'employant que des ouvriers peu habiles, et même des enfans. Ces machines sont au nombre de dix, y compris celle que nous venons de décrire.

589. La première est une machine à couper les feuilles de

laiton laminées, par bandes parallèles, d'une largeur quelconque ; on en tire les platines, les balanciers et les roues de montres. Elle est formée d'une fraise mince, montée sur un axe tournant entre deux pointes, comme sur un tour ; elle coupe successivement la feuille de cuivre posée et maintenue à plat sur une tablette mobile, sur des galets entre des guides, et qu'un poids attire constamment contre la fraise qui reçoit d'une grande roue un mouvement de rotation rapide.

590. La deuxième est une espèce de tour en l'air, dont l'arbre est percé ; elle sert à tourner les platines, les fusées, les barillets, les coqs, les coulisses et les râteaux des montres. Chacune de ces pièces, placée sur des mandrins particuliers, dont la queue entre et se trouve assujettie dans l'arbre du tour, par une vis de pression, reçoit la forme qu'elle doit avoir par le seul changement de burin, dont le mouvement est réglé par des vis et des leviers.

591. La troisième est la machine propre à tailler les dents des roues décrites précédemment.

592. La quatrième a pour objet, de faire les piliers ronds ou carrés à volonté. Le fil de laiton servant à faire ces piliers traverse un arbre de tour percé, au centre duquel il est maintenu par une lunette. Une fraise, dont le profil est convenablement tourné, les taille à leur sortie, ronds ou carrés, suivant qu'on tourne continuellement le fil de laiton, ou qu'on l'arrête, pendant que la fraise agit, à quatre divisions rectangulaires du diviseur, placé sur l'arbre du tour. Le bout du pilier est soutenu par un support ; et, comme la fraise est assujettie à tourner dans une chape mobile, on la rapproche plus ou moins, suivant le besoin.

593. La cinquième est un emporte-pièce à vis de pression, pour découper d'un seul coup les balanciers.

594. La sixième est un *mouton* ou emporte-pièce à piston qui agit par percussion ; elle sert à découper les roues d'engrenage.

595. La septième est une petite machine à percer droit à l'archet ; elle se met à l'étau. On presse le foret, dans le sens de son axe, contre la pièce qu'on veut percer, par le moyen d'une broche cylindrique glissant à frottement dans un guide ; la pièce à percer est tenue perpendiculairement à la direction du foret, entre deux mâchoires, dont une fait partie de la verge du tour, et l'autre, glissant dessus, est pressée par un écrou.

596. La huitième est destinée à river les piliers des cages de montres, sur la platine où ils doivent être fixés. Cette cage est placée sur une plate-forme disposée à cet effet, de laquelle s'élèvent latéralement deux colonnes, supportant, à la hauteur d'environ 18 lignes, une plaque percée de trous ronds, vis-à-vis les quatre piliers qu'il s'agit de river. Une autre plaque, percée de la même manière, glisse parallèlement à elle-même, le long de deux colonnes qui lui servent de guides, et peut s'appliquer sur la platine où elle est maintenue par une vis de pression qui agit sur son centre. Dans les trous de ces plaques, correspondant aux piliers, on place des canons qui descendent jusque sur la platine, et servent de guides à une broche d'acier, avec laquelle on rive au marteau tous les piliers.

597. La neuvième refend les têtes de vis. Un certain nombre de vis de la même sorte, fortement serrées dans une pince, et les têtes, étant sur une même ligne droite, sont toutes fendues en même temps par un outil fixé dans une masse, qui se meut entre des rouleaux.

598. La dixième machine n'est autre chose qu'un banc à tirer, avec un treuil et une chaîne, au moyen de laquelle on opère sur tous les objets susceptibles d'être tirés.

TOURS, LIMES, MEULES, ALÉSOIRS, etc.

Machines à canneler les cylindres.

599. Un cylindre cannelé peut être considéré comme une roue d'engrenage d'une grande épaisseur; ainsi, dans la machine de M. *Japy*, si les diverses roues qui sont soumises conjointement à l'action de la fraise ne formaient qu'un seul tout, on aurait un véritable cylindre cannelé ; cette seule considération suffit pour faire comprendre que les machines à canneler les cylindres ne diffèrent point essentiellement des machines à fendre les roues.

Machine propre à faire des moulures sur le fer ou sur le cuivre, par M. Caillon, Pl. XXV, fig. 1, 2.

600. Nous avons décrit (416) la machine de M. *Chopitel*, qui sert au même usage et qui est incomparablement plus productive que celle de M. *Caillon*. Mais l'appareil de M. *Chopitel* exige un courant d'eau ou un autre moteur d'une force considérable, il n'opère qu'à chaud ; tandis que la machine de M. *Caillon* agit à froid, et n'exige que l'action d'un ou de deux hommes moteurs, indépendamment de l'ouvrier qui dirige le travail : nous croyons que, sous ces deux rapports, elle peut être utile en diverses circonstances. Elle est propre à dresser le fer à toute dimension de longueur, sur une largeur de 6 pouces et une épaisseur de 3 pouces et demi ; on peut obtenir, par son moyen, des cannelures et des rainures à toute profondeur, sur des barreaux de fer forgés, et même sur la fonte douce.

601. Un chariot *a*, mobile entre deux jumelles *b b*, porte l'outil tranchant qui doit tracer les moulures sur la barre que l'on veut travailler. Une grosse vis *d*, longue de 5 à 6 pieds, traverse la partie inférieure du chariot, et le fait avancer ou

reculer, suivant le sens de sa rotation ; ainsi, si par exemple la vis tourne de droite à gauche, le chariot marche de l'avant en arrière, et le contraire a lieu si la vis tourne de gauche à droite.

602. Il faut que l'ouvrier puisse à volonté et instantanément changer le mouvement de rotation de la vis, pour faire avancer et reculer le chariot, suivant que le travail l'exige. M. *Caillon* est parvenu à produire cet effet de la manière suivante : Une roue à double gorge, qu'on ne voit point dans la figure, reçoit deux cordes sans fin, correspondant à deux poulies m, qui environnent l'extrémité de la vis. L'une des cordes est croisée, et l'autre ne l'est point ; les poulies sont placées sur un petit chariot que l'on voit séparément (fig. 2). Ce chariot se meut entre les coulisses $p p$; et on peut le faire avancer ou reculer de la manière suivante : Un étrier g réunit les deux branches $l l$ du chariot ; à cet étrier est fixée une barre o, garnie de deux petits mentonnets x, y. Un levier r agit ou sur l'un ou sur l'autre de ces mentonnets ; il est évident que, s'il pousse le mentonnet y, il fera avancer le chariot vers la droite ; si au contraire il pousse le mentonnet x, alors le chariot reculera en sens contraire.

603. Les poulies b, c, portent des clous saillans $i i$, destinés à entrer dans des cavités creusées dans un anneau r, qui fait partie de la grande vis d (fig. 1). Il résulte de cette disposition que, si les clous de la poulie b sont engagés dans l'anneau r de la vis, l'une ne pourra se mouvoir sans l'autre, et la rotation de cette poulie entraînera la vis, et la fera tourner dans le même sens. Dans le cas opposé, les clous de la poulie b abandonnent l'anneau r, ceux de la poulie c s'y engagent ; et c'est alors cette dernière poulie qui met en mouvement la vis. Si le chariot est dans une telle position que les clous des deux poulies soient entièrement dégagés de l'anneau, alors la vis sera immobile, quoique les deux poulies tournent en sens contraire par l'action

des deux cordes sans fin, dont l'une est croisée et l'autre ne l'est point.

604. La pièce que l'on veut travailler est fixée par des vis de pression, sur une lame de fer épaisse $t\,t$, placée entre deux poupées, où elle est retenue par d'autres vis, qui donnent la facilité de l'ajuster dans un plan exactement horizontal : M. *Caillon* se sert, pour plus de précision, d'un petit niveau à bulle d'air.

605. Le porte-outil est surmonté d'une vis régulatrice u. C'est au moyen de cette vis que l'ouvrier fait mordre plus ou moins l'outil tranchant, ou qu'il suspend son action.

606. Suivant un tarif publié par M. *Caillon*, pour dresser sur cette machine une barre d'un pied de long, sur un pouce de large, le prix est fixé à 1 fr. ; et, pour faire des feuillures, languettes, rainures, cannelures, sur une barre d'un pied de long, chaque ligne carrée coûte 5o cent.

Fabrication des Vis.

607. On distingue plusieurs sortes de vis : 1°. les vis cylindriques à filets triangulaires ou à filets carrés ; 2°. les vis d'engrenage ; 3°. les vis coniques d'assemblage, autrement dites vis à bois. Nous avons décrit, dans le volume intitulé *Machines employées dans les constructions diverses*, page 302 et suivantes, plusieurs méthodes de construire les deux premières espèces de vis ; il nous reste à examiner de quelle manière on construit celles de la troisième espèce.

Fabrication de Vis à bois.

608. Ces vis sont d'un usage aussi commode que solide, pour les assemblages, soit en bois, soit en métal, et on en fait une grande consommation pour une infinité d'objets dans les arts;

leur fabrication a été perfectionnée en France, par MM. *Molard* et *Clément Lossen*; les procédés qu'ils ont mis en usage ont été décrits dans le *Bulletin de la Société d'Encouragement*, vol. 4, d'où nous empruntons la présente notice.

609. Les outils principaux, employés pour cette fabrication, sont au nombre de trois : un *étampoir*, un tour en l'air à archet, garni de coussinets à burins, et une fenderie pour les têtes.

610. M. *Clément Lossen* se procure des fils de fer dans les calibres qui lui sont nécessaires; s'il n'en trouve pas qui lui conviennent, il les prépare en les passant à la filière, pour les petites vis; et pour les grosses, par des coussinets tranchans, dont il règle les calibres; le tout par des moyens connus et d'un usage ordinaire. Il coupe ensuite ces fils de fer dans les longueurs convenables pour chaque espèce de vis, et c'est alors qu'il commence à employer l'étampoir pour faire les têtes de vis.

611. Cette machine est composée d'une forte lame d'acier, percée, dans sa longueur, d'une quantité de trous, dont le diamètre correspond à celui de l'arbre de la vis, de manière que leurs ouvertures supérieures soient plus larges que la partie inférieure; lorsque le corps de la vis est porté dans ses trous, il est arrêté à un point convenable, pour que la partie excédante, étant refoulée sur elle-même, à force de coups de marteau, puisse remplir la totalité de chacun des trous, s'étendre en largeur, et former en dessous un cône qui ne permette plus aux vis de descendre.

Mais, pour que cet étampoir soit parfaitement en état de soutenir les chocs réitérés des marteaux, et que les arbres des vis s'y trouvent placés dans un ordre à seconder l'opération, la lame mentionnée ci-dessus est soutenue par deux lames verticales, de même longueur et de même épaisseur, qui, étant assemblées solidement avec cette première, forment un cadre dont le vide est assez considérable pour laisser libres les corps des vis, lorsqu'ils sont placés dans les trous de la première lame; on a ménagé un rebord de chaque côté, afin qu'étant placé dans un étau, l'étampoir y soit plus solidement retenu, et que la lame percée porte particulièrement sur cet étau.

612. A l'une des extrémités des deux lames verticales est ajustée une quatrième lame, qui se meut à charnière, et s'y engage comme une lame de couteau. Cette lame, pourvue d'un manche, est armée, sur une partie de sa tranche inférieure, de petits boulons de fer, qui s'élèvent en forme de dents, entre les deux lames verticales, et reçoivent les pointes des corps des vis dans de petites fentes pratiquées pour cet effet ; lorsque l'étampoir est serré entre les mâchoires d'un étau, ces boulons servent de point d'appui aux corps des vis, pour que le refoulement du fer, qui doit en constituer les têtes, ait son effet.

613. Il est à propos de remarquer que les pointes des arbres de la vis laissent en se formant, à la partie où elles prennent naissance, un épaulement qui s'arrête exactement sur le bord des rainures pratiquées dans les petits boulons, et dont la surface est entaillée, afin que ces épaulemens ne puissent pas glisser, lorsque l'ouvrier frappe sur le bout supérieur de ces mêmes corps de vis, pour en former les têtes.

614. Nous avons dit que cette quatrième lame était hérissée, sur une partie de sa longueur, de petits boulons ; l'autre partie est percée de petits trous qui reçoivent, de même que les boulons, les pointes des corps des vis; ces trous sont destinés pour des vis plus longues que celles qui portent sur les dents.

615. M. *Lossen* a fabriqué de ces étampoirs pour toutes les espèces de vis ; ils peuvent se monter sur des étaux ou sur de

TOURS, LIMES, MEULES, ALÉSOIRS, etc. 195

petits établis, et sont pourvus d'un équipage de marteaux, mis en mouvement par un mécanisme très-simple, et au moyen desquels toutes les têtes des vis qui garnissent l'étampoir sont faites à la fois.

616. Cette première opération terminée, on s'occupe du taraudage qui se fait sur un tour en l'air et à l'archet. On sait que les arbres qui servent à tourner de cette façon sont portés sur deux poupées ; ici ces deux poupées sont en cuivre, solidement fixées à la tige de fer qui forme la base du tour, au moyen de vis de pression, qui permettent de les placer à telle distance l'une de l'autre qu'on le juge nécessaire. L'arbre dont on se sert porte, à son extrémité et du côté du support, un mandrin, dont la rondeur est constituée en grosse vis ; l'écrou de cette vis est une espèce de fond de boîte qui, à son extrémité extérieure convexe, est percée d'un trou conique pareil à ceux de l'étampoir, dans lequel on place chacune des vis que l'on veut tarauder, de manière que tout le corps se trouve dehors, et la tête arrêtée dans le trou de ce fond de boîte.

617. Dans cet état, on porte la vis du mandrin dans son écrou, et au moyen d'une grande oreille extérieure, adaptée à cet écrou, on fait entrer la totalité de cette grosse vis, dont l'extrémité est convexe, et elle se porte avec tant de force contre la tête du corps de la vis qu'on veut tarauder, que la vis ne peut ni échapper, ni vaciller, quelque forts que soient les frottemens qu'on lui fait éprouver, pour former son pas de vis. Les corps de vis étant ainsi solidement fixés, on les porte entre les coussinets qui doivent déterminer le taraudage, et c'est au moyen d'un archet, qui fait tourner l'arbre, que la vis se forme ; bien entendu que le pas de vis qu'on obtient par ce moyen, est déterminé sur l'arbre même ; et que sa touche est une lame d'acier qui, se plaçant sur une fente pratiquée sur la poupée

gauche du tour, conduit l'arbre lui-même dans son mouvement, et règle les distances du filet qui constitue la vis.

618. A la place du support ordinaire est fixée une espèce de pince très-forte, dans les mâchoires de laquelle on serre des coussinets, dont le centre est disposé de manière à correspondre avec celui du tour ; chaque coussinet présente deux tranchans, séparés par un petit espace qui détermine si précisément la hauteur et la force du filet constituant la vis, que M. *Lossen* a cru devoir supprimer celui déterminé sur l'arbre du tour, et qui ne servait qu'à l'user plus promptement. Ces tranchans se trouvent en opposition d'un coussinet à l'autre, soit pour enlever les parties de fer du corps de la vis, soit pour que le fond de chaque vis se trouve parfaitement uni, et qu'il conserve, depuis sa pointe jusqu'à sa tête, la forme conique, soit enfin pour que les filets se trouvent toujours dans la même direction, et à une égale distance les uns des autres.

619. M. *Lossen* a fait un changement au mandrin qui fixe les vis sur le tour ; il lui a donné la forme d'une pince, dont les mâchoires, pressées par deux ressorts, lui impriment un mouvement de pression élastique que l'on proportionne, par le moyen de plusieurs vis, au frottement qui est nécessaire pour empêcher les vis de tourner dans ledit mandrin, jusqu'au moment où il s'agit de tourner les têtes ; ce qui se fait par la pince même, lorsqu'on termine la vis. Il obtient, par ce procédé, des vis si bien terminées des deux bouts, qu'on ne peut s'apercevoir par où elles ont été tenues en les fabriquant.

620. On doit remarquer que cette manière de former les filets par des outils très-tranchans, au lieu de les obtenir par la pression, comme ceux des pas de vis en général, donne l'avantage de les faire très-minces et très-tranchans, ce qui les rend propres à pénétrer dans les bois les plus durs. Les

instrumens que l'on emploie ne s'usent point aussi promptement que par les autres procédés, et se réparent plus facilement.

Pour refendre la tête des vis, on établit une plaque d'acier, portée sur trois pieds, et solidement fixée sur un établi, pour rendre cette plaque immobile, et la faire résister aux efforts de l'opération. Cette plaque est percée de plusieurs rangées de trous, tant en long qu'en travers, disposés sur un même alignement; ces trous sont faits de manière, que les têtes des vis, y étant engagées, ne peuvent pas vaciller; pour cet effet, chaque rangée de trous, dans le travers de la plaque, doit être d'une grandeur égale, mais chaque rangée transversale est disposée pour différentes grosseurs de têtes de vis; elle est coupée dans le milieu du diamètre par une rainure, dont la profondeur est égale à celle qu'il faut donner à chaque genre de tête. Ces mêmes rainures servent à diriger une lame de scie qu'on porte sur ces têtes pour les refendre; on parvient, par ce moyen, à refendre toutes les têtes des vis qui se trouvent sur une même rangée transversale. Cette opération est la dernière.

APPENDIX.

621. Nous réunirons dans cet appendix quelques instrumens et machines qui ne pouvaient être insérés dans aucune des séries de machines métallurgiques que nous avons examinées dans les sept Chapitres de ce livre. Ces instrumens et machines sont, 1°. les poches et les chaudières mobiles employées dans les fonderies; 2°. les machines à amalgamer l'or avec le mercure; 3°. une machine de M. *Ross*, pour séparer la limaille de fer de la limaille d'autres métaux.

Poches.

622. On appelle *poches*, de grandes cuillers de fer, que l'on enduit intérieurement et extérieurement d'une couche d'argile que l'on fait sécher ensuite : cette couche préserve, de l'action de la fonte liquide, le fer avec lequel ces cuillers sont formées. On puise la fonte avec ces poches, pour la couler dans les moules. Comme la chaleur du foyer est très-grande, et que les fondeurs, en puisant la fonte, sont exposés à se brûler, ils ont soin de se couvrir les bras d'une manche de toile mouillée, qu'ils placent du côté qui approche le plus du feu.

Chaudières mobiles.

623. Comme la fonte se refroidit et se solidifie très-promptement lorsqu'on la puise avec la poche, on évite cet inconvénient en la recevant d'abord dans une grande chaudière, que l'on a entièrement enduite d'argile, comme cela se pratique pour les *poches*. Cette chaudière est enveloppée d'un châssis de fer, réuni à une grande barre, avec laquelle on peut l'enlever par le moyen d'une grue et d'un moufle, et la manœuvrer commodément.

Les moules se placent dans un arc de cercle dont le pied de la grue est le centre; on transporte la chaudière, pleine de fonte liquide au-dessus des moules; à l'aide de grands leviers on l'incline pour remplir chacun d'eux.

Machine à amalgamer l'or avec le mercure, Pl. XXVI, fig. 1, 2, 3.

624. On sait que, pour purifier l'or, c'est-à-dire, pour le séparer des autres métaux moins précieux, avec lesquels il est combiné, il faut l'amalgamer avec le mercure qui a la propriété de s'en emparer en le dissolvant. La machine que l'on emploie

à cet usage, est composée d'une ou de plusieurs meules, dont l'objet est d'agiter fortement le mercure et les autres matières qui ont été déposés dans un cylindre creux en fonte ; la cavité duquel est en partie occupée par la meule, comme on le voit, fig. 1, qui représente la coupe d'un des cylindres. La meule *a a* est soutenue par une tige *b b*, fixée à l'étrier de fer *c c*; cet étrier a trois branches verticales, disposées en tiers points. Cette meule a dans sa partie supérieure, une cavité *x x* en forme d'entonnoir, pour que la matière mise en mouvement circule à cet effet ; et pour favoriser complétement cette circulation, la meule ne touche à aucune des parois du cylindre qui la contient. Il faut cependant que le métal ne puisse s'échapper par l'ouverture que la tige *b b* traverse ; à cet effet, un tuyau cylindrique *q q* s'élève du fond du cylindre dont il fait partie, et il est bouché dans sa partie supérieure par des tampons cylindriques en bois, au travers desquels la tige passe librement, mais ne peut ballotter. La meule, qui est cerclée en fer, porte dans sa partie inférieure de petites lames saillantes *t t t t* qui servent à augmenter l'agitation produite par la rotation de la meule.

625. La fig. 3 représente le plan d'une machine composée de trois cylindres, et conséquemment de trois meules tournantes. On voit fig. 2, une élévation latérale de cette même machine.

Le cylindre du milieu est surmonté d'une espèce de baquet *a*, dans lequel on dépose les matières que l'on veut soumettre à l'action des meules.

Ce baquet est lui-même surmonté d'une petite trémie *b*, et au-dessous correspond un canal *d d*, qui conduit et distribue la matière que l'on fait passer du baquet *a* aux trois cylindres *m m m*. Un tuyau *x x* conduit de l'eau à deux robinets ; l'un verse de l'eau dans le baquet a, et l'autre, dans une cuvette p qui sert au lavage.

626. La meule tournante de chaque cylindre est mise en mouvement absolument de la même manière que la meule d'un moulin à blé. Un rouet f engrène avec la lanterne g, dans laquelle est enfilé l'axe vertical k, lequel repose sur un palier l, qui peut avoir un mouvement de rotation autour du point x ; son extrémité y est adaptée à une tige z, terminée en vis, de manière qu'en faisant tourner l'écrou v on peut, à volonté, abaisser ou élever la meule. — A, est une cassette qui contient un *compteur* destiné à marquer sur un cadran (dont on voit le profil en u), le nombre de révolutions faites par les meules en un temps donné.

627. Lorsqu'on veut se servir de cette machine, on jette d'abord le minerai dans la petite trémie b. Ce minerai a été préalablement lavé et pénétré d'une certaine quantité de sel marin ; le minerai descend peu à peu dans le baquet a, dont l'ouverture qui correspond au canal d est bouchée ; on imprime à ce baquet un mouvement de rotation sur son axe, avant que les matières déposées soient bien mélangées.

628. Le baquet étant rempli, on met le moulin en action, on ouvre le robinet i, qui verse de l'eau dans le baquet a qu'on débouche ; cette eau entraîne le minerai dans le canal d, d'où il passe dans les cylindres $m\ m\ m$. Les meules tournent, et l'amalgame de l'or et du mercure s'opère.

L'amalgamation faite, on procède au lavage qui s'exécute à l'aide d'une eau courante qui entraîne les terres et dépouille l'amalgame non combiné avec le mercure. Cette opération se fait dans une cuve de bois de forme conique, dont le fond est disposé en pente vers le centre, et où se trouve un robinet enchâssé perpendiculairement. On imprime à cette cuve un mouvement circulaire, afin que le minerai soit toujours agité et emporté par le courant d'eau, tandis que le mercure allié avec l'or et l'argent tombe par sa pesanteur spécifique au fond de la cuve. Nous ne décrirons point les procédés ultérieurs pour séparer l'or et l'argent d'avec le mercure, ces procédés appartenant entièrement à la chimie.

Machine de M. Ross, pour séparer la limaille de fer de la limaille de cuivre ou d'autres métaux, Pl. XXVI, fig. 5.

629. Les fondeurs de cuivre, les orfèvres, les bijoutiers, les fabricans de plaqué, de boutons et d'autres objets métalliques, ont souvent besoin de séparer les copeaux et la limaille du fer, des fragmens d'autres métaux avec lesquels ils sont mélangés; ils emploient communément à cet usage un barreau aimanté qu'ils plongent dans la boîte qui renferme ces matières. M. *Ross* est parvenu à remplacer cette opération longue et fatigante, par un moyen aussi simple qu'expéditif. La machine qu'il a inventée est représentée Pl. XXVI, fig. 5. Elle consiste, 1°. en deux boîtes a a, dans lesquelles on dépose les limailles des différens métaux dont on veut séparer celle de fer; 2°. en un axe tournant b b, armé d'une manivelle en c; 3°. en une pièce de cuivre d d qui a la forme d'un segment de cercle ou d'un bras d'ancre, à chaque extrémité duquel sont fixés des barreaux aimantés f en fer à cheval. La pièce d d est adaptée à l'axe b b, de telle sorte qu'elle est obligée de suivre les mouvemens que la manivelle c imprime à cet axe.

630. Pour mettre en action cette machine, il suffit qu'un ouvrier communique à la manivelle c un mouvement alternatif d'avant en arrière, et d'arrière en avant; alors les barreaux aimantés plongent alternativement dans les boîtes a a, et se chargent, à chaque oscillation, d'une certaine quantité de limaille

de fer. Lorsque les barreaux aimantés, placés à un des bras de la pièce dd, plongent dans la caisse qui leur correspond, les barreaux adaptés à l'autre bras, se trouvent précisément au-dessus de la caisse intermédiaire B, et dans ce même instant ils sont dépouillés de la limaille qui leur est adhérente, par le choc produit par la percussion des autres barreaux sur le fond de la caisse où ils plongent.

631. Cette manœuvre se répète autant de fois qu'il le faut pour enlever toute la limaille de fer éparse dans les deux caisses $a\,a$.

LIVRE SECOND.

Machines employées dans les Papeteries et dans les Imprimeries.

632. Ce Livre ne contient que deux Chapitres, le premier, est consacré à la fabrication du papier; le second, à la plus importante de toutes les préparations que l'on fait éprouver au papier, c'est-à-dire, à l'impression.

CHAPITRE PREMIER.

Machines qui servent à la fabrication du papier.

633. Le papier dont on fait usage aujourd'hui en Europe, est formé de vieux linge usé qu'on a mis au rebut, et qui ne peut servir à aucun autre usage. On ignore à qui l'on doit l'importation en Europe de la précieuse découverte d'employer d'une manière aussi utile, la matière très-commune et très-abondante que fournissent les débris de nos vêtemens, matière qui se renouvelle sans cesse, et dont la préparation est aussi prompte que facile. Il paraît que c'est aux Chinois qu'appartient l'honneur d'avoir inventé cette espèce de papier; et, si l'on en croit un traité chinois, sur l'origine et la fabrication du papier, dont l'extrait est inséré dans l'*Histoire des voyages*, tome 22, ce fut vers la fin du premier siècle de l'ère chrétienne, qu'un grand Mandarin du palais trouva le

moyen de réduire en pâte fine, l'écorce de différens arbres, les vieilles étoffes de soie et les vieilles toiles, en les faisant bouillir dans l'eau pour en composer diverses sortes de papier.

634. Le P. *de Montfaucon*, dans un savant mémoire (que l'on lit avec intérêt dans le 6°. volume des mémoires de l'Académie royale des inscriptions et belles-lettres), a réuni tous les documens que sa profonde érudition pouvait lui suggérer, pour constater l'époque de l'introduction du papier de chiffons en Europe. Le plus ancien et le plus précis de ces documens, est celui que lui a fourni le *Traité contre les Juifs*, par *Pierre Maurice*, dit le *Vénérable*, contemporain de saint *Bernard*, et qui mourut en 1153. On trouve dans cet ouvrage un passage dont voici la traduction. « Les livres que nous lisons tous les jours, sont faits de peau de bélier ou de bouc ou de veau, ou de plantes orientales, ou enfin de chiffons. »

635. Avant cette époque, le papier de coton était déjà en usage. Le P. *de Montfaucon* prouve qu'il commença à être employé dans l'empire d'Occident au neuvième siècle ou environ. Il existe à la bibliothèque du roi un manuscrit en papier de coton, avec la date; il est numéroté 2889, et fut écrit en 1050.

636. Le papier employé chez les Romains et les Grecs était formé avec l'écorce d'une plante aquatique d'Égypte, appelée *papyrus*. *Pline* nous a transmis (liv. 13, chap. 12) quelques détails sur la fabrication de cette espèce de papier, d'où il résulte, que ce n'était point l'écorce extérieure de la plante qui servait à former ce papier, mais seulement les lames intérieures, et que le papier était d'autant meilleur que ces lames avaient été prises plus loin de l'écorce. Il existait donc à Rome du papier de plusieurs qualités et de plusieurs prix.

637. Le papier de Saïs était composé des rognures de rebut que l'on portait de cette ville.

Le papier ténéotique, se faisait avec les lames qui touchent le plus près l'écorce, et se vendait au poids, n'ayant aucun degré de bonté.

Après les lames qui suivent immédiatement l'écorce, on trouvait la matière du beau papier qui se préparait de la manière suivante :

638. On assemblait, sur une table, des lames de toute la longueur qu'on pouvait conserver, et on les croisait par d'autres lames transversales, qu'on collait ensuite par le moyen de l'eau et de la presse ; ainsi ce papier était formé de deux ou trois couches de lames croisées.

639. Une tige de papyrus ne pouvait guère fournir plus de vingt lames. On avait soin avant d'employer ces lames, de les faire sécher au soleil, et ensuite de les trier, c'est-à-dire, de les séparer suivant leurs qualités propres à former diverses espèces de papiers.

640. Le plus beau papier de papyrus n'avait jamais plus de 13 doigts de largeur. Ce papier, pour être parfait, devait être mince, compact, blanc et uni. On le lissait avec une dent ou une coquille, pour l'empêcher de boire et pour lui donner de l'éclat. Il recevait une colle préparée soit avec de la fleur de farine détrempée dans de l'eau bouillante, sur laquelle on jetait quelques gouttes de vinaigre ; soit avec de la mie de pain levé, détrempée dans de l'eau bouillante, et passée à l'étamine.

641. Le papier était ensuite battu avec le marteau, passé à une seconde colle, mis sous la presse, et rebattu à coups de marteau.

642. On trouve des détails plus circonstanciés sur le papier des anciens, dans un beau mémoire du comte *de Caylus*, inséré parmi les *Mémoires de l'Académie des inscriptions et belles-lettres*, pour 1758.

Moulins à Papiers.

643. Les chiffons, qui sont la matière première du papier, après avoir été lessivés et triés, sont déposés dans le *pourissoir*, c'est une grande cuve de pierre de taille qui a communément 16 pieds de long, 10 de large et 3 de profondeur : les côtés de cette cuve sont cimentés ; mais le fond ne l'est point, et cela afin que l'eau jetée sur les chiffons qu'elle contient, puisse s'égoutter d'elle-même.

644. Le pourissoir est, comme son nom l'indique, destiné à faire fermenter les chiffons, et pour ainsi dire à les faire pourir.

645. L'opération du pourissage consiste à verser, à des époques déterminées, de l'eau dans la cuve, et à retourner les matières pour faciliter la fermentation. Elle dure communément cinq à six semaines, et elle cesse lorsque la fermentation a produit dans la cuve une température tellement élevée, qu'on ne puisse y tenir la main plongée pendant quelques secondes.

646. Les chiffons, au sortir du pourissoir, sont lavés et dégorgés, puis ils sont soumis à l'action des moulins, pour être broyés, triturés et réduits en une pâte claire, par le moyen de maillets, ou bien par le moyen de cylindres, armés de lames tranchantes.

Moulins à maillet, Pl. XXV, fig. 3, 4.

647. Ces moulins sont mus ordinairement par une roue hydraulique, dont l'arbre met en mouvement une douzaine de pilons, plus ou moins, suivant la force du moteur, et suivant l'importance de l'établissement.

648. La fig. 3 représente un des maillets qui, comme on le voit, est soulevé par les cames de l'arbre *a*, et retombe par son propre poids.

MACH. EMPLOYÉES DANS LES PAPETERIES. 207

L'extrémité *p*, sur laquelle les cames agissent, est garnie d'une platine en fer, longue de 8 à 9 pouces, et est fortifiée par une frette en fer *c*, serrée fortement par des coins. L'extrémité opposée, ou la queue du maillet, est aussi garnie d'une frette *d* bridée par des coins. On remarque, à cette même extrémité, une entaille *m* sur laquelle le crochet *q* s'appuie, pour tenir le maillet élevé lorsqu'on veut qu'il ne batte point.

649. Lorsque l'ouvrier qui dirige le moulin veut accrocher un maillet, il se sert d'un levier (fig. 4); ce levier est garni d'un étrier *e*, qu'il introduit en *m* (fig. 3): alors, il appuie sur l'extrémité du levier, qui lui donne la facilité d'élever sans peine le marteau, jusqu'au point d'y placer le crochet; le maillet se trouve ainsi élevé hors de la portée des cames du grand arbre qui continue de tourner.

650. Le centre de rotation du maillet est en *y*; le manche de ce maillet ayant environ 7 pieds et demi de long, aurait pu, par sa flexibilité, acquérir un mouvement d'oscillation horizontal très-préjudiciable; on a évité cet inconvénient, en plaçant, vers son extrémité antérieure deux jumelles entre lesquelles il est contenu comme dans une coulisse.

651. Le marteau B est une pièce de bois d'environ 3 pieds et demi de longueur sur 6 pouces d'équarrissage; le manche traverse une mortaise qui y est pratiquée, et un coin *d* fixe le marteau dans la position convenable. Nous avons dit qu'un moulin a plusieurs batteries; chacune d'elles est composée de trois maillets; la partie agissante des marteaux de ces diverses batteries n'est pas uniforme dans toutes. Ordinairement les marteaux de la première batterie, la plus voisine de la roue, qui ont une action plus violente à exercer, sont fortifiés par plusieurs frettes, et chacun d'eux est garni de vingt clous de fer qui ont 5 pouces de long, et environ un pouce sur 6 lignes de

base, pointus et tranchans; dans quelques moulins, le nombre de ces clous va jusqu'à quarante.

652. Les marteaux des batteries qui viennent ensuite, ont des clous à tête plate, en forme pyramidale, dont la grande base est tournée vers le bas, comme on le distingue en x. (fig. 3).

653. Les maillets de la dernière batterie n'ont aucune garniture de fer, leur tête est simplement de bois, et ils ne servent qu'à délayer la pâte.

654. Les trois marteaux de chaque batterie agissent dans une *pile* qui est une cavité pratiquée dans un gros bloc de bois de 2 pieds d'équarrissage. La pile a communément une forme ovale de 3 pieds de longueur, sur un et demi de largeur et un et demi de profondeur. Le fond de la pile est couvert d'une platine de fer d'un ou 2 pouces d'épaisseur, qui y est fixée par quatre gros clous qu'on nomme *agraffes*, de 3 pouces et demi de long.

655. Cette platine a l'inconvénient de se rouiller quand la pile est vide, ce qui occasione des taches au papier. On a proposé de faire les platines en bronze, ou bien de creuser les piles dans des blocs de pierre.

656. Un canal est placé le long et au-dessus des piles; des rigoles partent de ce canal pour aboutir à chacune d'elles; comme il importe que l'eau soit très-pure, on a soin de lui faire traverser plusieurs grilles très-fines, qui arrêtent toutes les impuretés, avant qu'elle arrive à la pile. L'eau sort par une issue pratiquée au fond de chaque pile.

Les matières sont travaillées dans les piles, pendant un temps plus ou moins long, suivant la force du moteur et suivant la nature des chiffons. Ce temps varie de 12 heures à 24.

Moulins à cylindres, Pl. XXV, fig. 5.

657. Les moulins à cylindres produisent généralement un travail plus expéditif que les moulins à maillets. Il paraît qu'ils ont été inventés en Hollande, vers le commencement du 17e. siècle.

658. Une roue hydraulique a porte sur son axe un rouet b, qui engrène avec la lanterne c, surmontée immédiatement d'un grand rouet d, lequel peut transmettre simultanément le mouvement à plusieurs cylindres, tous également disposés. Cette transmission se fait pour chacun d'eux au moyen d'un petit rouet f, annexé à l'axe même du cylindre g qui se meut très-rapidement, et fait 150 ou même 200 tours par minute.

659. On voit fig. 6, une coupe verticale de la cuve dans laquelle il tourne ; et fig. 7 une élévation latérale de cette même cuve.

Le cylindre, fig. 8, est en chêne ; il a 2 pieds de longueur, et un diamètre un peu plus grand ; sa partie convexe est garnie de vingt-huit barres de fer d'environ 15 lignes de largeur, ce qui donne au cylindre la forme d'une colonne cannelée. Ces barres de fer sont assemblées sur les deux bases du cylindre, par une platine de fer percée de vingt-huit trous, dans lesquels entrent les extrémités de chaque barre, arrondies pour cet effet, et rivées fortement en dehors. Ces barres, sont en outre retenues par des chevilles de fer ébarbées, qui passent au travers de chacune d'elles et vont entrer profondément dans le bois. Si les barres n'étaient assujetties avec solidité, et si elles venaient à se détacher durant la rotation du cylindre, qui est très-rapide ; il pourrait en résulter de graves accidens.

660. Chacune des barres a une fente ou cannelure sur sa

Des Machines employées dans diverses fabrications.

longueur, au moyen de laquelle elle peut mieux saisir, couper et déchirer les chiffons.

(Fig. 9.) Dans la partie de la cuve qui répond au cylindre, il y a une platine de métal b qui est sillonnée, de sorte que les arêtes vives dont sa surface est garnie, puissent couper le chiffon qui est forcé, par le mouvement du cylindre, de passer entre la surface et la platine.

661. Cette platine a 2 pieds et demi de long sur 7 pouces de largeur; elle est divisée sur sa largeur en deux parties : l'une a ses arêtes inclinées vers la droite, et l'autre les a vers la gauche; quand la partie droite est usée on retourne la platine, et l'on fait servir l'autre partie, en sorte qu'il n'y a jamais que la moitié qui sert. Dans quelques moulins, la platine est en fer, dans d'autres elle est en bronze.

662. Il importe que l'on puisse éloigner ou rapprocher le cylindre de la platine, suivant que le cas l'exige.

On se sert à cet effet d'un cric c (fig. 7), et d'un coin de bois n, de 7 à 8 pouces de long, qui agissent l'un et l'autre sur la traverse mobile pp, sur laquelle repose l'axe du cylindre. Le coin n étant gradué sur sa longueur sert d'indicateur pour élever également le cylindre des deux côtés, car un appareil tout-à-fait semblable est placé à l'autre bout de la cuve. C'est pour pouvoir hausser le cylindre du côté de l'engrenage sans trop d'inconvénient, qu'on emploie un petit rouet, au lieu d'une lanterne.

663. (Fig. 7.) Un tambour rr couvre le cylindre qui retient l'eau que celui-ci rejette vers le haut en tournant; cette eau trouve une issue par un petit canal qui la conduit hors du moulin, mais elle ne peut passer par ce canal qu'après avoir traversé un châssis de vergeure et un autre châssis de crin. L'eau qui sort est bourbeuse, noirâtre et chargée des immondices qui se

MACH. EMPLOYÉES DANS LES PAPETERIES. 211

sont détachées du chiffon; elle est remplacée par de l'eau pure qui est versée par le tuyau f.

664. La cuve est formée par des pièces de bois de chêne, solidement assemblées, elles sont revêtues de plomb dans leur intérieur, et tous leurs angles sont arrondis. Elle est divisée en deux parties (fig. 5); la partie g est libre, la partie P, au contraire, est occupée par les plans inclinés, par la platine et par le cylindre.

665. La fig. 6 indique une coupe sur la longueur de cette seconde partie, dans une direction perpendiculaire à celle exprimée fig. 5. — a (fig. 6) est le plan incliné par où les chiffons arrivent au cylindre. — C'est une partie concave cylindrique que l'on réserve pour le cylindre et la platine. — d est un autre plan beaucoup plus incliné, sur lequel les chiffons retombent après avoir été froissés entre le cylindre et le plateau.

Moulins hollandais, Pl. XXV, fig. 11.

666. Les moulins à papier, hollandais, sont mus par le vent, et contiennent deux sortes de cylindres, les cylindres affineurs et les cylindres émousseurs. Les premiers font environ 50 tours par minute, les seconds 80.

667. La fig. 11 représente un cylindre affineur; ce cylindre est de bois plein, garni de vingt-huit lames de fer, dont chacune est encore sillonnée à vive arête pour mieux saisir les chiffons et les déchirer sur la platine d. Une de ces lames est représentée séparément fig. 10; elle a deux entailles $e\ e$, dans lesquelles passent deux cercles de fer destinés à les assujettir sur les bases du cylindre. — $d\ d$ est la coupe verticale de la cuve à cylindre. — f est une vanne que l'on ferme, lorsqu'on veut que l'eau de la gouttière g ne soit point versée dans la cuve. — l est un châssis de vergeure pour arrêter les saletés que l'eau pourrait charrier.

La cuve a 9 pieds et demi de longueur, 4 pieds 10 pouces de largeur et 21 pouces de hauteur, mesurés intérieurement. Le cylindre a 27 pouces de longueur et autant de diamètre, y compris la saillie des barres de fer.

668. La fig. 13 représente un cylindre émousseur, qui ne sert qu'à délayer les matières au moment où on doit les employer. La concavité n'a point de platine. Le cylindre c cannelé est tout en bois et est recouvert d'un chapiteau.

Moulin conique de M. de Genssanne, Pl. XXV, fig. 14.

669. Le cône a brise la matière sur deux plans inclinés, posés de chaque côté du cône, et par conséquent chaque point de la circonférence du cône agit deux fois à chaque tour. Le cône peut être rapproché et éloigné des plans inclinés, avec plus de facilité et surtout plus de régularité que dans la machine à cylindre, où communément on n'élève qu'une des extrémités du cylindre, qui dès lors n'est plus parallèle à la platine, si ce n'est dans une seule position.

670. Le cône a, dont l'axe est vertical, est posé au centre de la cuve : deux platines $m\ m$ en bronze, sillonnées dans leur longueur, sont placées des deux côtés du cône ; ces deux platines sont inclinées de façon qu'elles soient parallèles aux côtés $r\ r$ du cône, soit qu'on l'éloigne, soit qu'on le rapproche de ces platines.

671. Le pivot inférieur du cône est placé dans une crapaudine g pratiquée au fond de la cuve, et qui est à l'extrémité du levier s, g, qui a son centre de rotation en t.

Préparations que la pâte subit au sortir des moulins.

672. Lorsque par le travail du moulin, soit à pilons, soit à cylindres, on a réduit les chiffons en une pâte liquide, et qu'on

la juge suffisamment affinée, elle passe dans des caisses de dépôt, en attendant qu'on veuille en faire usage. Dans quelques manufactures, on a eu soin de faciliter ce passage en disposant les caisses de dépôt tout autour des cuves du moulin, et en établissant des tuyaux de plomb par où la pâte coule de chacune des cuves dans la caisse correspondante. Pour donner issue à la pâte, les cuves ont une vanne. Les caisses de dépôt sont communément des auges de pierre ou de marbre, enfoncées en terre et couvertes soigneusement en bois, afin qu'aucune ordure n'y puisse pénétrer.

673. Chaque caisse a quelques ouvertures garnies de *vergeure*, pour laisser égoutter la pâte dans un canal qui règne sous ces caisses.

674. Lorsque la pâte a séjourné pendant long-temps dans les caisses de dépôt; elle y est égouttée, desséchée et durcie; il faut alors la délayer, pour en faire usage. A cet effet, on lui fait ordinairement éprouver l'action de *cylindres effleurans*, dans la cuve desquels on fait couler de l'eau très-pure (que l'on ne renouvelle pas), et avec laquelle on détrempe la pâte. La matière dans cet état, est apte à former le papier. On se sert pour cela, dans la fabrication ordinaire, de formes et de feutres.

Formes.

675. La forme ou moule du papier est un châssis garni de fils de laiton très-serrés, avec lequel on puise dans une cuve une portion de pâte presque liquide, qui, en se desséchant, forme une feuille de papier.

676. Chaque forme est composée : 1°. de quatre tringles de bois assemblées à angles droits et formant le cadre; 2°. de fils de laiton parallèles forts minces et forts serrés, tendus sur ce cadre : on leur donne le nom de *vergeure*; 3°. d'autres fils que

l'on nomme *pontuseaux*, qui traversent en dessous les fils précédens, et sont destinés à les soutenir ; 4°. sous les pontuseaux sont de petits bâtons de sapin nommés les *fûts*, qui sont perpendiculaires aux fils de vergeure ; 5°. les fils de vergeure sont parfilés, c'est-à-dire, enchaînés par un autre fil de laiton beaucoup plus délié, qu'on nomme le *manicordium*.

677. La forme ainsi composée est consolidée vers les angles, par de petites équerres de cuivre. Cette forme est surmontée d'un châssis de même grandeur, formé simplement de quatre tringles, que l'on nomme *couverture* ; la couverture produit un rebord ou élévation qui règne autour de la forme pour retenir la pâte presque liquide qu'on puise avec les formes, et qui coulerait très-vite par les bords, si rien ne s'y opposait dans les premiers instans. Cette couverture s'engage par une feuillure sur l'affût de la forme, en sorte que sans vaciller absolument, elle puisse aisément s'enlever.

Feutres.

678. Les *feutres* ou *langes* sont des pièces de drap qui s'étendent sur chaque feuille de papier ; le drap est fait exprès pour cet usage, d'une laine blanche, douce et longue. Les *feutres* ne doivent point avoir de couture, et il faut qu'ils soient bien refoulés pour qu'ils ne fassent point d'impression sur le papier.

679. Voici comment se fait une feuille de papier : un ouvrier appelé *plongeur*, tient une forme à deux mains par les deux extrémités, avec le cadre ou la couverture, appliquée exactement dessus la forme, comme si c'était une seule pièce ; alors, l'inclinant un peu, il la plonge dans une cuve remplie de pâte chauffée modérément ; il relève horizontalement la forme chargée de pâte liquide, dont le superflu s'écoule à l'instant de

tous côtés, et dont la quantité suffisante est retenue par le contour de la couverture et par son épaisseur.

680. L'ouvrier étend cette pâte sur la forme en secouant doucement de droite à gauche, et de gauche à droite, comme s'il voulait la tamiser; jusqu'à ce qu'elle soit étendue également sur toute la surface de la forme : par un autre mouvement qui se fait en avançant et reculant horizontalement la forme d'avant en arrière, et d'arrière en avant, cette matière se serre, s'unit et se perfectionne. Ces deux mouvemens sont accompagnés d'une légère secouse, qui sert à enverger la feuille, c'est-à-dire, à la fixer et à l'arrêter. Par ces divers mouvemens, cette matière si fluide, qui ne paraissait que comme une eau trouble, se lie; ses parties s'accrochent, se tiennent mutuellement, et la matière se précipite sur le grillage de laiton, tandis que l'eau passe au travers des intervalles : il reste sur la forme une vraie feuille de papier.

681. Le *plongeur* pose aussitôt la forme sur le bord de la cuve, il en ôte la couverture, qu'il place immédiatement sur une autre forme avec laquelle il plonge, pour faire une seconde feuille de papier.

682. La première forme passe dans les mains d'un autre ouvrier appelé coucheur, dont l'emploi consiste à renverser la feuille de papier sur le feutre; la feuille s'attache au feutre, dont la surface est velue, et abandonne la forme, que le *coucheur* rend au *plongeur*, et ainsi de suite.

683. En se servant de deux formes qui sont toujours en mouvement, il n'y a point de temps perdu; pendant qu'une forme se *plonge*, l'autre se *couche*; quand le plongeur passe une forme au coucheur, il en reçoit une autre qui est vide, sur laquelle il pose la couverture qu'il retire de dessus la première, et il plonge de nouveau.

684. Ces opérations se font si promptement, que l'on peut, dans les grandeurs moyennes de papier, former sept ou huit feuilles par minute ; ensorte qu'un ouvrier peut faire huit rames dans sa journée.

685. Le coucheur forme une sorte de pile, composée alternativement d'un feutre et d'une feuille de papier, d'un autre feutre et ainsi de suite. Lorsqu'il a ainsi superposé un nombre déterminé de feutres et de feuilles, il couvre la pile d'un feutre qu'on nomme le *couvercle du draon* ; et deux ouvriers la portent sous la presse.

Presses.

686. Les presses ordinaires des papeteries n'ont rien de remarquable. Chacune d'elles est ordinairement composée de deux montans en bois, emmortaisés sur un gros sommier qui les traverse par le bas, et enfourchés par le haut aux deux bouts d'un autre moindre sommier, qui forme en même temps l'écrou. Dans cet écrou tourne la vis, dont l'extrémité inférieure est noyée dans le trou d'une pièce de bois qu'on nomme la *selle* ou le *mouton* ; le pivot qui entre dans le mouton a un collet ou étranglement, dans lequel s'engage une cheville qui traverse ce mouton, et fait que la vis ne peut s'élever en tournant, sans le faire remonter en même temps.

687. On place la pile sur le sommier immobile de la presse ; on pose dessus les *mises*, qui sont des pièces de bois équarries de 2 pieds de long. Les mises étant posées, quatre hommes agissent sur un levier de 10 à 12 pieds, dont un bout entre dans la tête de la vis, et ils compriment vigoureusement la pile pour en faire égoutter l'eau. Après avoir pressé avec toute la force qu'ils sont susceptibles de produire, les quatre hommes combinent ensuite l'extrémité du levier avec un cabestan armé

MACH. EMPLOYÉES DANS LES PAPETERIES. 217
de quatre barres. Une corde sert d'intermédiaire entre l'un et l'autre.

688. La pile ayant été suffisamment comprimée on la dégage de la presse, et un ouvrier, nommé *leveur*, doit s'occuper de détacher de dessus les feutres les feuilles qui y sont appliquées par l'action de la presse. Cette opération demande de l'adresse et de l'habitude, pour ne pas déchirer les feuilles en les levant de dessus les feutres. On forme une pile de ces feuilles détachées que l'on couvre avec deux feutres; on la porte sous une petite presse appelée la *pressette*; là, on en exprime encore le peu d'eau qui pouvait y rester, mais avec modération, doucement et à plusieurs reprises, autrement on risquerait de couper le papier.

689. L'action de la pressette donne du corps au papier, et rend le grain plus uniforme en effaçant les impressions de la vergeure.

690. Il ne reste plus ensuite qu'à étendre les feuilles et les coller. Nous ne parlerons point ici du collage. L'étendoir est ordinairement une très-grande pièce, disposée de manière que l'air peut circuler facilement de tous les côtés.

691. Il serait difficile de séparer toutes les feuilles une à une, pour les étendre au sortir de la pressette; on risquerait d'en déchirer un grand nombre; mais on se contente de lever sept ou huit feuilles ensemble, ce qu'on appelle *former des pages*; on étend ces pages, qu'on passe ensuite à la colle. C'est après le collage que des ouvrières, appelées *jetteuses*, détachent avec beaucoup d'adresse, une à une, les feuilles mouillées; elles passent les feuilles détachées à l'étendeuse, qui les reçoit sur un outil nommé le *frelet*, au moyen duquel elle les dépose sur une des cordes de l'étendoir.

692. Lorsque les feuilles sont sèches, les femmes les retirent de dessus les cordes et elles les passent dans la chambre du

Des Machines employées dans diverses fabrications.

lissoir, où sont disposées des presses semblables à celles que nous avons précédemment décrites ; là, dix ou douze hommes mettent les feuilles de papier en pile sous les presses, et les ayant foulées fortement, ils les laissent en cet état pendant 12 heures. Après cela, ils les retirent et les secouent sur de grands bancs faits exprès, qui sont à côté des presses, afin de séparer les feuilles qui tiennent les unes avec les autres. On les remet ensuite une seconde fois sous la presse, où elles restent encore pendant 12 heures. Enfin, on lisse le papier : on se sert à cet effet d'un caillou de 6 pouces de long sur 2 et demi de large, et un pouce d'épaisseur, dont la base est taillée en *biseau*, pour pouvoir glisser plus facilement sur le papier sans l'écorcher.

693. Chaque feuille de papier qu'on veut lisser, se déploie de toute sa longueur sur une peau de chamois qui est attachée sur le bord d'une table. La *lisseuse* (car c'est une femme qui fait ordinairement cette opération), passe fortement son lissoir sur toute la feuille, et cela des deux côtés, en le poussant presque toujours en avant.

694. Il y a des manufactures où l'on lisse le papier avec un simple marteau à la main. Dans d'autres, on se sert de cylindre de fer bien poli, emmanché à l'extrémité d'une longue tringle de bois qui appuie fortement contre le plafond, et que l'on promène des deux mains sur le papier.

695. On lisse aussi le papier en le faisant passer dans une espèce de laminoir, composé de deux cylindres d'acier parfaitement polis. Cette méthode de cylindrer le papier, lui donne tout à la fois, de la force, de l'éclat et une épaisseur uniforme.

Machine à fabriquer le Papier sans fin.

696. M. *Robert* paraît être l'inventeur de cette machine ingénieuse. Ses essais, qui ont eu lieu en nivôse de l'an 7, l'ont

conduit à obtenir du papier d'une longueur indéterminée; le gouvernement lui donna alors, à titre d'encouragement, une somme de 8,000 fr. M. *Robert* ne donna point de suite à cette découverte; mais M. *Henri Didot*, qui en avait pressenti l'importance, s'appliqua à la perfectionner, et il se proposait de la mettre en activité lorsque des circonstances l'ont forcé de passer en Angleterre. Là, cette belle invention fut mise à exécution avec succès. *Bramah*, artiste très-habile, qui a rendu son nom célèbre par les belles applications qu'il a faites de la presse hydraulique; *Bramah*, dis-je, obtint en 1805 une patente pour divers perfectionnemens apportés à la fabrication du papier, parmi lesquels on distingue une machine analogue à celle dont nous parlons.

697. MM. *Berte* et *Grénevich*, en 1815, rapportèrent en France cette utile invention, et firent construire par M. *Calla*, une fort belle machine, qui se fait remarquer par sa parfaite exécution, et par la précision de ses mouvemens.

Voici quels sont les perfectionnemens les plus importans, indiqués dans la patente de *Bramah* :

Méthodes de Bramah (a).

1°. *Fabrication mécanique du Papier.*

698. M. *Bramah* obtint très-promptement des feuilles d'une plus grande dimension qu'à l'ordinaire et d'une épaisseur plus égale. Pour cet effet, il construit une cuve ou réservoir d'une longueur et d'une largeur proportionnées à celles des feuilles qu'on veut fabriquer, et dont la profondeur ne peut être

---

(a) *Repertory*, 8°. volume, 2°. série. — Bulletin de la Société d'Encouragement, tome 12, page 82.

moindre de 18 à 20 pouces. Ce réservoir, qu'il nomme *réservoir régulateur*, est garni intérieurement d'un châssis de bois mobile placé horizontalement, et pouvant s'élever et s'abaisser à volonté, à l'aide d'une manivelle adaptée à un axe. Le mouvement de ce châssis est réglé de manière que, lorsqu'il se trouve à sa plus grande élévation, sa surface est de niveau avec le bord d'un des côtés du réservoir, qui est plus bas que les trois autres ; et, quand il est descendu au fond de ce même réservoir, il se trouve à quelques pouces au-dessous du bord du côté le plus bas. Sur ce châssis mobile repose le moule ou la forme, propre à recevoir la pâte du papier ; il en suit tous les mouvemens, soit d'élévation soit d'abaissement, en conservant une position parfaitement horizontale. L'eau qui tombe au fond du réservoir, s'échappe par une ouverture percée sur l'un des côtés, et à laquelle s'ajuste un tuyau de bois faisant une saillie d'un quart, ou d'un demi-pouce dans l'intérieur. Ce tuyau, garni extérieurement d'une bonde, forme un coude, et son extrémité doit être parfaitement de niveau avec celle qui pénètre dans le réservoir, afin de juger de la quantité d'eau qu'il contient. L'orifice intérieur du tuyau de décharge est fermé par une soupape qui s'ouvre quand le châssis s'élève, et se ferme lorsqu'il descend au fond de la cuve.

699. Une seconde cuve, dont la forme et les dimensions sont les plus appropriées à l'objet de la fabrication, est placée au-dessus de celle que nous venons de décrire, et se vide dans cette dernière ; elle est garnie intérieurement d'un hérisson ou agitateur, destiné à empêcher le mélange inégal de la pâte avec l'eau. Entre cette cuve, que l'on nomme *cuve alimentaire* et le réservoir régulateur, est établie une communication, au moyen d'une large rigole, qui aboutit dans ce réservoir au-dessus du châssis lorsqu'il est abaissé, et dont l'orifice est garni d'une

vanne qui se ferme quand la forme s'élève, et s'ouvre quand elle descend.

700. Tout étant ainsi disposé, on remplit d'eau le réservoir régulateur, jusqu'à ce qu'il se décharge par l'orifice extérieur du tuyau; on abaisse la forme qui se trouve alors immergée à un quart ou un demi-pouce, et l'eau ne peut s'échapper, la soupape étant fermée. Au même instant, la vanne du réservoir alimentaire s'ouvre, et la pâte qu'il contient se répand sur la surface, en toile métallique, de la forme, en quantité suffisante pour produire une feuille de papier; elle se ferme aussitôt que cette opération est achevée; ensuite le châssis est élevé graduellement par l'effet du mécanisme, et dès qu'il a atteint sa plus grande hauteur, la soupape du tuyau de décharge s'ouvre, l'eau passe à travers les interstices de la toile métallique, et s'échappe par ce tuyau. Pour ne pas interrompre cette fabrication, la forme, chargée de la feuille de papier, est enlevée et remplacée immédiatement par une autre forme que l'ouvrier pose sur un châssis mobile; l'opération se continue ainsi avec autant de régularité que de promptitude.

2º. *Fabrication de feuilles de Papier sans fin.*

701. On construit une roue, ou châssis circulaire, composée de trois cercles en bois mince ou en métal, dont le diamètre est de 3 pieds ou plus, la largeur est proportionnée à celle du papier qu'on veut faire. Cette roue est montée sur un axe horizontal; sa circonférence est garnie, de chaque côté, d'une planche qui forme les rebords des deux cercles extrêmes, et empêche que le fluide qui passe dessus s'échappe latéralement. Les cercles sont réunis entre eux et suffisamment écartés par un certain nombre de traverses minces, exactement semblables à celles dont on se sert pour assembler les formes à papier ordinaire.

On couvre ensuite la roue sur toute sa circonférence, d'une toile métallique, pour obtenir une forme cylindrique; les deux bouts de cette toile métallique, qui doit être fortement tendue, sont joints le plus exactement possible.

702. Cette roue étant ainsi établie, et pouvant être mue à main ou de toute autre manière, on place au-dessus le réservoir alimentaire, rempli d'une quantité proportionnée de pâte, laquelle, aussitôt que la vanne est levée, se décharge sur la forme au fur et à mesure que la roue tourne. Par ce moyen, la pâte se distribue également sur toute la circonférence de la roue, tandis que l'eau s'écoule à travers la toile métallique; et l'on obtient ainsi une feuille de papier sans fin, très-bien fabriquée.

703. Si l'on veut obtenir des feuilles de papier dont la longueur soit égale à la circonférence de la roue, on fixe un peu au-dessous ou au-dessus de la ligne horizontale du centre de la roue et du côté opposé au réservoir alimentaire, un rouleau de feutre, qui appuie fortement sur le moule circulaire, par le moyen de deux ressorts. De cette manière, on obtient une pression toujours égale du rouleau sur la surface de la forme; et comme il tourne en sens inverse de la roue, il est indifférent d'adapter le *mobile* à l'un ou à l'autre. Ce rouleau est destiné à enlever de dessus la forme, la feuille de papier, qui passe ensuite entre deux autres rouleaux aussi couverts de feutre, et qui font l'effet d'une calandre. On peut adapter à la machine, un plus grand nombre de rouleaux; et y faire passer la feuille de papier jusqu'à ce que toute l'eau qu'elle contient en soit exprimée; ensuite, pour la sécher, on la fait passer entre des cylindres chauffés, et elle se trouve ainsi parfaitement lisse.

704. Si l'on alimente continuellement de pâte le châssis placé sur la circonférence de la roue, que l'on imprime un mouvement constamment uniforme à cette roue, et que l'opération

soit conduite avec soin et intelligence, on peut obtenir, en très-peu de temps, une quantité considérable de beau papier.

3°. *Presse hydraulique appliquée à la dessiccation du papier.*

705. M. *Bramah* a substitué aux presses ordinaires, la presse hydraulique, d'une dimension suffisante pour recevoir les plus grandes feuilles de papier. Cette presse est placée au centre de l'atelier, et un chemin de fer établi de chaque côté est destiné à recevoir de petits chariots, montés sur des galets de fonte, et chargés de la balle de papier qui doit être pressée. Ces chariots s'arrêtent entre les deux jumelles, et, après avoir reçu l'effort de la presse, sortent de l'autre côté.

706. Chaque balle de papier destinée à être pressée, est placée entre un appareil composé de deux plateaux en bois ou en métal, d'une force suffisante pour résister à la réaction du papier après que la presse a fait son effet, et de dimensions telles, qu'il puisse s'engager entre les jumelles de la presse; ces plateaux sont réunis à des distances égales, par quatre fortes barres de fer verticales qui sont fixées dans le plateau inférieur par des boulons à tête rivée, et passent à travers quatre mortaises dans le plateau supérieur qu'on peut élever et abaisser, suivant la quantité de papier qu'on veut passer, et suivant le degré de compression que le papier a éprouvé. La longueur de ces barres est un peu moindre que la hauteur de la presse entre les deux jumelles. Pour arrêter le plateau supérieur, et pour le rendre capable de résister à la réaction du papier, les quatre barres de fer sont percées, sur toute leur longueur, d'une série de trous qui reçoivent de forts boulons en fer qu'on descend à mesure que le papier est comprimé.

707. Ces appareils ainsi disposés et chargés de papier, sont ensuite conduits sous la presse au moyen de galets de fonte

adaptés sous le plateau inférieur ; mais, comme ces galets ne pourraient pas supporter l'effort de la presse sans se rompre, ils se trouvent logés dans une cavité, de sorte que le plateau inférieur repose immédiatement sur la plate-forme.

Le plateau supérieur de la presse, en descendant sur le ballot de papier, passe entre les quatre barres de fer, ou bien il est percé de quatre trous pour admettre ces barres.

708. Ces appareils ingénieux, dont M. *Ternaux* a fait l'application aux presses hydrauliques employées dans ses manufactures, donnent l'avantage de tenir comprimés les objets qui y sont enfermés aussi long-temps qu'on le désire, sans interrompre le jeu de la presse, chaque balle étant enlevée aussitôt qu'elle a été pressée.

709. On connaît trois sortes de presses hydrauliques qui dépendent toutes du même principe, que nous avons exposé dans le volume intitulé *Composition des Machines*, page 298. Dans les unes, le plateau mobile se meut du haut en bas, telle est celle que M. *Bramah* emploie pour comprimer le papier ; dans d'autres, ce plateau s'élève du bas en haut ; enfin quelques autres ont deux plateaux mobiles, et qui se meuvent en sens contraire.

710. La fig. 2, Pl. XIII, représente la coupe d'une presse hydraulique, dont le plateau $a\,a$ s'élève du bas en haut. — $b\,b$, est le châssis de la presse. — $c\,c$, le corps de pompe garni de son piston d, lequel est fixé à une forte tige qui porte le plateau $a\,a$. — e, est un corps de pompe d'un diamètre bien moindre, garni d'un petit piston x, que le levier h fait mouvoir. Le petit corps de pompe e communique avec le grand $c\,c$, par le tuyau horizontal y, fermé par un clapet.

La pompe plonge dans une bâche $g\,g$ remplie d'eau.

711. Si l'on fait mouvoir le levier h, la petite pompe e

élèvera l'eau de la bâche et la refoulera dans le grand corps de pompe $c\,c$, et par conséquent soulèvera le piston d et le plateau $a\,a$ qui le surmonte. En supposant qu'une matière quelconque soit placée sur le plateau mobile $a\,a$, et s'appuie contre le plateau fixe correspondant $f\,f$, il est évident que cette matière sera comprimée avec une force dont l'énergie dépendra du rapport qu'il y a entre les diamètres des deux corps de pompe. Car, dans cette machine, la puissance qui agit sur l'extrémité du levier h, est à la force de compression que le plateau $a\,a$ exerce, en raison du carré du diamètre de la pompe e, multiplié par la longueur qui exprime la distance entre le point de rotation du levier h, et le point t où la tige du piston est insérée, et au carré du diamètre du corps de pompe $c\,c$, multiplié par la longueur totale du levier h. Ainsi, si on suppose que le piston du grand cylindre $c\,c$ ait 8 pouces de diamètre, et le petit piston x un pouce, et que la distance du centre de rotation du levier h au point t, soit la dixième partie de la longueur totale de ce même levier; la puissance qui fait agir ce levier sera, à la compression exercée par le plateau $a\,a$, comme 1 est à 640, de sorte qu'un seul homme produirait un effort de 16,000 livres en faisant un effort de 25 livres.

712. Lorsqu'on veut desserrer la presse, on ouvre un robinet i, placé à la partie inférieure du grand corps de pompe $c\,c$. L'eau qui y est contenue s'écoulera alors dans la bâche, et permettra au grand piston de descendre.

Nous avons indiqué, § 329, et représenté, Pl. XIII, fig. 3, une petite presse qui agit du haut en bas.

713. On voit, Pl. XIII, fig. 5, une presse dont les deux plateaux se meuvent simultanément. — $a\,a$, plateau supérieur mobile, construit en fer forgé. — $b\,b$, plateau inférieur également mobile. — c, tige du piston en forme de double crémail-

Des Machines employées dans diverses fabrications.

lère, dont les dents engrènent dans celles des deux roues $e\,e$, — d, cylindre dans lequel agit le grand piston. — ff, montans en fer, entaillés en forme de crémaillère, et dont les dents engrènent dans celles des roues $e\,e$. Ces montans glissent librement dans les tuyaux $g\,g$, et font monter et descendre alternativement le plateau supérieur a auquel ils sont assemblés.

714. L'effet de cette presse est facile à concevoir. L'eau étant forcée dans le cylindre d, fait monter la double crémaillère portant le plateau inférieur, tandis que les crémaillères ff, ainsi que le plateau supérieur auquel elles sont réunies, sont forcées de descendre jusqu'à ce qu'on ait obtenu la pression désirée. Lorsqu'on veut dégager les matières pressées de dessous la presse, on vide l'eau du cylindre d par les moyens d'usage ; alors le plateau inférieur descend par son propre poids, et fait monter le plateau supérieur. En introduisant ensuite de nouvelle eau dans le cylindre, on peut recommencer l'opération.

715. M. *Murray* a adapté à ses presses, l'indicateur représenté fig. 4. Il est composé d'un tube $a\,a$, en cuivre, aboutissant d'un côté au corps de pompe A, et de l'autre à un petit cylindre b. Un tuyau creux t, est contenu dans ce cylindre, et il est annexé à un autre tuyau x qui se meut dans le cylindre f ; ces deux tuyaux qui ne forment qu'une seule pièce, agissent contre deux pistons $y\,z$, également réunis ; ce dernier est contenu dans un petit réservoir $i\,i$, rempli de mercure. Un tube en verre $l\,l$ est adapté à une échelle graduée. Il est évident que le piston z refoulera d'autant plus le mercure dans le tuyau $l\,l$, et le fera monter à une hauteur d'autant plus grande que la force exercée sur la pompe de la presse sera plus vigoureuse ; et on pourra facilement, dans tous les cas, évaluer l'effort de la pression, d'après la considération des diamètres des tuyaux mobiles et des pistons du régulateur et du poids de la

colonne de mercure, qui a pour base la surface supérieure du piston z, colonne dont la hauteur dépend de l'effort exercé. C'est d'après de semblables considérations que l'échelle du tube $l\,l$ est graduée.

Refonte du papier imprimé et du papier manuscrit.

716. L'art de la papeterie s'est accru d'une branche très-importante qui consiste dans la refonte du papier imprimé et du papier manuscrit, c'est-à-dire, dans la conversion des vieux imprimés et des manuscrits en papier de très-bonne qualité et de différentes dimensions, qu'on ne peut pas distinguer du papier ordinaire.

En l'an 2, la commission des subsistances et approvisionne-mens de la ville de Paris publia une instruction très-détaillée sur la refonte du papier. Nos industrieux voisins s'emparèrent de cette idée utile qui fut négligée en France. Il s'établit en 1800, à Bermondsey, à 9 milles de Londres, une fabrique où la refonte du papier est traitée en grand.

717. Une machine à vapeur de la force de vingt-cinq chevaux, met en action le moulin à papier et des presses hydrauliques très-vigoureuses. On y trouve trois séchoirs, chacun de 200 pieds de long, et une étuve longue de 80 pieds, traversée en tous sens par des tuyaux de cuivre dans lesquels circule la vapeur de l'eau chaude, qui sèche le papier en toute saison. On y emploie 800 ouvriers qui confectionnent chaque semaine 5 à 600 rames de papier. La consommation annuelle de cette grande fabrique est d'environ un million 400,000 livres de vieux papier.

718. Les procédés pour la refonte du papier étant plus chimiques que mécaniques, nous nous bornerons à en donner une indication sommaire.

719. Si le papier à refondre est manuscrit, voici la série des opérations qu'on lui fait subir.

720. On le met tremper dans une cuve remplie d'eau bien pure. On y ajoute peu à peu et en remuant continuellement, 2 livres d'acide sulfurique concentré pour 100 livres de papier. Le papier y est mis feuille à feuille ; le cuvier couvert, et le tout est laissé en repos jusqu'à ce que l'écriture ait entièrement disparu ; le papier est comprimé dans la liqueur au moyen d'une claie en bois qui entre exactement dans le cuvier.

721. L'acide sulfurique détruit promptement l'acide gallique et le fer qui composent l'encre à écrire ; cette opération est accélérée en brassant fortement la pâte avec de grandes palettes de bois.

722. Ensuite on laisse écouler l'eau en ouvrant une *chatepleure* adaptée au fond du cuvier ; on en ajoute une nouvelle quantité après avoir replacé la bonde ; et on brasse de nouveau à plusieurs reprises, jusqu'à ce que la pâte ne contienne plus d'acide, et que la colle soit entièrement dissoute. Lorsque le papier est suffisamment purifié, on le porte sur le cylindre raffineur, et on le traite à la manière ordinaire ; il a la même douceur et les mêmes qualités que le papier neuf.

723. S'agit-il de refondre du papier imprimé, il faut détruire l'huile et le noir de fumée qui constituent l'encre d'imprimeur. Pour cet effet, on prépare une lessive caustique de potasse, contenant au moins dix parties d'alcali sur cent de potasse. On met le papier feuille à feuille dans un cuvier de bois, sans le tasser, et on verse dessus une quantité de lessive suffisante pour le pénétrer complétement ; mais, comme la lessive froide ne dissoudrait pas aussi facilement le noir d'imprimeur que l'acide dissout l'encre, il faut l'employer chaude. Pour cet effet, on

fait communiquer, au moyen d'un tuyau, le cuvier avec une chaudière de cuivre dans laquelle l'eau est tenue en ébullition; la vapeur de cette eau, en pénétrant dans le cuvier, suffit pour échauffer la lessive et pour la rendre propre à dissoudre le noir d'imprimeur.

On laisse le papier tremper dans cette lessive chaude, pendant cinq ou six heures, au bout desquelles il sera complétement débarrassé du noir d'imprimeur. Ensuite on le soumet à l'action du cylindre raffineur, et on le traite à la manière ordinaire.

Machine à broyer les rognures de Papier pour en former de la pâte de carton, Pl. XXVI, fig. 4.

724. Un engrenage composé d'un rouet a et d'une lanterne b, met en mouvement un cône tronqué mm, qui agit dans un baquet cc, construit en douves solides et cerclé en fer.

Le cône tronqué est soutenu et traversé par l'arbre vertical q de la lanterne b; il est en bois compacte, et parfaitement arrondi. Sa surface est revêtue de lames de fer tranchantes, à l'instar des cylindres des papeteries hollandaises. La surface intérieure du baquet doit être garnie en tôle repiquée en forme de râpe; on laisse un petit intervalle entre ce revêtement et les lames du cône.

725. Un tuyau s de fer-blanc est adapté au baquet. Les ouvertures de ce tuyau correspondent au-desssus et au-dessous du tronc du cône tournant; l'objet de ce tuyau est de faciliter le mouvement de la matière contenue dans le baquet.

Le cône mm est surmonté d'une saillie repliée à angles obtus, de manière que les matières déposées au-dessus, soient continuellement repoussées du bas en haut par les parties angulaires, et soient obligées de s'introduire entre la surface repiquée du baquet et les lames tranchantes du cône *m m*, où elles sont bientôt écrasées et réduites en pâte. On abrége le travail de la machine en couvrant le baquet d'un fort plateau en bois, et en substituant de l'eau chaude à l'eau froide.

CHAPITRE SECOND.

Presses à imprimer.

Presses ordinaires d'imprimerie, Pl. XXVII, fig. 1.

726. La presse ordinaire est composée d'un châssis horizontal à coulisse *a a*, sur lequel est posé le train de la presse, qui se meut horizontalement le long de ce châssis ; le train de la presse renferme plusieurs parties, savoir :

727. Le *coffre b* dans lequel est enchâssé un marbre qui sert de support à la *forme* renfermée dans son châssis.

Le *tympan c*, fixé à charnières à une des extrémités supérieures du coffre. C'est sur ce tympan qu'on étend la feuille de papier blanc qui doit recevoir l'impression.

728. La *frisquette d*, réunie à charnières au tympan sur lequel elle s'abaisse. Ainsi, la frisquette se replie sur le tympan, et ces deux parties réunies se replient ensuite sur la forme contenue dans le coffre. Il faut que tout cet appareil puisse s'avancer sous la presse, pour y être comprimé, et ensuite qu'il puisse rétrograder, pour qu'un papier blanc soit substitué au papier imprimé. On obtient facilement cet effet au moyen d'un petit treuil garni d'une manivelle *p*; deux cordes s'enveloppent en un sens contraire sur ce treuil ; l'une d'elles passe sur un rouleau

PRESSES A IMPRIMER.

pour aller s'attacher à la face postérieure du coffre b; l'autre est fixée à la face opposée, et passe sur un autre rouleau.

La presse B B est composée d'une forte vis garnie d'un levier q; à la partie inférieure de cette vis est suspendue une platine $n\,n$.

729. On se sert de cette presse de la manière suivante. Un compagnon étend d'abord une feuille de papier blanc sur le tympan c, observant de la bien marger sur celle qui est collée au tympan. Un autre ouvrier touche la forme avec les *balles* qu'il tient des deux mains pour encrer l'œil de la lettre ; cette opération faite, il s'éloigne, continuant de distribuer l'encre sur les balles, et le premier ouvrier abaisse la frisquette sur le tympan, et celui-ci sur la forme ; ensuite saisissant de la main droite le levier q de la vis, et de la gauche la manivelle p, il fait glisser le train de la presse sous la platine $n\,n$, qui foule le tympan, et par conséquent la feuille sur la forme : il imprime de cette manière la première moitié de la feuille ; c'est-là le premier coup ; ensuite, ayant lâché le levier, il continue de tourner la manivelle pour faire glisser le train de la presse, jusqu'à ce que la seconde moitié soit sous la platine ; c'est le second coup, et la feuille est imprimée. Il déroule ensuite le tout, lève le tympan, et la frisquette pour enlever la feuille imprimée qu'il dépose sur son banc à côté du papier blanc.

730. La construction de ces presses n'est point sans défauts; elles sont ordinairement trop volumineuses, surtout celles qui sont étançonnés au plancher, suivant l'ancienne méthode. Leur charpente qui est en bois est sujette à se déjeter, et se ressent des influences hygrométriques ; il en résulte plusieurs défectuosités préjudiciables à la perfection du travail.

731. Plusieurs imprimeurs instruits ont imaginé de nouvelles presses parmi lesquelles on distingue celles de *Haas*, d'*Anisson*, de *Pierre*, de *Ridley*, de *Prosser*, de lord *Stanhope*, etc.

PRESSES A IMPRIMER.

Presse de M. Haas.

732. Elle consiste en un arçon ou poupée en fonte, scellée à un bloc de pierre. Au milieu de cette poupée se place l'écrou de cuivre dans lequel se meut la vis. Cet écrou est fixé à la manière des balanciers (284). Le levier ou *barreau* se trouve placé sur le chapeau ou sommet de la vis, et se prolonge en arrière de la presse, où il se termine en un disque qui sert de contre-poids comme aux balanciers. On conçoit que de cette manière la pression doit être bien plus vigoureuse que dans la méthode ordinaire.

Presse de M. Anisson.

733. Le problème que M. *Anisson* s'était proposé de résoudre était de pouvoir imprimer d'un seul coup et de ne point doubler. La vis de cette presse est taillée dans un cylindre d'acier, de la longueur des vis ordinaires, mais ayant sa tête un quart plus forte. Le haut porte quatre filets carrés, divisés de manière à ce que la vis puisse entrer dans l'écrou par tous les pas : les pas d'en bas sont inclinés de manière que lorsque la vis descend de 10 lignes, la platine ne descend qu'un peu plus de trois. Chaque bout de la vis porte un pivot de 15 lignes de long, l'un desquels entre par le haut dans la plaque de cuivre qui surmonte le sommier ; l'autre est engagé dans une cavité pratiquée au centre de la platine, et n'est pas assez long pour toucher au fond lorsque la vis est au bout de sa révolution.

734. Six *vis de niveau* sont placées, quatre aux coins des patins des jumelles et deux au bout du *berceau* ; leur action s'exerce sur une forte plaque de cuivre, dans laquelle le bout de chacune, réduit en une partie cylindrique de 8 lignes de diamètre, entre librement.

Deux *vis de pression* sont adaptées aux *jumelles* pour conserver le parallélisme du *sommier*.

Presse de M. Pierre.

735. La pression se fait en appuyant sur une bascule qui se trouve à côté de la jumelle, et qui est relevée par l'action d'un contre-poids.

Presse de M. Prosser.

736. Un faux sommier mobile et à ressorts est placé au-dessous du coffre du marbre. Les deux ressorts dont il est garni ont de fortes vis, pour leur donner plus ou moins de tension. Le but de ce mécanisme est d'obtenir plus d'élasticité, et par-là un foulage qui fatigue moins le papier.

Presse de M. Ridley.

737. Dans cette presse, la vis est remplacée par une barre perpendiculaire d'acier, se terminant en cône, logée dans une crapaudine placée sur la platine; la pression s'obtient au moyen d'un axe horizontal traversant les deux jumelles de la presse, auquel sont attachées trois chaînes; les deux chaînes extérieures sont destinées à abaisser la barre d'acier et la platine, la troisième sert à les relever. L'axe horizontal est terminé aux deux extrémités, par des carrés sur lesquels s'adapte d'un côté, le levier qui est mis en action par l'ouvrier, et de l'autre, une barre armée d'un poids en plomb, et qui fait l'effet d'un volant ou balancier vertical. L'axe horizontal est ramené à sa première position par un contre-poids.

Presse de M. Clymer, Pl. XXVII, fig. 2.

738. Cette presse, à laquelle son auteur a donné le nom de

PRESSES A IMPRIMER.

columbian press, a beaucoup d'analogie avec la presse de M. *Ridley* : dans l'une et dans l'autre la vis est supprimée ; un levier composé la remplace, et produit la pression ; et enfin, une barre armée d'un contre-poids soutient la platine et la relève, lorsque l'homme moteur a cessé d'agir sur son barreau.

739. Le levier composé qui opère la pression dans la presse de M. *Clymer*, est combiné et disposé de manière à procurer à la force appliquée au barreau, l'avantage de presser la platine contre les caractères d'imprimerie, sans beaucoup d'effort, parce que les bras du levier sont dans la position la plus favorable à l'effet, au moment même de l'impression. Dans cette situation, le barreau touche contre une vis d'arrêt, de sorte que le degré de pression, une fois réglé, est toujours le même, quelle que soit la grandeur des formats qu'on imprime.

740. La fig. 2, Pl. XXVII, représente une vue perspective de cette presse. — *b b*, indique le grand levier de pression dont le centre de rotation est en *c*. — Deux tiges parallèles *d d*, réunissent le levier *b b* avec un second levier *e*, qui tourne autour du point *f*; la tringle *g* établit la communication entre le levier *e* et le barreau *h* qui est doué d'un mouvement de rotation horizontale, dans un plan perpendiculaire à celui dans lequel se meuvent les diverses pièces du levier composé *c b b d d f e*.

741. Le grand levier de pression *b b* agit immédiatement sur l'arbre vertical *s*, portant la platine *o*; son extrémité inférieure *y* forme une calotte sphérique, qui s'appuie sur une partie plane *x*, placée au-dessus de la platine et faisant corps avec elle.

742. L'arbre *s* est retenu entre deux guides *n n*, dont le but est de le maintenir dans une position exactement verticale ; ces guides sont fixés à chacune des jumelles de la presse.

743. Au-dessus du grand levier de pression *b b* est placée une

barre qq, armée d'un poids p; elle a son centre de rotation en r, et une chape t la réunit avec l'extrémité du grand levier bb.

744. Une vis d'arrêt v, adaptée à l'un des guides n, est destinée à limiter la course du barreau, et conséquemment à régler l'effort de la presse.

745. Une barre a, garnie d'un poids est adaptée à l'axe f du levier composé; nous expliquerons bientôt l'usage de cette pièce.

746. On voit en z, le train ou chariot sur lequel repose la forme; il est muni, à la manière ordinaire, du *tympan*, de la *frisquette*; etc. Au-dessous, et de chaque côté du plateau, sont deux bords relevés qui s'étendant presque dans toute la longueur forment des coulisseaux qui glissent sur les parties plates relevées des barres ll. Des réservoirs d'huile, placés entre les coulisseaux adoucissent ce mouvement.

747. Le levier composé qui agit dans cette presse est combiné de telle sorte, que ces diverses pièces prennent, par le moyen de la force appliquée au barreau, toutes les positions entre l'angle droit, quand la presse est immobile, et le paralèllisme quand elle est en action: dans ce dernier cas, le barreau h et la tringle g sont parallèles au sommier de la presse, tandis que le levier e forme un angle droit avec la tringle g. Le barreau, en venant buter contre la vis d'arrêt v, amène les tiges dd au point de se trouver presque parallèles au levier e, et à angle droit avec le grand levier bb.

748. On peut faire varier la force exercée par le levier composé, en allongeant ou en raccourcissant la tringle g au moyen d'un écrou qui la réunit au joint horizontal.

749. La barre a, avec son contre-poids, ne sert que lorsque le poids p ne peut plus produire d'effet, à cause de la position, presqu'en ligne droite, des centres des tiges dd et

de celui f du levier e, et du parallélisme du barreau et de la tringle g; dans ce cas la barre a s'élève, et son contre-poids agit avec plus d'avantage pour relever les parties mobiles de la presse, qui avaient été abaissées pendant l'impression.

750. M. *Clymer* construit ses presses entièrement en fer coulé ou forgé. Le prix d'une de ces machines, d'une fort belle exécution avec ses accessoires, est de 2,000 fr.

751. M. *Barnet*, consul des États-Unis, à Paris, a publié, sur cette presse recommandable, une notice dans laquelle il a réuni des certificats de plusieurs des plus célèbres imprimeurs de l'ancien et du nouveau continent; d'où il résulte unanimement que la presse de M. *Clymer* est, sous plusieurs rapports, préférable aux presses actuellement en usage. Le comité des arts mécaniques de la Société d'Encouragement a examiné une de ces presses, dont M. *Firmin Didot* fait maintenant usage, et un rapport favorable a été fait par l'organe de M. *Molard*.

752. Les avantages qui ont été reconnus dans la presse de M. *Clymer* sont : 1°. beaucoup de solidité et de précision; 2°. la facilité de graduer à volonté la pression; 3°. une diminution de foulage et par conséquent une plus longue conservation des caractères; 4°. plus de facilité à employer de grands formats et beaucoup moins de fatigue pour l'imprimeur, ce qui permet d'employer encore des hommes expérimentés et habiles, dont l'âge a diminué la force, à cause du peu d'effort qu'ils ont à produire pour exécuter leur travail ordinairement si pénible.

753. Un certificat de M. *Firmin Didot*, sur l'utilité de cette presse est ainsi conçu : « Cette presse, toute de fonte et de fer forgé, présente la même solidité et les mêmes avantages que celle inventée par lord *Stanhope*; les divers leviers ajoutés au barreau qui les met en jeu, semblent même exiger de la part de l'ouvrier, un moindre emploi de forces que pour les

premières. La vis, fort ingénieusement remplacée par un levier de pression, évitera probablement les réparations qui peuvent à la fin avoir lieu aux autres presses.

754. » Au moyen de ce nouveau mécanisme, des enfans de quinze ans peuvent tirer les formats ordinaires, sur papiers dits *grand-raisin* et *nom de Jésus*, et des ouvriers pourront facilement, sans éprouver la moindre peine, imprimer les plus grands formats, qu'il eût été impossible d'exécuter avec succès sur les presses ordinaires. »

Presse à vapeur.

755. Cette presse est en usage depuis quelques années à Londres, dans l'imprimerie du *Times*. La description que nous allons en donner est extraite du 15e. volume du *Bulletin de la Société d'Encouragement.*

Cette presse est fort analogue à celle des imprimeurs en taille douce, et l'action s'exerce en général par des cylindres. La cage qui la contient a 6 à 7 pieds de haut, et à peu près la même largeur; sa longueur est de 12 à 14 pieds. Tous les cylindres qui en font partie, sont placés dans des directions parallèles entre elles et perpendiculaires à la direction longitudinale de la machine. Le principe d'action qui met les cylindres en mouvement s'applique à leurs axes prolongés en dehors de la cage, du côté le plus voisin de la roue principale (volant), que fait tourner la manivelle mise en rotation par le *va et vient* du piston de la machine à vapeur.

Encre.

756. Immédiatement au-dessus du milieu de la cage, on voit un vase qui contient l'encre; elle coule par une ouverture pratiquée au fond, et qu'on peut augmenter ou diminuer à vo-

lonté. Au sortir du vase, l'encre tombe entre deux cylindres de métal qui tournent sur leurs axes et sont à très-peu près en contact. La pression qu'ils exercent sur l'encre la force à se distribuer uniformément sur leur surface, et l'atténue considérablement. De cette première paire de cylindres, l'encre passe sur d'autres qui l'étendent encore davantage, et finalement elle est déposée sur un cylindre recouvert de peau, ou de quelque matière souple, propre à transmettre l'encre aux caractères. Ces cylindres sont au nombre de six; d'abord une paire qui reçoit l'encre du vase; puis, un seul au dessous de ces deux, et qu'ils frottent; sous celui-ci, une seconde paire, et finalement sous ces derniers, le cylindre garni qui fait l'office de balles.

757. Le cylindre de métal qui se trouve immédiatement au-dessous de la première paire, a un double mouvement, l'un de rotation sur son axe, et l'autre de va et vient parallèlement à ce même axe. Ce dernier mouvement contribue à étendre l'encre sur une plus grande surface et avec plus d'égalité.

758. Un des grands avantages de ce procédé est la finesse qu'il procure à l'encre, et l'égalité remarquable avec laquelle elle se distribue sur les caractères, uniformité bien supérieure à ce qu'on peut obtenir par l'action ordinaire de la main, surtout lorsque l'impression est très-rapide. Le système des cylindres pour la distribution de l'encre occupe environ 18 pouces ou 2 pieds de hauteur, au milieu de la cage, et les deux parties de la presse qui se trouvent de part et d'autre de ces cylindres se ressemblent exactement; chacun a, pour ainsi dire, sa presse à rouleau, de manière que l'ouvrage se fait à double avec les mêmes caractères.

Papier.

759. Dans chacune des deux régions de la presse, comprises

PRESSES A IMPRIMER. 239

entre les cylindres à encre, et l'extrémité, se trouve un grand cylindre de bois, de dimension telle que trois feuilles de papier à imprimer couvrent sa circonférence entière. Chacun de ces deux cylindres tourne bien sur son axe, mais leur mouvement n'y est pas uniforme; ils ne font à la fois qu'un tiers de révolution, et ils restent ensuite stationnaires pendant quelques secondes; leur surface supérieure, pendant chaque arrêt, présente toujours un espace vacant, de la grandeur de la feuille à imprimer. Un ouvrier est debout tout auprès, sur une petite plate-forme; il a à côté de lui un tas de feuilles humectées; il en prend une par ses deux coins; il l'étend sur l'endroit vacant, et l'y ajuste de la main, pendant que le cylindre est en repos; celui-ci fait un tiers de tour, un nouvel espace vacant se présente, il est garni de même, etc. Lorsque la machine est en pleine et parfaite action, chacun de ces cylindres imprime 550 feuilles par heure. Les ouvriers qui servent cette machine doivent être très-actifs, dans le cas dont on vient de parler. Mais la marche ordinaire est de 450 feuilles par heure, ce qui fait une feuille tirée en 8 secondes.

Caractères.

760. Les caractères, après la composition et la mise en pages ordinaires dans une forme de fer, sont placés (les lettres en dessus) sur une plate-forme de métal, épaisse de quelques pouces, et qui est supportée par quatre petites roues, d'environ 4 pouces de diamètre, deux de chaque côté. Ces roues roulent dans deux rainures qui occupent toute la longueur de la machine, et en constituent comme la base, lorsqu'elle est en action. La plate-forme, chargée de caractères, roule facilement sur ses roues, d'un bout à l'autre de la cage, sans s'arrêter sensiblement, excepté lorsqu'elle atteint à l'une ou à l'autre

extrémité. Là on remarque un arrêt d'une ou deux secondes ; puis elle revient en arrière jusqu'à l'autre bout ; dans chacun de ces mouvemens alternatifs, elle passe sous le cylindre chargé d'encre et sous les deux qui portent chacun à leur circonférence, les feuilles de papier qui, pressées sur les caractères, prennent l'encre que ceux-ci viennent recevoir. Ils en prennent une nouvelle dose en retournant, et la donnent immédiatement au papier qui garnit le cylindre opposé. Les caractères, dans leur retour de l'extrémité vers le centre, ne touchent point le papier une seconde fois ; le cylindre qui le porte est soulevé d'un pouce ou deux, de manière à laisser le passage libre à la plate-forme en dessous.

Feuilles imprimées.

761. L'une des opérations les plus singulières du nouveau procédé, est l'enlèvement des feuilles imprimées. Ces feuilles, au lieu d'adhérer au cylindre et aux caractères, comme on pourrait l'imaginer, se présentent avec leurs bords pendans, dans la largeur du cylindre, immédiatement après qu'elles ont reçu l'impression. Un enfant de dix à onze ans est assis vers l'extrémité de la cage, le visage tourné du côté du cylindre, et là il est chargé d'enlever la feuille imprimée. Lorsqu'il la saisit, il n'y a, au premier instant, que le bord de libre ; mais le tiers de révolution prochaine du cylindre libère la feuille tout-à-fait ; l'enfant l'enlève alors, et la met sur le tas des précédentes, comme à l'ordinaire. Une partie du travail de l'enfant consiste à examiner si l'impression est parfaite, et si l'on n'y voit ni tache, ni défaut d'encre, et à avertir dès qu'il en aperçoit. Mais comme la machine est toujours mise bien en état avant qu'elle commence à travailler, ces petits accidens sont fort rares.

762. On voit donc que toute la partie du travail de la presse qui n'est pas purement mécanique, est exécutée par les deux

hommes qui garnissent de papier blanc les deux cylindres, et les deux enfans qui enlèvent les feuilles au fur et à mesure qu'elles sont imprimées, lesquelles, dans le cours ordinaire de la presse, sont au nombre de 900, et dans le cas où il faut aller plus vite, de 1100 par heure. Il y a de plus un homme qui surveille la machine à vapeur, et un autre qui soigne la mécanique autour de la presse, sans compter les manœuvres ordinaires qui apportent le papier blanc et remportent celui qui est imprimé.

763. Le tirage est beaucoup plus net que celui qu'on obtient par les procédés ordinaires, lorsqu'on travaille rapidement. Mais la supériorité de la nouvelle machine est surtout remarquable dans la rapidité extraordinaire du travail, ce qui la rend précieuse pour l'impression de tout ce qui demande une grande diligence dans l'exécution, et un tirage nombreux. Les frais considérables de l'établissement de cette machine ont été un puissant obstacle qui, jusqu'à présent, s'est opposé à sa propagation.

764. Il existe dans l'imprimerie du *Times* deux presses semblables, animées chacune par une machine à vapeur de la force de quatre chevaux; et cela pour prévenir tout retard qui résulterait d'un accident possible à l'appareil. On prétend que les frais d'établissement de chacun de ces deux appareils se sont élevés à environ 1500 livres sterling (37,500 francs).

Presse ordinaire à imprimer en taille douce.

765. Cette machine très-simple est composée de deux rouleaux, dont les tourillons traversent des entailles pratiquées dans les jumelles. Le rouleau supérieur porté des leviers disposés en croix, sur lesquels l'ouvrier agit, lorsque la presse est en action. Cet ouvrier exerce simultanément sur la croix une traction avec ses bras et une pression avec un de ses pieds.

766. Le rouleau inférieur est appuyé sur un coussinet, et

le supérieur est surmonté d'un coussinet de même forme. On rapproche plus ou moins les deux rouleaux, à l'aide de plusieurs pièces de cartons qu'on introduit sous le coussinet d'en bas et au-dessus de l'autre.

767. On met le papier qui doit recevoir l'impression, ainsi que le cuivre gravé, sur une planche; on les recouvre d'un morceau de couverture de laine, et on passe le tout entre les deux rouleaux que l'ouvrier fait tourner en agissant sur la croix; on fait ensuite rétrograder la planche en faisant tourner les rouleaux en sens contraire. Cette rétrogradation est un inconvénient; car elle produit souvent des traits doublés. Quelques imprimeurs préfèrent de ne faire passer la planche que dans un sens; dans ce cas, l'ouvrier est obligé de passer de l'autre côté de la presse pour enlever la planche et la rapporter ensuite sur le devant, ce qui cause une perte de temps considérable.

768. La plupart des presses anglaises ont des roues d'engrenage, au moyen desquelles les cylindres supérieur et inférieur ont une marche plus régulière et plus uniforme.

Presse de M. Kirkwood, Pl. XXVII, fig. 3.

769. Cette presse se distingue particulièrement par la forme de son rouleau supérieur, qui, comme on le voit fig. 3, est formé de deux parties, dont l'une est cylindrique bb, et l'autre a une ou deux parties planes. Il résulte de cette disposition que, lorsque ce cylindre arrive, en faisant sa révolution, à l'endroit aplati, la pression sur la planche et le cuivre cesse à l'instant : il se trouve même un vide entre eux, qui permet au contre-poids p, de ramener la planche et le cuivre au point de départ. De cette manière, l'ouvrier n'est point obligé de faire tourner la presse en sens contraire, pour ramener le cuivre, ni de perdre le temps en passant derrière la presse, pour le retirer, dans le cas où

l'on ne voudrait pas s'exposer à l'inconvénient de cette rétrogradation.

Les cylindres sont rapprochés ou éloignés au moyen des vis de pression x.

770. L'amélioration importante que nous venons de désigner n'est pas la seule que M. *Kirkwood* a introduite dans sa presse. Il a voulu prévenir les infidélités que les imprimeurs se permettent quelquefois, en tirant des exemplaires au-delà du nombre convenu. A cet effet, il a fixé à l'axe d'un des cylindres un compteur à cadran qui lui indique exactement le nombre des planches tirées. Ce compteur est combiné de manière à empêcher tout mouvement rétrograde.

Presse lithographique de Munich, Pl. XXVII, fig. 4, 5.

771. On distingue dans cette presse, 1°. le chariot disposé à peu près comme celui d'une presse d'imprimerie. Ce chariot est tiré en avant, au moyen d'une poulie b, à l'axe de laquelle est emmanché un levier c. Dans la surface cylindrique de cette poulie sont creusées deux gorges parallèles, dans chacune desquelles s'adapte une corde qui aboutit à la partie antérieure du chariot. On conçoit aisément qu'il suffit d'élever le bout du levier c pour faire avancer le chariot qui, lorsqu'il est abandonné à lui-même, obéit à l'action d'un poids p, qui tend à le faire rétrograder ; car ce poids est adapté à une corde fixée à la partie antérieure du chariot, et passé sur la poulie n. Une traverse z, garnie d'un coussin rembourré, est destinée à limiter la course rétrograde du chariot : une vis de pression f, qui est derrière la traverse, donne le moyen de la faire avancer ou reculer à volonté. On voit en $o\ o$ des rouleaux qui facilitent la marche du chariot.

772. Lorsqu'en agissant sur le levier c, l'imprimeur a fait

avancer le chariot, il faut l'empêcher de rétrograder : un loquet et l'*encoche* de la plaque m produisent cet effet.

773. La pression s'effectue au moyen d'un système de levier composé : 1°. d'une bascule y, dont le centre de rotation est en x; 2°. de la tringle v, qui sert d'intermédiaire entre cette bascule et le levier tt, qui tourne autour de r, et agit sur une tige gg, qui le traverse au point l, et qui correspond à un levier horizontal i, destiné à produire sur le chariot la pression requise. Ce levier se voit plus distinctement fig. 4, où il est représenté relevé : son centre de rotation est en e, et lorsqu'il est abaissé, le crochet d le saisit. C'est sur ce crochet qu'agit la bascule, pour opérer la compression : il est inséré dans la tige gg, qui, pour la mieux recevoir, a une forme fourchue dans sa partie supérieure. L'union du crochet d et de la tige gg se fait par un boulon qui permet à ce crochet d'avoir le petit mouvement de rotation nécessaire pour saisir et dessaisir l'extrémité du levier i.

774. La bascule y est mise en mouvement par le pied de l'imprimeur, qui presse sur son extrémité antérieure. Ce levier reprend sa première situation aussitôt que l'ouvrier a cessé de le comprimer; alors il obéit immédiatement à l'action du poids u (fig. 5), qui tend à le relever.

775. Dans la partie supérieure de la machine (fig. 5), on aperçoit une traverse a contre laquelle s'appuie la *frisquette*, lorsqu'elle est ouverte : plus haut, on discerne une barre inclinée qui sert de support au châssis de maculature ouvert.

LIVRE TROISIÈME.

CHAPITRE UNIQUE.

Machines employées à la préparation des Peaux.

776. La préparation des peaux est une des branches les plus importantes de la technologie; elle renferme plusieurs arts dont les produits sont de la plus grande utilité: tels sont, 1°. l'art du tanneur, dont le but est de dépouiller les peaux et les cuirs des substances qui pourraient en favoriser la putréfaction, et les combiner au contraire avec d'autres substances qui remplissent le double objet de leur donner de la force et de les préserver de la corruption; 2°. l'art du corroyeur, qui perfectionne les cuirs tannés, en leur donnant de la souplesse, de l'éclat, et d'autres qualités analogues à l'usage qu'on veut en faire; 3°. l'art du chamoiseur, qui rend les peaux de chamois, de chèvres et de moutons tellement douces et moelleuses, qu'elles nous fournissent un vêtement à la fois chaud, commode et d'une longue durée; 4°. l'art de l'hongroyeur; 5°. l'art du maroquinier, qui doivent leurs noms l'un à une préparation qui a pris naissance en Hongrie, et l'autre en Barbarie, et spécialement à Maroc; 6°. l'art du mégissier; et 7°. l'art du parcheminier, dont l'un prépare des peaux blanches qui sont d'un grand usage pour des tabliers, des doublures, des gants, etc.; le second confectionne des peaux de moutons à la chaux, les écharne, les rature, les adoucit avec la pierre-ponce, et en fait des feuilles d'une très-grande force, quoique minces,

et au moyen desquelles on rend les écrits importans, pour ainsi dire, impérissables.

777. Les arts que nous venons d'énumérer donnent naissance à une foule d'autres arts secondaires qui emploient leurs produits, et leur donnent la dernière façon qu'ils doivent avoir pour être livrés aux consommateurs. Parmi ces arts, on distingue le bottier, le cordonnier, le gantier, le culottier, le sellier, le coffretier, etc.

778. Nous avons déjà eu l'occasion de faire observer que tous les arts, qui composent le vaste domaine de la technologie, dépendent ou de la mécanique ou de la chimie, et souvent de l'une et de l'autre de ces deux sciences. Notre ouvrage n'ayant pour but que de faire connaître les procédés qui dépendent spécialement de la mécanique appliquée aux arts, le lecteur ne sera point étonné, si nous renfermons dans un petit nombre de pages ce qui concerne le grand nombre d'arts très-importans consacrés à la préparation des peaux : le motif est qu'ils ne font usage que de très-peu de machines, et que les procédés qui les concernent dépendent presque exclusivement de la chimie.

Parmi les machines qu'emploient les arts dont nous nous occupons, on distingue particulièrement les machines ou moulins qui pulvérisent le tan.

Machine à pulvériser le Tan.

779. Le *tan* n'est autre chose qu'une poudre astringente et dessiccative avec laquelle on prépare les cuirs, pour leur faire acquérir la force et la dureté nécessaires. C'est ordinairement l'écorce des jeunes chênes qu'on choisit pour faire le tan ; mais on emploie aussi à cet usage plusieurs autres matières, telles que le fruit astringent de l'*acacia vert*, cueilli avant sa maturité, les feuilles et les jeunes branches du *sumac* ou *rhus*, la noix de

galle, le redoul ou roudou *coriaria mystifolia*, et un grand nombre d'autres substances végétales.

780. Les machines à pulvériser le tan sont de quatre espèces : 1°. moulins à pilons; 2°. moulins à meule tournante verticale; 3°. moulins à meule tournante horizontale; 4°. moulins à noix conique.

Moulin à pilon pour pulvériser le tan, Pl. XXVIII, fig. 1, 2.

781. Ce moulin, mû par une roue hydraulique, contient un nombre plus ou moins grand de pilons, suivant la force du moteur qui agit sur la roue. L'arbre *a* de la roue est garni de cames *b b b b*, dont quatre correspondent à chaque pilon, et toutes sont distribuées de manière que la levée des pilons est successive et progressive.

782. L'auge ou huche *c d e* a la forme d'un quart de cylindre, et elle est établie sur une fondation solide en pierre de taille. La partie courbe *c* de la huche est composée de fortes douves liées entre elles par des clefs ou languettes de fer. Le fond *d* s'appelle la batterie; deux feuillures sont pratiquées dans cette grosse pièce de bois; l'une reçoit la courbe *c*, et l'autre le madrier *e*, qui ferme la huche du côté de l'arbre tournant.

L'écorce de chêne qui doit être pulvérisée dans ce moulin est déposée dans la partie courbe *c*, et elle passe successivement sur la batterie *d*, où elle est soumise à l'action des pilons.

783. La fig. 2 représente un des pilons vu de face; on voit que la partie inférieure de ce pilon, c'est-à-dire, la partie agissante, est armée de trois couteaux verticaux *m n p*. Les couteaux *m* et *n* ont trois taillans, dont celui du milieu est perpendiculaire aux deux autres. La figure 5 indique un couteau séparé du pilon et dessiné sur une plus grande échelle. Ce couteau a une queue *a* dont les arrêtes sont crénelées, pour mieux

retenir la filasse dont on les entoure avant de les enfoncer dans le corps du pilon.

Moulin à meule verticale tournante.

784. Ces moulins, à peu près semblables à ceux que nous avons décrits dans notre volume intitulé *Machines d'agriculture*, page 264, sont composés d'une grosse meule verticale, qui tourne sur une plate-forme circulaire. La surface cylindrique de cette meule est cannelée ou sillonnée, pour pouvoir mieux briser l'écorce. Ce moulin est mû ou par un cheval ou par un courant d'eau, ou bien par un autre moteur quelconque.

785. Quelques personnes prétendent que les meules ont le défaut de trop échauffer l'écorce, et de lui faire perdre par l'évaporation une partie de ses principes constituans les plus actifs. Dans tous les cas, on conseille d'employer l'écorce réduite en poudre, le plus tôt possible; car on a observé que l'humidité et l'évaporation l'altèrent promptement.

786. Le meunier doit veiller pour que la mouture soit exacte, et qu'il ne reste point sous la meule des morceaux plats d'écorce, qui, n'étant pas brisés et ouverts, ne peuvent produire qu'une partie de leur effet.

Moulin à meule horizontale combiné avec une machine à décharner les Peaux, Pl. XXIX, fig. 1; 2, 3.

787. Ce moulin a été inventé par M. *Thomas Bagnall* de Worsley; la fig. 3 en indique le plan; la fig. 2 l'élévation latérale, et la fig. 1 une vue de face. Il est mû par une roue hydraulique a, à l'axe de laquelle est adaptée un rouet b.

Ce rouet engrène avec la roue horizontale c, l'axe de laquelle porte une autre roue d parallèle, mais plus grande. La roue d est à double denture, et elle engrène en même temps avec le

MACH. EMPL. A LA PRÉPARATION DES PEAUX. 249

pignon f qui met en mouvement la meule g, et avec la roue d'angle x (fig. 2), qui transmet le mouvement à la machine à décharner les peaux.

788. Le rouet b dont nous avons déjà parlé, est hérissé, sur sa circonférence, de cames qui agissent sur un marteau l, dont nous expliquerons bientôt l'usage. Ces mêmes cames agissent simultanément sur une bascule $m\,m$ (fig. 2), qui fait mouvoir des taillans p.

789. Cette machine produit quatre effets différens tout à la fois : 1°. elle hache les écorces de chêne à l'aide des taillans p ; 2°. elle pulvérise entre les meules g les fragmens que les meules ont hachés ; 3°. le marteau l écrase entièrement les parties qui ont résisté à l'action des meules ; 4°. le mécanisme indiqué $q\,s\,t$ est destiné à décharner les peaux. Les trois premiers effets concourent à produire du tan parfaitement pulvérisé ; le dernier est étranger à ce but, mais il n'en est pas moins utile.

790. Les taillans p qui hachent les écorces sont composés de plusieurs lames tranchantes dont les unes sont fixées solidement sur un plancher solide $r\,r$; les autres sont encastrées en partie dans le levier o, dont le centre de rotation est en i. Ces dernières lames doivent être tellement disposées, que chacune d'elles correspond à l'espace vide entre deux des lames fixées au plancher $r\,r$. Ce plancher est percé entre ces lames, afin que les morceaux d'écorce coupés puissent tomber à travers dans le conduit u (fig. 1), qui les dirige dans la trémie des meules g. Cette trémie, qui ne diffère en rien de celle d'un moulin ordinaire, est garnie d'un auget, auquel un petit cylindre cannelé y communique un mouvement de trémoussement qui est d'autant plus accéléré que la meule a plus de vitesse.

791. L'écorce broyée par les meules tombe sur un crible à plan incliné A. Ce crible livre un libre passage au *tan* qui a

un degré de finesse suffisant ; les fragmens qui ont trop de grosseur tombent dans une sorte d'écuelle en fonte B, où la percussion violente du gros marteau l les écrase complétement. Nous avons déjà dit que ce sont les cames implantées sur la circonférence de la roue b qui élèvent le marteau qu'elles laissent retomber en s'échappant par la rotation continue de la roue. L'écuelle ou plateau B est tellement incliné, qu'à chaque percussion, le marteau force le tan écrasé de sortir par le côté opposé.

792. Examinons maintenant la construction et le mode d'agir du mécanisme $q s t$, destiné à décharner les peaux (fig. 2). L'axe du pignon x porte une manivelle 1 qui, par l'intermédiaire de la tringle 2, communique un mouvement de va et vient à la bascule 3 3, dont le centre de rotation est en 4.

Cette bascule transmet son mouvement à une pièce de bois $q t$, qui porte le couteau à décharner s. On peut augmenter ou diminuer à volonté l'étendue du mouvement de la pièce $q t$, et conséquemment du couteau s ; à cet effet, un des bras de la bascule 3 3 a plusieurs trous dans lesquels on attache une des extrémités de la tringle 2.

793. La lame du couteau à décharner s est fixée entre deux ressorts 6 6 qui lui donnent assez de mobilité pour ne pas endommager les peaux par une trop forte pression ; la lame du couteau est attachée à la pièce $q t$ par des écrous, de manière à pouvoir être enlevée et remise facilement, toutes les fois qu'il s'agit de l'aiguiser.

794. M. *Bagnall* est parvenu, par un moyen aussi simple qu'ingénieux, à soulever le couteau lorsqu'il rétrograde, de telle sorte, qu'alors il ne touche pas la peau. Cet effet est produit par un ressort 8 qui, lorsque la pièce $q t$ rétrograde, accroche un levier coudé 9 9 ; ce levier, qui a son centre de rotation en 10, est alors obligé de tourner, ce qu'il ne peut faire sans élever la pièce $q t$,

et conséquemment le couteau s. Quand au contraire la pièce q t s'avance, le levier 9 9 reprend sa première position, la pièce retombe, et le couteau peut alors agir sur la peau qui lui est soumise.

795. On peut arrêter à volonté le travail du mécanisme qui décharne les peaux sans interrompre le mouvement des autres parties du moulin : une bascule 12, 12 sert à cet effet à élever et fixer la pièce q t à une telle hauteur, que le banc C, sur lequel la peau est étendue se trouve hors de la portée du couteau.

796. Le banc C, sur lequel on travaille les peaux, est posé sur quatre roulettes qui se meuvent dans des fentes ou *ornières* tracées dans le plancher. Le but de ces ornières est d'empêcher la table de dévier.

797. La machine est munie de deux appareils semblables à celui que nous venons de décrire. Un de ces appareils agit, tandis que l'autre est inactif, pour qu'un ouvrier puisse garnir d'une peau fraîche, la table qui correspond à celui-ci.

798. Le mécanisme dont nous nous occupons, sert non-seulement pour décharner les peaux qu'on doit tanner, mais il est susceptible de plusieurs autres applications utiles. S'agit-il de préparer les peaux pour le corroyeur, on n'a qu'à enlever le couteau et le remplacer par des brosses très-dures; le travail s'exécutera avec plus de célérité et de précision qu'à bras d'hommes.

799. Il arrive souvent que les peaux sont extrêmement sales après le *débourrement*; et le lavage, en général, n'ôte pas tout-à-fait les molécules de chaux qui s'insinuent dans les pores du côté de *la fleur* ; dans ce cas, la machine de M. *Bagnall* offre le double avantage d'économiser les frais et de nettoyer les peaux mieux qu'on ne peut le faire par le travail ordinaire.

Moulin à noix conique, Pl. XXIX, fig. 4.

800. Ce moulin a beaucoup d'analogie avec un déjà employé dans les papeteries, que nous avons décrit (212), et représenté Pl. XXV, fig. 14. La partie agissante de l'un et de l'autre est un cône doué d'un mouvement de rotation horizontale, et dont la surface est hérissée de lames tranchantes qui, en se croisant avec d'autres lames semblables fixées sur une surface concave correspondante, produisent la trituration des matières soumises à l'action du moulin.

801. Le moulin à tan, représenté Pl. XXIX, fig. 4, peut être mû par un courant d'eau, ou par un autre moteur quelconque. Nous avons, dans le dessin, supprimé l'engrenage qui transmet le mouvement, lequel ne présente aucune particularité remarquable. La moitié A du cône est indiquée en coupe pour faire voir la liaison interne des parties. L'autre moitié B est vue extérieurement, et démontre la disposition des lames tranchantes (représentées séparément, fig. 5).

802. Le cône est surmonté d'une trémie $b\,b$, dans laquelle on dépose les écorces destinées à être broyées. Les lames de la partie concave sont retenues par deux colliers $c\,c$ et $d\,d$. L'axe du cône A B repose sur une crapaudine n, posée dans l'anneau d'un étrier $r\,r$. Une vis g sert à régler la position du cône, pour que les lames dont il est armé s'approchent plus ou moins de celles de la surface concave fixe.

803. Les lames tranchantes sont en fonte ou en fer forgé, on les passe sur la meule pour leur procurer le tranchant, lequel doit être donné au côté opposé à la marche du moulin, de manière que les fils des lames tournantes soient en opposition avec les fils des lames fixes.

Moulin à fouler les Peaux de chamois ou de buffles, Pl. XXVIII, fig. 3.

804. Un moulin à fouler les peaux contient une ou plusieurs batteries, composées chacune de deux gros maillets dentelés. Le nombre des batteries dépend, ou de la force motrice disponible, ou bien du degré d'activité qu'on veut donner à ce genre de travail.

805. En général, une batterie est composée : 1°. d'une *coupe* ou *pile* A; 2°. de deux maillets $d\,d$; 3°. d'un treuil t pour élever les maillets.

806. La *pile* ou *coupe* A est une cavité destinée à recevoir les peaux à fouler; la partie postérieure m est creusée dans une forte pièce de chêne, capable de résister au choc violent des marteaux; le fond b de la pile est formé par un simple madrier; cette dernière partie, n'ayant qu'à soutenir le poids des cuirs sans recevoir l'effort des maillets, n'exige qu'une grosseur médiocre.

807. Chaque maillet a un manche $m\,m$ de 7 à 8 pieds de longueur, suspendu au point y. Le maillet d a une mortaise, dans laquelle le manche m est insinué, et où il est fixé par un coin r.

808. La partie antérieure des marteaux est dentée de bas en haut, comme par échelon, pour saisir le cuir par-dessous et le faire sans cesse tourner dans la pile; par-là, toutes les parties du cuir sont foulées à leur tour. Ces dents du marteau sont taillées en queue d'aronde, c'est-à-dire, un peu rentrées vers la tête du maillet pour mieux saisir les peaux.

809. Les maillets sont mis en mouvement, ou par une roue hydraulique dont l'arbre C est garni de cames; ou de mentonnets $p\,p$ garnis de rouleaux, qui élèvent tour à tour les maillets pour les laisser retomber par la force de tout leur poids.

810. Derrière le moulin est un treuil t, sur lequel s'enveloppe

une corde qui passe quelquefois sur une poulie placée au haut du bâtis. Cette corde se termine à un anneau, pour venir s'attacher au crochet g fixé à la tête du piston ; par le moyen de ce crochet et du treuil t, on élève les maillets, et on les met hors de la portée des mentonnets $p\ p$, soit lorsqu'on veut arrêter tous les maillets du moulin, soit lorsqu'on veut suspendre l'action d'une batterie sans interrompre le travail des autres.

811. Chaque maillet donne ordinairement 15 ou 18 coups par minute. On ne doit jamais laisser battre à vide les maillets, ni laisser agir un marteau tout seul, car il frapperait contre le bois de la pile, s'il n'était accompagné d'un second qui lui renvoie les peaux aussitôt que son coup est donné ; c'est cette alternative qui produit le mouvement nécessaire aux pelottes pour une bonne foule.

812. On a essayé, pour le foulage des peaux, de substituer aux maillets que nous venons de décrire, des pilons verticaux ; mais on a reconnu qu'ils n'étaient point applicables à cette sorte de foulage, qui exige non-seulement que les peaux soient frappées, mais encore qu'elles soient continuellement mues et retournées. Ce double effet que les maillets produisent d'une manière satisfaisante, n'a pu être également produit par les pilons verticaux, et il fallait que des hommes fussent continuellement employés à faire rentrer les peaux dans les piles, à mesure que les pilons les chassaient dehors.

Machine pour grener les Cuirs façon de Russie.

813. La machine avec laquelle on donne au cuir de Russie le grain ou l'impression d'une multitude de petits losanges, consiste en un cylindre d'acier dont la surface est couverte d'un grand nombre de petites cannelures circulaires, parallèles et très-rapprochées : ce cylindre est surchargé d'une masse de pierre du

poids de 3 ou 4 cents livres. On le promène dans les deux sens, et sur un banc de bois, par le moyen d'une corde qui passe sur un cylindre de bois, garni d'une manivelle; la corde passe aussi sur deux rouleaux attachés au plancher, et sur un autre rouleau qui est à l'extrémité du banc. Le cylindre qui porte la manivelle a deux parties séparées, sur lesquelles passent les deux extrémités de la corde en sens contraire: par ce moyen, une seule manivelle peut donner au cylindre les deux mouvemens contraires de l'aller et du retour.

814. Le cylindre est soutenu et dirigé par des barres de fer placées le long du banc sur lequel il doit rouler; on étend le cuir un peu humecté sur ce banc, et l'on fait passer le cylindre sur le cuir: la marque des filets qui sont sur le cylindre demeure imprimée sur le cuir dans sa longueur; puis on le retourne, c'est-à-dire, on l'étend sur la largeur, et l'on y fait de nouveaux traits qui coupent les premiers en angles droits ou à peu près: l'intersection de ces traits forme sur la fleur du cuir des losanges ou des carrés.

Machine à fendre les Cuirs.

815. Dans plusieurs arts on fait usage de tranches de peaux très-minces, qu'on obtient en partageant les peaux dans leur épaisseur, au moyen d'une machine appropriée à cet usage.

816. Il paraît que l'art de fendre les cuirs tannés en tranches dans leur épaisseur, a pris naissance en Angleterre. M. *Lebeau* a importé en 1785 une machine à fendre le cuir, que l'on voit actuellement au Conservatoire des arts et métiers.

817. En l'an XII, M. *Buscarlet*, tanneur à Nantes, a présenté à l'Institut des peaux partagées dans leur épaisseur au moyen d'une machine de son invention. Cette machine divise la peau en plusieurs tranches, dont le nombre et l'épaisseur sont réglés

sur les usages qu'on se propose d'en faire. Si c'est une peau de mouton, par exemple, les deux premières tranches peuvent être employées pour vélin ou pour éventails, et ce qui reste peut servir à la ganterie, après avoir été confit et avoir reçu la composition de la *mégie ;* ou bien, sans aucune nouvelle préparation, aux divers emplois du vélin mince. Si on n'enlève qu'une seule tranche des peaux de mouton, ce qui reste peut être employé en chamoiserie pour gants ou culottes, etc., et même pour la forte mégisserie. Les peaux ainsi divisées peuvent aussi servir aux relieurs, aux chapeliers, aux cordonniers, et principalement aux fleuristes; car les feuilles de vélin mince sont susceptibles de prendre toutes les formes de la nature, et les conservent mieux que le taffetas ciré.

818. Les peaux de veaux soumises à la machine peuvent être divisées en deux tranches, dont l'une forme du vélin, et l'autre, qui contient le grain, recevra les préparations qu'on donne au maroquin ; ou bien elle peut fournir des bandes de cuir pour ceinturons, brides, etc.

Machine à fendre les Cuirs, de M. Warren Revere, *de Boston.*

819. Elle est composée, 1°. de deux cylindres de métal ou de toute autre matière capable d'offrir une résistance suffisante; ils sont cannelés dans toute leur longueur, et sont mus par l'intermédiaire d'un engrenage ; des vis de pression servent à rapprocher plus ou moins les deux cylindres. L'extrémité de l'axe du cylindre supérieur repose de chaque côté sur un ressort, qui tend à le faire remonter à mesure qu'on desserre les vis de pression ;

820. 2°. D'un couteau, fixé solidement à des lames métalliques, et placé de manière que les deux bouts entrent dans l'espace angulaire compris entre les deux cylindres. Le fil

du couteau étant parallèle à l'axe des cylindres, est rapproché au point de fendre la peau de la manière qui va être désignée.

821. Les lames qui soutiennent le couteau sont placées dans des rainures pratiquées aux faces internes des montans. Ces rainures sont garnies de vis et de coins, placés convenablement pour assurer la justesse et la solidité de la position du couteau. Un troisième cylindre est placé au-devant et parallèlement aux autres cylindres.

822. Voici la manière de se servir de la machine : on attache un bout de la peau qu'on veut fendre sur le dernier cylindre par des petites pointes placées à cet effet sur sa surface; on tourne ce cylindre pour y envelopper la peau, dont un bout se présente naturellement entre les deux autres cylindres. Le couteau étant fixé à sa place, on abaisse le cylindre supérieur, au moyen de vis. On fait tourner les cylindres qui attirent la peau et la présentent successivement au tranchant du couteau qui la divisera dans l'épaisseur qu'on aura jugé convenable de lui donner. A mesure que la peau sera fendue, une partie guidée par les lames, passera par-dessous la machine, et l'autre remontera vers le haut.

823. Le couteau étant immobile et placé au point de résistance entre les deux cylindres, ces cylindres ne permettent point à la peau de fléchir, mais il la présentent successivement et régulièrement au tranchant, au fur et à mesure que la coupure se fait.

824. Cette machine, dont les dimensions varient, suivant les proportions des peaux sur lesquelles on veut opérer, divise une peau en deux parties, de l'épaisseur que l'on désire, et les surfaces de ces deux parties sont si minces, qu'on n'aperçoit aucun trait du couteau.

Machine à fendre les peaux, de M. Choumert, Pl. XXI, fig. 7.

825. La peau qu'on veut refendre est passée entre deux rouleaux g, h, tandis que l'une de ses extrémités est serrée fortement entre deux tringles e qui font l'office d'une tenaille. Ces cylindres sont suspendus à des chaînes qui s'enroulent sur deux tambours n et f.

826. Le couteau ou lame tranchante i, qui opère la division des peaux, correspond exactement entre les deux rouleaux g et h qui sont placés sur des coussinets mobiles entre des vis de rappel qui servent à déterminer l'intervalle entre les cylindres et l'épaisseur de la portion de peau qu'il faut diviser. Des vis de rappel, un micromètre et des alidades $d.d$, servent à ajuster la lame tranchante avec une rigoureuse exactitude. Cette lame est placée dans un châssis de fer $l.l$ qui, lorsque la machine est en mouvement, reçoit un mouvement horizontal de va et vient.

Ce châssis glisse dans une rainure qui l'empêche de dévier, sans cependant contrarier le mouvement qu'il doit avoir. Le couteau est fixé au châssis par le moyen de plusieurs vis qui donnent la facilité de le retirer et de le remettre promptement lorsqu'il s'agit de l'affuter. A l'extrémité du rouleau f est un index qui sert à régler la refente.

827. Le moteur qui met en mouvement cette machine agit sur la manivelle o; l'axe de cette manivelle porte tout à la fois un pignon 1 et un volant d. Le pignon engrène avec la roue 2, dont l'axe porte une vis sans fin, qui met en mouvement la roue 3, adaptée à l'extrémité du cylindre f. Cette dernière roue produit deux effets, le premier consiste dans la rotation du cylindre f, qui détermine le mouvement de la peau qui, comme nous l'avons dit, est retenue par les tringles e, et est passée entre les rouleaux g et h. Le second effet résulte du

mouvement de va et vient imprimé au châssis qui porte le couteau : le mouvement dont il s'agit est produit par une manivelle adaptée à l'axe de la roue 3, qui se combine avec un joint brisé correspondant au châssis mobile du couteau. Ce dernier mécanisme n'est pas visible dans la figure.

Fabrication mécanique des Souliers.

828. M. *Brunel*, inventeur de plusieurs machines très-ingénieuses, a établi près de Londres une manufacture de souliers fabriqués mécaniquement, et dans laquelle on n'emploie que des soldats invalides, dont trente fabriquent environ 100 paires de souliers par jour.

829. La semelle et le talon du soulier se coupent d'abord au moyen d'un fer de même forme, qui agit comme emporte-pièce; et l'on obtient une semelle en deux coups de massue. Cette semelle est placée ensuite sous une machine qu'un invalide fait aller avec le pied, et qui en perce les bords de trois rangés régulières de trous, destinés à recevoir de petits clous de fer. Un autre invalide fabrique ces petits clous, à l'aide d'une machine qui coupe une lame de fer tendre et en fait des pointes de la forme et de la grandeur convenables. Cette machine agit avec une telle promptitude, qu'un seul homme en fabrique jusqu'à 60,000 par jour. Enfin, une troisième machine, qu'un invalide fait également agir, exécute simultanément la double opération de placer le petit clou dans le trou de la semelle qui lui est destiné, et de l'y fixer en l'y enfonçant fortement, de manière que la pointe ressort de 2 ou 3 lignes de l'autre côté de la semelle. Dans cet état, elle est portée dans une pièce voisine, où on la fixe à l'empeigne déjà préparée, en plaçant celle-ci sur une forme sur laquelle elle est serrée au moyen de cinq ou six étaux placés circulairement autour de la forme.

Sur les bords de l'empeigne, sont des bandes d'un cuir épais, dans lesquelles on enfonce les clous de la semelle ; enfin quelques coups de marteau attachent celle-ci à l'empeigne ; l'on dévisse les étaux, et le soulier sort de là dans sa perfection.

NOTICE

Sur les machines pour confectionner le Tabac.

830. Le tabac sort des manufactures où on le confectionne sous trois formes différentes : 1°. en poudre plus ou moins fine ; 2°. en *carottes* destinées à être râpées ; 3°. en *rolles* propres pour la pipe.

On réduit le tabac en poudre au moyen de pilons, de meules tournantes et de tamis.

Pilons.

831. Ce que nous avons dit sur les pilons dans le volume intitulé *Composition des machines*, pag. 244 et suivantes, dans le volume intitulé *Machines d'agriculture*, pag. 247, et dans ce volume, pag. 10 et 48, est en grande partie applicable aux pilons à tabac.

832. Il importe que tout le tabac déposé dans le mortier de chaque batterie puisse éprouver successivement et uniformément l'action des pilons ; voilà pourquoi on a imaginé de faire tourner horizontalement le mortier, tandis que les pilons agissent ; à cet effet, le mortier, soutenu sur un long pivot qui lui sert de centre de rotation, porte à sa partie inférieure une *dentelure*

à rochet; un cliquet mû par une bascule agit successivement sur les dents; il saisit d'abord une de ces dents, la tire, puis l'abandonne pour tirer l'autre, et ainsi de suite. La bascule reçoit l'action d'une came adaptée à l'arbre, dans lequel sont insérés en outre autant de rangs de cames qu'il y a de pilons. Chaque rang en contient ordinairement quatre.

833. La came qui agit sur la bascule ne fait autre chose que de la relever; elle est ensuite abaissée par un poids.

834. La méthode que nous venons de décrire suppose qu'un grand mortier circulaire serve pour une batterie entière, et elle n'exige point l'emploi d'un ouvrier destiné à remuer de temps à autre le tabac. Il y a des établissemens où l'on juge cette sujétion peu importante; là on se sert d'une auge comme dans les autres espèces de pilons et de brocards.

Quelquefois les pilons ont la forme indiquée Pl. XXVIII, fig. 6, où l'on voit qu'ils sont terminés par une sorte d'étoile composée de huit couteaux.

Meules.

835. Les meules employées dans la fabrication du tabac tournent de champ sur un bassin circulaire; elles n'offrent aucune particularité remarquable. Nous avons déjà décrit plusieurs de ces sortes de meules dans le volume intitulé *Machines employées dans les constructions diverses*, pag. 39, et dans le volume consacré aux machines d'agriculture, pag. 258 et 264.

Rouet à filer le Tabac.

836. Le rouet à filer le tabac est un instrument en fer, composé d'un châssis, dont les deux côtés sont percés de deux trous ronds, pour recevoir les tourillons d'un arbre sur lesquels le boudin se roule.

Les longs côtés sont réunis par une traverse et par une partie recourbée qui communique à une douille par l'ouverture de laquelle passe un boudin.

837. L'axe porte deux plateaux, dont le cercle et les rayons sont en fer, et le reste est revêtu en tôle. A une traverse d'un des plateaux est adaptée la manivelle qui met en mouvement le rouet.

838. Ce rouet peut avoir deux mouvemens de rotation, l'un dans le sens vertical, perpendiculairement à l'axe, pour tordre le boudin, l'autre, qui est celui de cet axe lui-même, est aussi vertical, mais dans une direction perpendiculaire à celle du premier mouvement. La rotation de l'axe a pour but d'envelopper le boudin à mesure qu'il est filé. Un encliquetage est destiné à empêcher la rétrogradation de l'axe, lorsqu'on met en mouvement le rouet, pour tordre le boudin. On ôte cet encliquetage lorsqu'on veut dérouler le boudin.

Les carottes sont formées par plusieurs boudins réunis par une très-forte compression.

Presses.

839. Les meilleures presses que l'on puisse employer à cet usage sont, suivant nous, les presses hydrauliques. (Voyez la description que nous en avons donnée dans le Chap. 1er. du 2e. livre, § 705 et suivans.

840. Les presses hydrauliques n'étant en usage que depuis un petit nombre d'années; dans la plupart des manufactures, les presses sont ainsi disposées.

841. La vis porte une lanterne, montée carrément sur sa partie inférieure; les platines et les fuseaux de cette lanterne sont en fer. Au-dessous de la lanterne est fixé un *sommier* de la presse, entaillé à ses extrémités, pour embrasser les supports qui dirigent sa marche.

Lorsqu'on veut faire agir cette presse, on introduit entre les fuseaux de la lanterne un long levier en fer, à l'extrémité duquel on applique la force de plusieurs hommes.

842. Voici comment une *pressée* s'exécute. On place entre le plateau fixe et le sommier soixante ou quatre-vingts moules, dont chacun doit former une carotte. Tous ces moules sont disposés ainsi qu'il suit.

843. Chaque moule est composé de deux pièces de bois, creusées en gouttières demi-cylindriques retenues entre deux planches verticales. C'est entre ces deux pièces que sont placés les boudins dont la réunion doit former une carotte.

844. Les moules qui doivent être soumis simultanément à l'action de la presse, sont placés sur des tables, et les tables rangées sous la presse à cinq, six, sept rangs de hauteur.

845. Ces tables doivent être posées bien d'aplomb en tous sens sous la presse, afin que la pression soit bien égale partout; le tabac et la presse souffriraient de la moindre inégalité.

846. Dans les grands ateliers qui contiennent plusieurs presses, on a soin de ne donner à chacune d'elles qu'un certain nombre de tours à la fois, et de les mener ainsi par degrés jusqu'au dernier point de la pression; c'est le moyen de ménager la presse, et de former des carottes plus belles et plus solides.

Pour que le tabac prenne de belles formes, il faut que les moules soient bien ronds et bien polis, qu'ils soient entretenus avec la plus grande propreté, et que les arêtes surtout en soient bien conservées, afin d'éviter qu'il ne se forme des bourrelets le long des carottes, ce qui les défait.

Machines pour râper le Tabac.

847. On a inventé en divers temps plusieurs machines pour

râper le tabac, parmi lesquelles celles que M. *Dubroca* a imaginées se font remarquer par leur construction ingénieuse et par leur travail aussi prompt que régulier.

848. M. *Dubroca* se sert de deux machines dont l'une sert à ôter la ficelle qui environne les carottes de tabac, la seconde râpe ces mêmes carottes.

849. On sait que les carottes sortant des manufactures, sont ficelées de telle sorte que chaque tour de ficelle a son nœud particulier. Si l'on présentait les carottes ainsi ficelées à l'action de la râpe, il est certain que la corde nuirait à l'opération; il faut donc en dépouiller la carotte, pour en substituer un autre sans nœuds.

M. *Dubroca* se sert à cet effet de la machine représentée Pl. XXVIII, fig. 9, qui est composée d'une coulisse *a*, d'un *valet b* et d'une vis *c* à pas carrés.

850. La coulisse *a* est formée de deux pièces de bois, jumelles, de 20 pouces de longueur, sur 2 pouces d'équarrissage, fixées parallèlement sur une table à 2 pouces de distance l'une de l'autre, par le moyen de deux traverses qui les recouvrent, et par des boulons vissés au-dessous de la table.

851. Le *valet b* est une pièce de 3 pieds 2 pouces de longueur, elle porte un montant en fer et à lunette *c*, dans laquelle doit entrer le collet de la vis *d*; une autre pièce *e* de même hauteur, mais percée d'un trou de 2 lignes de diamètre donne passage à une calotte armée de trois pointes.

852. La vis *d* passe par un écrou *f*, fixé sur la traverse qui est à la tête de la coulisse; elle porte aussi à son extrémité une calotte semblable à celle ci-dessus indiquée. Ces calottes ont pour objet de contenir la carotte *g* que l'on doit ficeler. Lorsqu'elle est fixée entre les deux calottes, de manière à ne pouvoir se déranger, on enfonce, sur le bout de la carotte, une petite

pointe attachée à un des bouts de la ficelle ; on fait ensuite passer cette ficelle par un crochet fixé sur le dessus d'une des jumelles, et on la tient légèrement d'une main, tandis que de l'autre on fait tourner la vis par le moyen de la manivelle ; alors le valet glisse en arrière, et la carotte se trouve enveloppée par la ficelle, conformément aux filets de la vis.

853. La carotte ainsi disposée est livrée à la seconde machine représentée Pl. XXVIII, fig. 8. Elle est composée : 1°. d'une vis b à pas carrés, forée intérieurement et fixée entre deux supports b et c; 2°. d'un axe auquel sont adaptés une manivelle d, un volant e, et un plateau circulaire f, armé de soixante-quatorze lames d'acier, dont les parties tranchantes sont dentelées comme les scies.

854. La vis b traverse et porte tout à la fois un assemblage mobile g, composé de plusieurs pièces dont la principale est une platine en cuivre (fig. 7), où sont fixées cinq petites roues dentées, correspondant à cinq lunettes percées dans le support h. La platine est traversée par l'écrou de la vis, de manière qu'il puisse tourner librement, ainsi qu'une grande roue dentée qui s'engrène dans les cinq petites.

855. L'écrou est en partie cylindrique et en partie carré ; la platine, qui se trouve entre deux épaulemens, a la même forme en-dessus que le support qui est à la tête de l'établi ; mais elle se termine en pointe tronquée par le bas. Elle a une entaille rectangulaire qui a pour objet d'enchâsser une barre de fer fixée sur le dessus du banc et dans la même direction que la vis ; ce qui maintient la platine dans son aplomb lorsqu'elle est en action.

856. A 4 lignes en avant de la platine, est fixé un cercle de cuivre, qui sert de support aux cinq petites roues dont les tourillons ont un bout carré qui sort hors du support pour recevoir

Des Machines employées dans diverses fabrications.

la douille d'une griffe en calotte, armée de trois pointes à sa partie concave. Chaque griffe a pour objet, de porter l'extrémité d'une carotte de tabac dont l'autre extrémité entre dans une des lunettes du support h.

857. Une corde s'enroule sur un treuil r et porte un poids s de 25 livres, qui, lorsqu'il a la liberté d'agir, déroule ladite corde et oblige le treuil de tourner et de cheminer en avant avec tout l'assemblage, ainsi que les carottes, dont les révolutions sont continues. Ces carottes sont dépouillées de la ficelle qui les entoure, au fur et à mesure que le plateau armé de lames tranchantes, opère par l'action d'un poids u et du treuil z que l'on fait tourner.

858. Lorsque les carottes sont à leur fin, on fait rétrograder tout l'assemblage jusqu'à la première position, par le moyen de deux bras x qui sont adaptés au treuil r; alors la corde qui porte le poids s, s'y enroule de nouveau, et se déroule du treuil y qui l'avait reçue lors de la première opération.

859. Si pendant la manœuvre il survient un accident, on arrête l'action du poids par le moyen d'un petit cliquet fixé à un boulon k, et que l'on engrène à la roue à rochet qui l'avoisine.

860. La râpe ou couteau f présente un croisillon à quatre branches, enveloppées sur les bouts par un cercle d'un pied de diamètre, qui en renferme un autre, dont le diamètre n'est que de 6 pouces, et qui est fixé solidement aux branches du croisillon. Ces cercles servent à fixer les lames tranchantes qui ont, à chacune de leurs extrémités, un petit tenon qui entre dans un des soixante-quatre trous percés à cet effet dans chacun des cercles.

NOTICE

Sur la fabrication mécanique des Tonneaux.

861. Il est peu d'objets qui servent à des usages plus variés et plus fréquens que les tonneaux et les futailles en général. Les Anglais, qui cultivent toutes les branches d'industrie avec une ardeur proportionnée à leur importance, n'ont pas négligé de diriger leurs recherches vers le but utile d'obtenir des procédés mécaniques aux moyens desquels la fabrication des tonneaux puisse se faire avec plus d'économie, plus de célérité et plus de précision. Leurs efforts ont été couronnés d'un heureux succès, et la France n'a pas tardé à partager ces utiles inventions : déjà une grande fabrique a été établie, et le public a vu avec satisfaction quelques-unes de ses futailles à l'exposition des produits de l'industrie française qui vient d'avoir lieu au Louvre en 1819.

862. Les fraises ou scies circulaires sont les agens qui confectionnent les tonneaux avec autant de précision que de célérité. Elles sont faites avec de la tôle d'acier ; les dents dont elles sont armées reçoivent leur forme à l'aide d'une machine fort simple, qui consiste en une plate-forme tournante sur laquelle la pièce de tôle est assujettie ; au-dessus correspond un emporte-pièce à balancier. Cette plate-forme qui a beaucoup d'analogie avec les plateaux à refendre les roues, dont nous avons parlé (564 et suivans), et qui est construite d'après les mêmes principes, décrit, à chaque révolution complète, autant de petits arcs que la scie doit avoir de dents. Elle s'arrête fixement après avoir parcouru

chacun de ces arcs, pour recevoir un coup de balancier qui emporte une dent.

863. La seule différence essentielle qui distingue la plate-forme à tailler les dents des fraises d'avec les plateaux ordinaires à refendre, consiste dans l'emploi de l'emporte-pièce à balancier, dont l'action est très-prompte, au lieu d'une lime circulaire, comme dans les plateaux à refendre.

864. La fabrication des tonneaux exige plusieurs fraises de différentes dimensions, et pourvues chacune d'un châssis ou établi dont la forme soit analogue à la grandeur et à la configuration des pièces qui doivent éprouver l'action de la fraise. Toutes ces fraises sont mues par un seul moteur, qui est un courant d'eau ou une machine à vapeur. Leur mouvement est très-rapide. Les unes, disposées comme on le voit Pl. XXV, fig. 15, donnent la première coupe en long aux pièces qui doivent former les douves.

865. La pièce a que l'on veut couper est présentée par le bout à la scie circulaire, et poussée à bras sur l'établi qui est bien lisse. Leur épaisseur est déterminée et réglée par l'éloignement d'un ais de bois b, fortement fixé à l'établi, et à une distance égale à l'épaisseur qu'on veut donner à la planche; la pièce de bois glissant contre l'ais, est mordue à cette épaisseur. Les établis qui servent à scier le bois en travers ne portent point d'ais.

866. L'établi le plus remarquable est celui sur lequel on place les douves pour leur donner une forme courbée. Cet établi est représenté Pl. XXV, fig. 16; s est la scie circulaire qui tourne entre deux bâtis $b\,c$, l'un grand, l'autre petit; sur le plus grand de ces bâtis est pratiquée une rainure $r\,r$ garnie d'une pièce de métal, afin qu'elle s'use moins. Cette rainure dirige la course du chariot $d\,d$, qui est armé de deux goujons de fer entrant librement dans la rainure.

867. On fixe sur ce châssis la douve; on la présente à l'ac-

FABRICATION MÉCANIQUE DES TONNEAUX. 269

tion de la scie s, et on fait avancer le chariot au fur et à mesure que le trait de scie se forme : il est évident que ce trait de scie décrira une courbe analogue à celle de la rainure rr. La position de la douve sur le chariot n'est pas exactement horizontale; elle doit avoir une légère inclinaison proportionnée au *chanfrein* que doivent présenter les faces latérales de cette douve.

868. Lorsque le trait de scie est donné sur un bord, on ramène le châssis, et on retourne la douve pour la façonner du côté opposé. Les grandeurs et formes différentes des tonneaux exigent des rainures de diverses courbures et des établis plus ou moins grands. Comme en général les douves n'ont qu'une épaisseur médiocre, la fraise qui doit les cintrer latéralement ne doit avoir qu'un petit diamètre, et c'est précisément la petitesse de ce diamètre qui lui permet d'agir librement dans une fente courbe.

869. La confection des fonds de tonneaux exige d'autres machines. Après que les planches qui doivent les composer ont été assemblées, on les assujettit sur une plate-forme tournante qui reçoit un mouvement rapide de rotation, tandis qu'un outil tranchant se présente à une distance du centre égale au diamètre exact que l'on veut donner au fond du tonneau; cet outil enlève circulairement tout le bois superflu, et rend le fond parfaitement rond.

870. Pendant que le mouvement de rotation continue, on présente à la circonférence du disque des espèces de rabots inclinés, qui font au-dessus et au-dessous les talus des bords du fond.

871. On lit dans le Bulletin de la société d'encouragement deux articles intéressans sur les fabriques de tonneaux établies en Écosse. L'un est inséré dans le volume de la 17e. année, pag. 137 ; le second dans celui de la 18e., pag. 179. On lit dans ce

dernier article qu'il existe à Port-Dundas une manufacture de tonneaux dans laquelle douze à quinze ouvriers fabriquent par jour plus de six cents barriques de toute dimension.

La matière des tonneaux varie suivant les usages auxquels ils sont destinés. On en fait en bois blanc pour la pêche du hareng qui a lieu dans le nord de l'Écosse, ainsi que pour rapporter du sucre des Indes : on en fabrique en chêne pour le rum. Les tonneaux qui doivent être employés pour le sucre sont envoyés pleins de houille aux Antilles ; ceux destinés au rum sont expédiés pleins d'étoffes de coton, qui sont garanties ainsi de toute espèce d'humidité.

872. D'autres tonneaux s'expédient, sans être montés, en cercles ; on fait des bottes de douves toute préparées, qui, arrivées au lieu de leur destination, ont seulement besoin d'être cerclées : elles vont principalement aux possessions anglaises d'Amérique et aux États-Unis.

Dans la même fabrique et par les mêmes procédés on refend des planches excessivement minces pour faire des tamis et des feuillets de bois précieux pour l'ébénisterie et la marqueterie pour couvrir le dos des brosses, etc. Avec les rognures du bois on fait de l'acide pyroligneux qui sert de mordant à la teinture.

FIN.

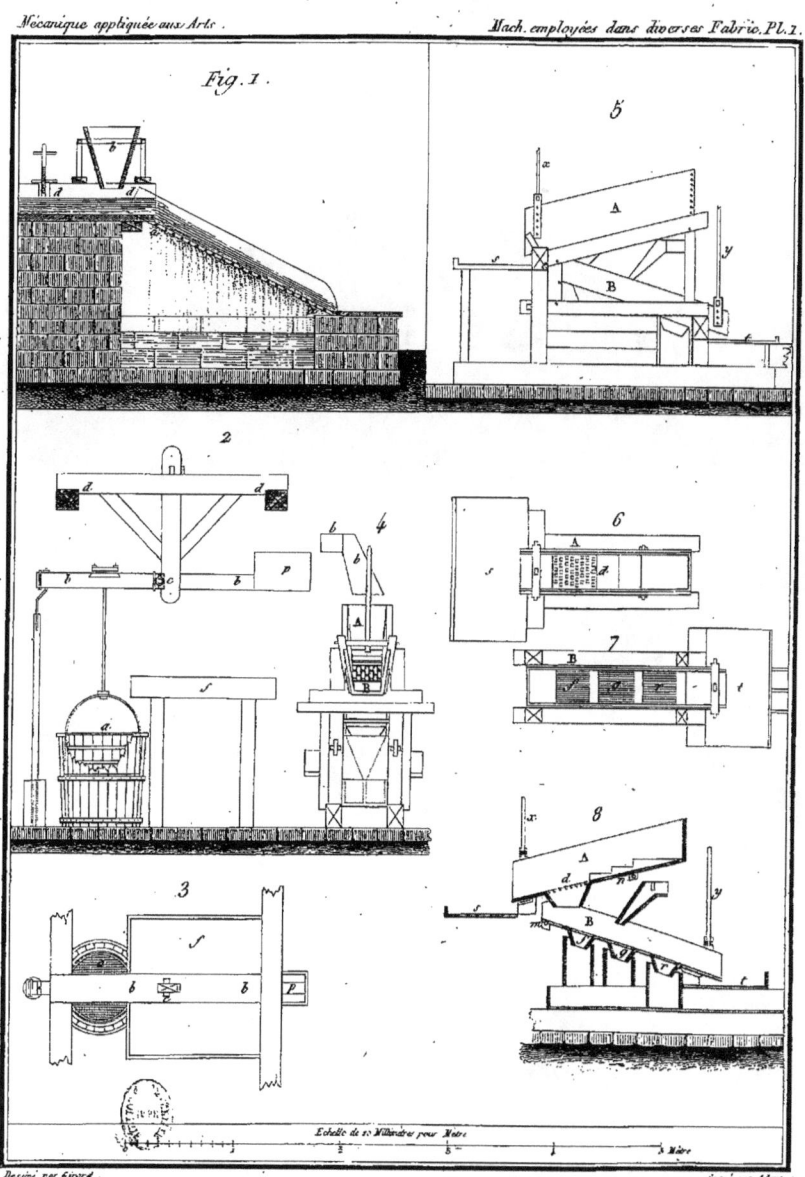

Mécanique appliquée aux Arts.   Mach. employées dans diverses Fabriq. Pl. 2.

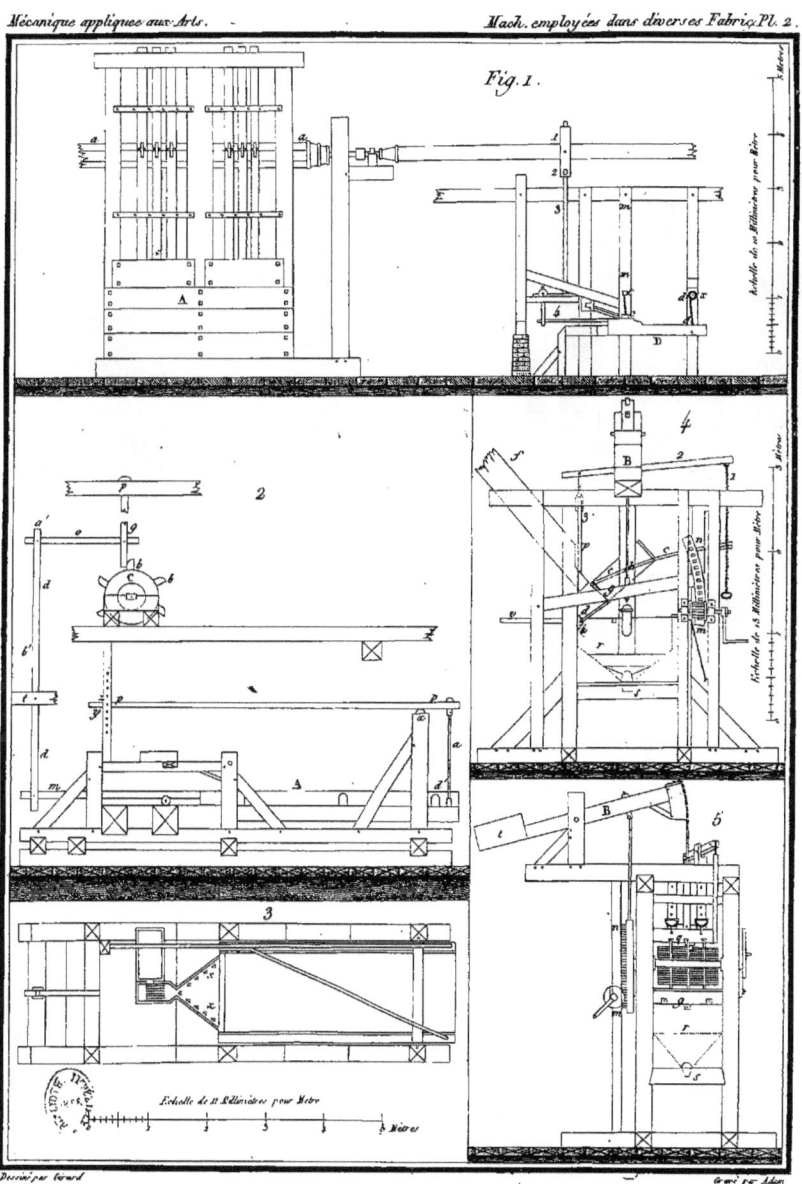

Mécanique appliquée aux Arts. Mach. employées dans diverses Fabricat. Pl. 3.

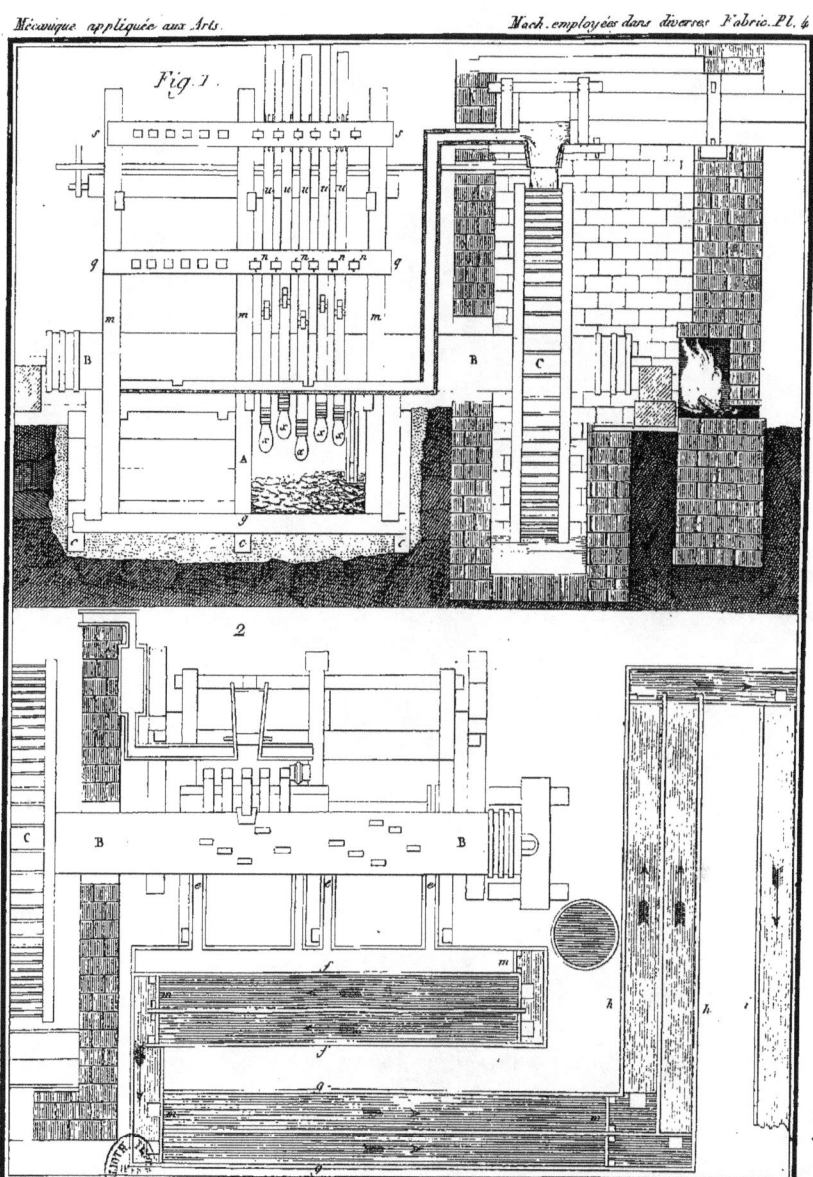

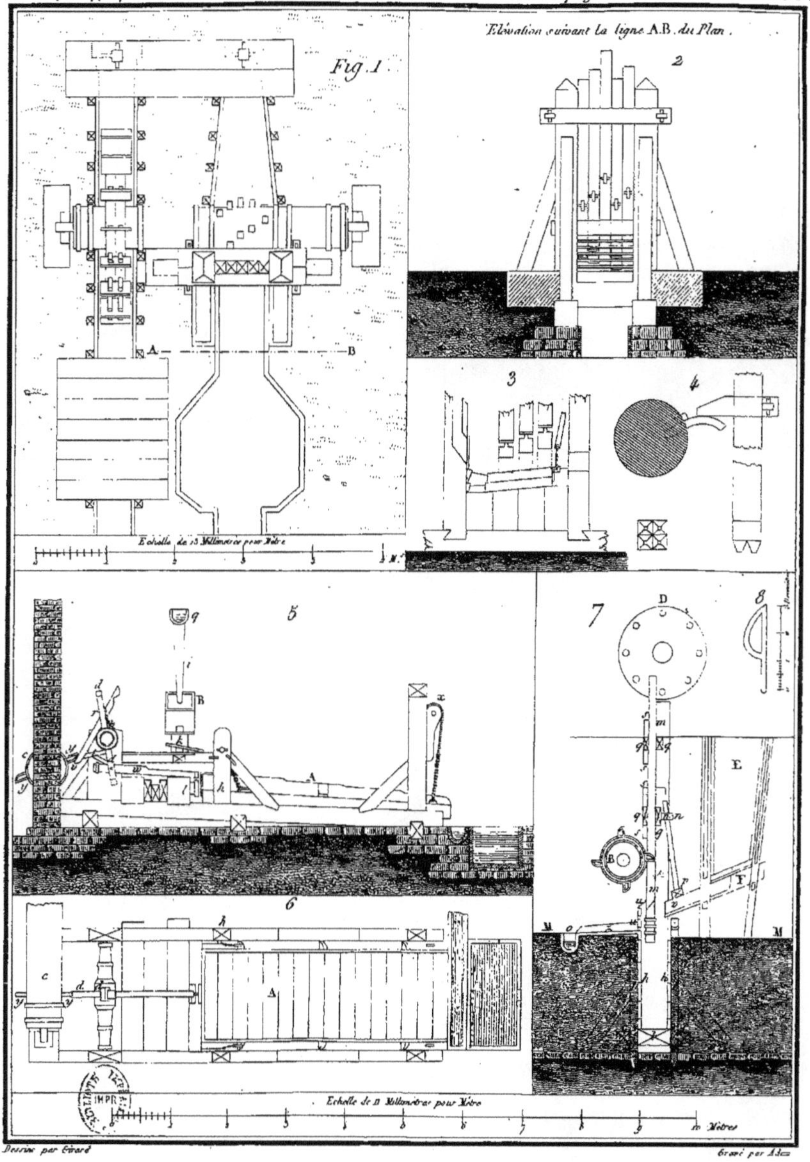

Mécanique appliquée aux Arts. Mach. employées dans diverses Fabric. Pl. 5.

Fig. 1

Élévation suivant la ligne A.B. du Plan.
2

3   4

5

6

7   8

Echelle de 13 Millimètres pour Mètre

Echelle de 3 Millimètres pour Mètre

Dessiné par Girard   Gravé par Adam

Mécanique appliquée aux Arts. Mach. employées dans diverses fabric. Pl. 6.

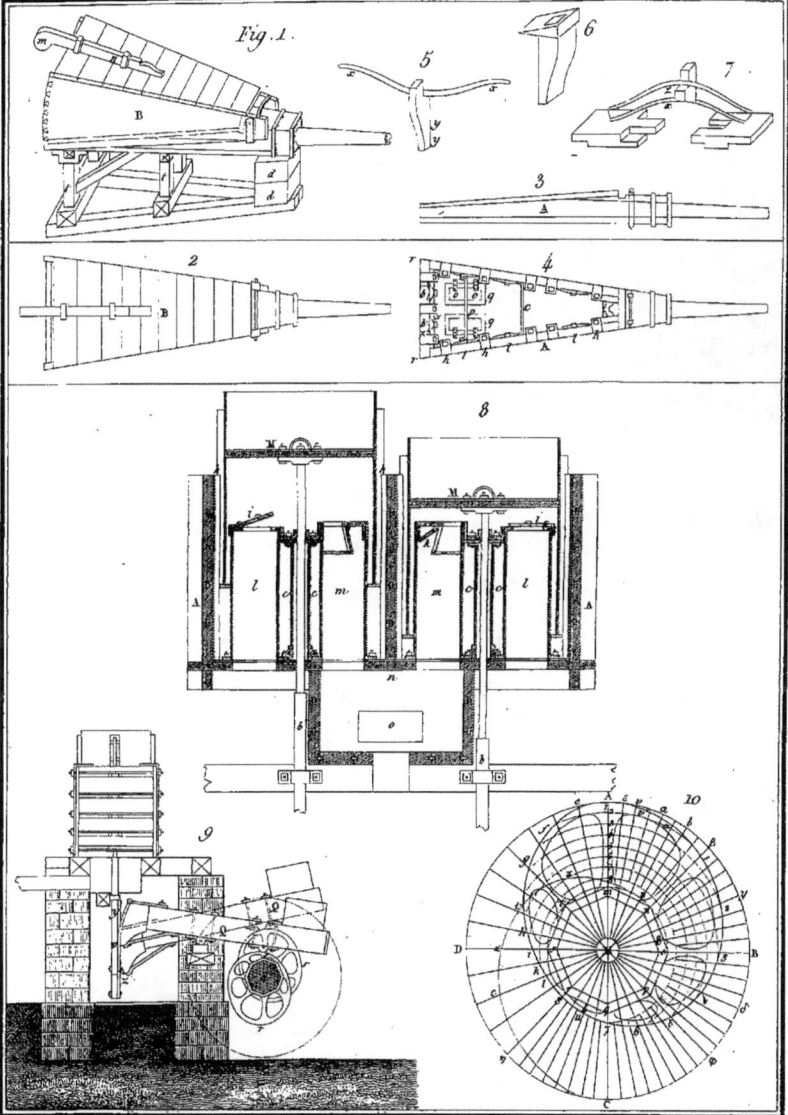

Mécanique appliquée aux Arts. Mach. employées dans diverses Fabricat. Pl. 7.

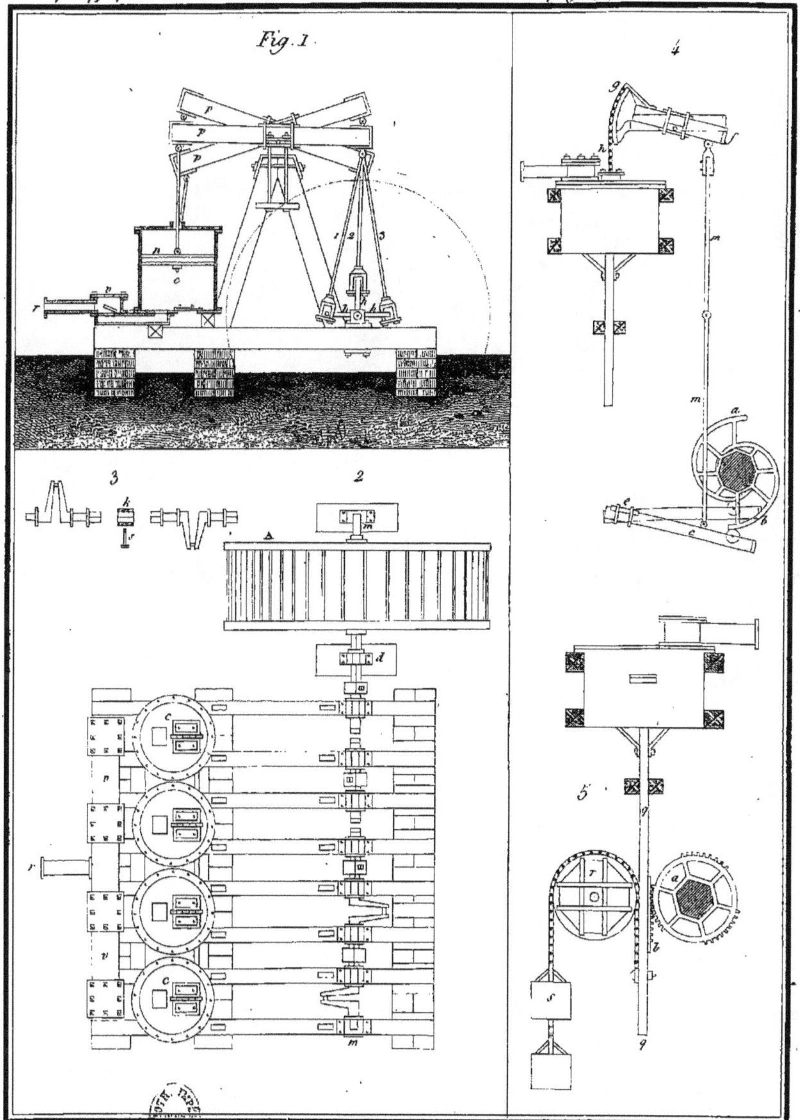

Mécanique appliquée aux Arts.   Mach. employées dans diverses Fabricat. Pl. 8.

Fig. 1

Mécanique appliquée aux Arts. Mach. employées dans diverses Fabriq. Pl. 9.

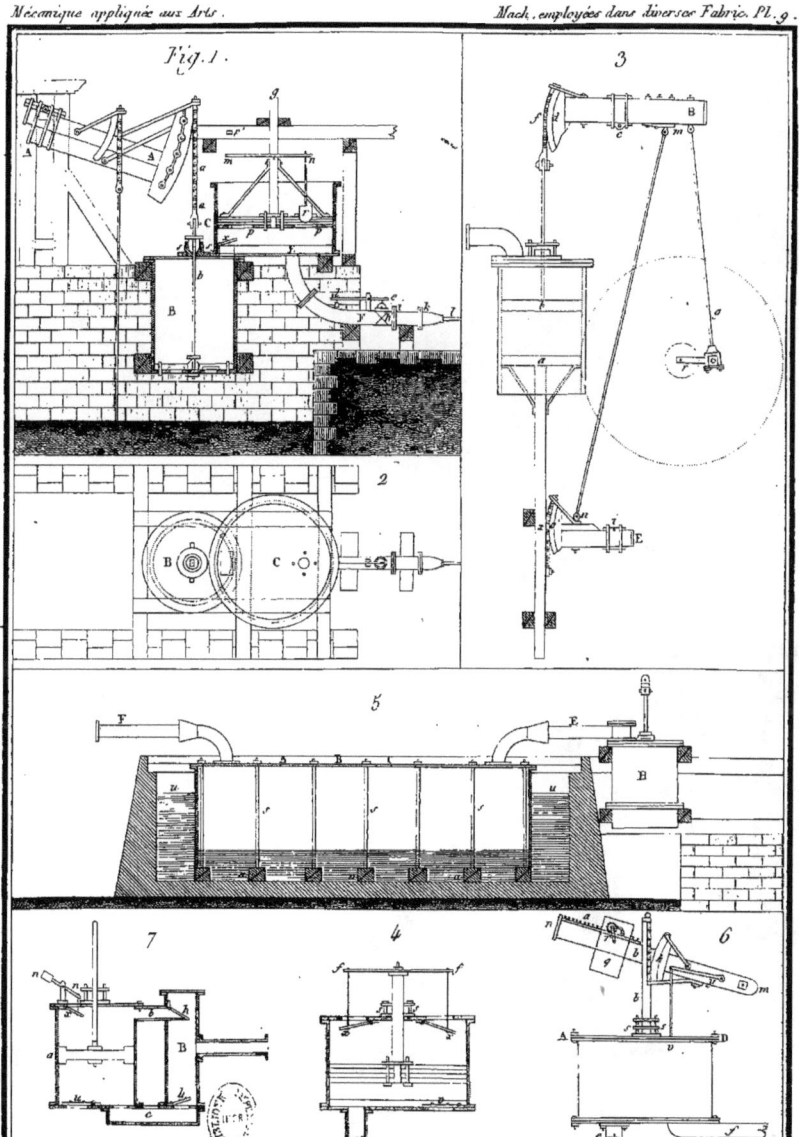

Mécanique appliquée aux Arts.   Mach. employées dans diverses Fabric. Pl. 10.

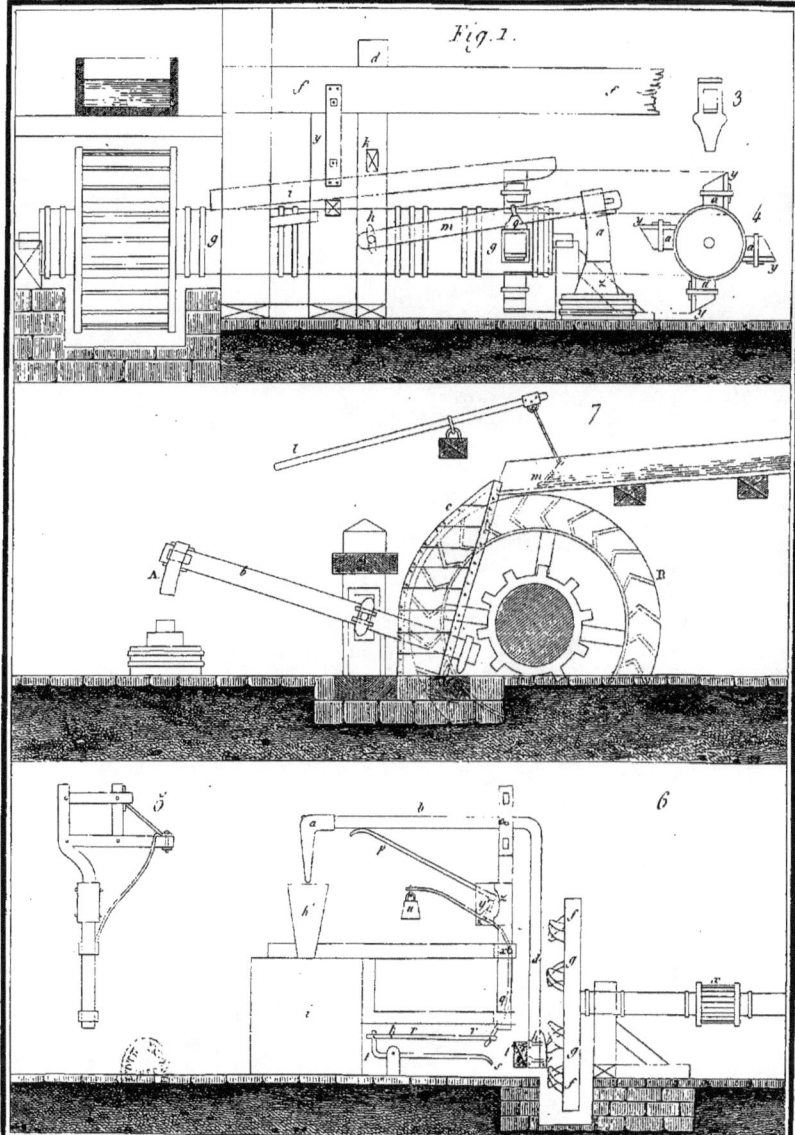

Dessiné par Girard.   Gravé par Adam.

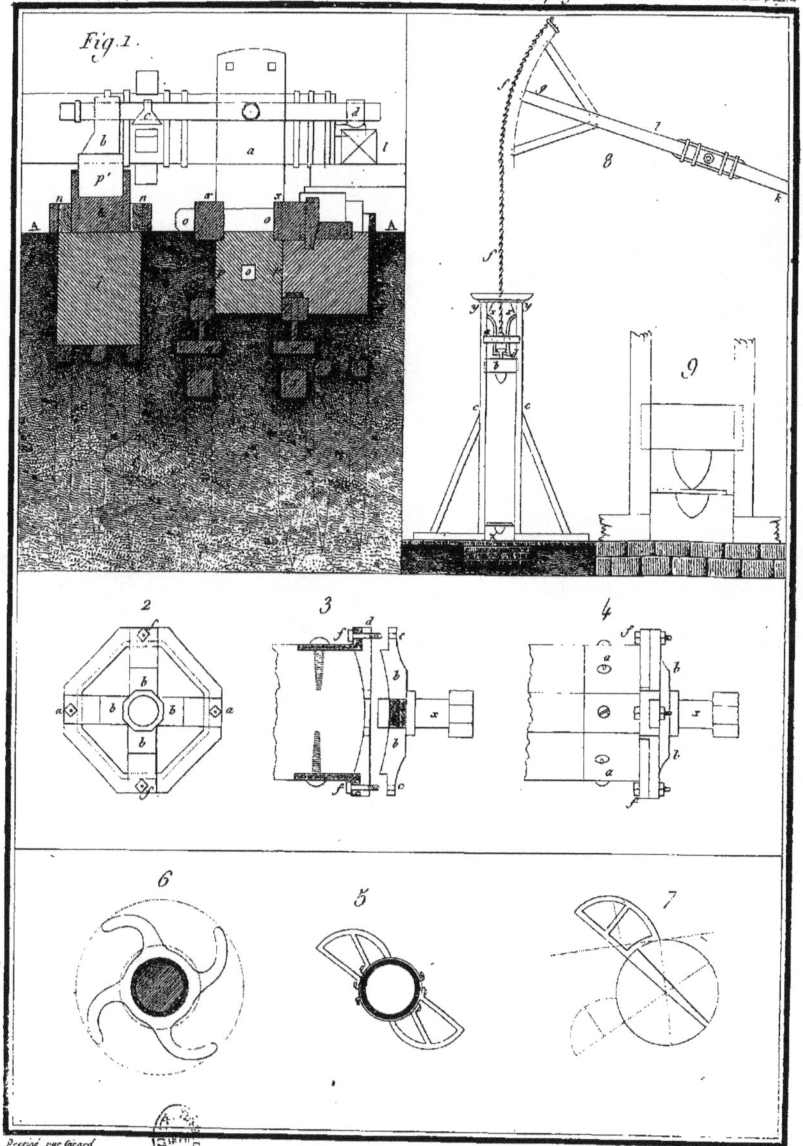

Mécanique appliquée aux Arts.   Mach. employées dans diverses Fabricat. Pl. II.

Fig. 1.

2
3
4

6
5
7

Dessiné par Girard   Gravé par Adam.

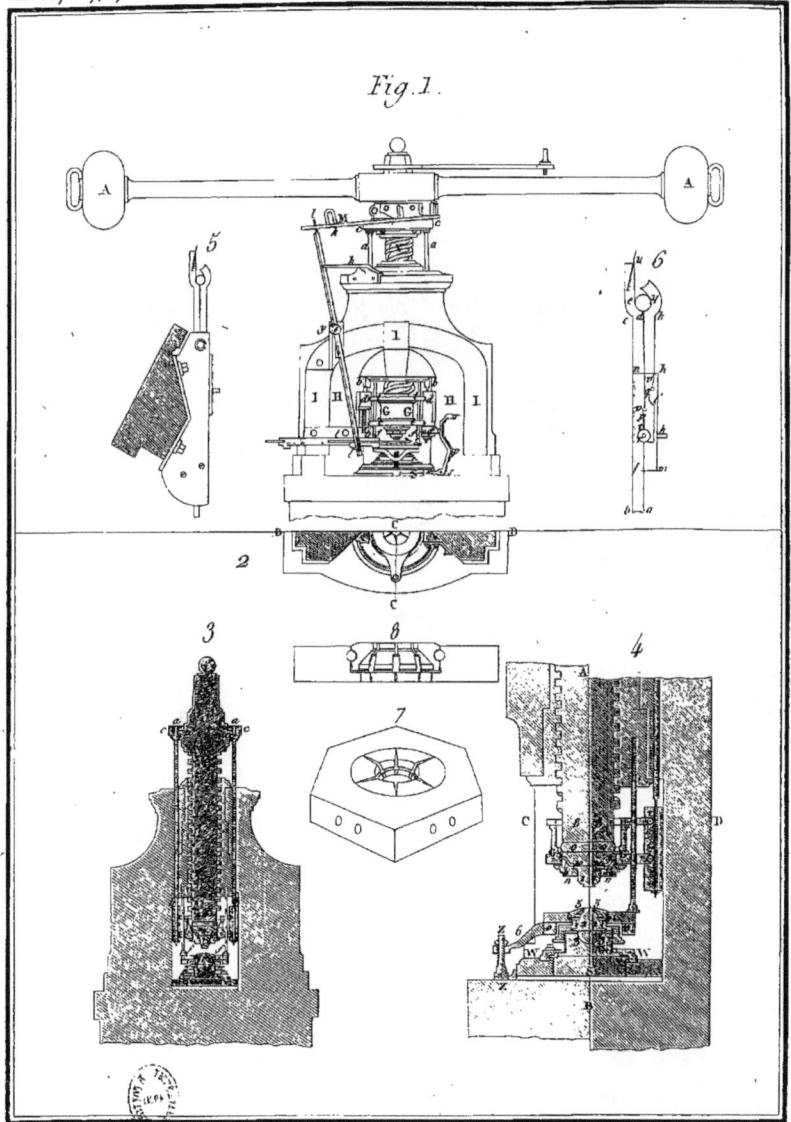

Mécanique appliquée aux Arts. Mach. employées dans diverses Fabricat. Pl. 13.

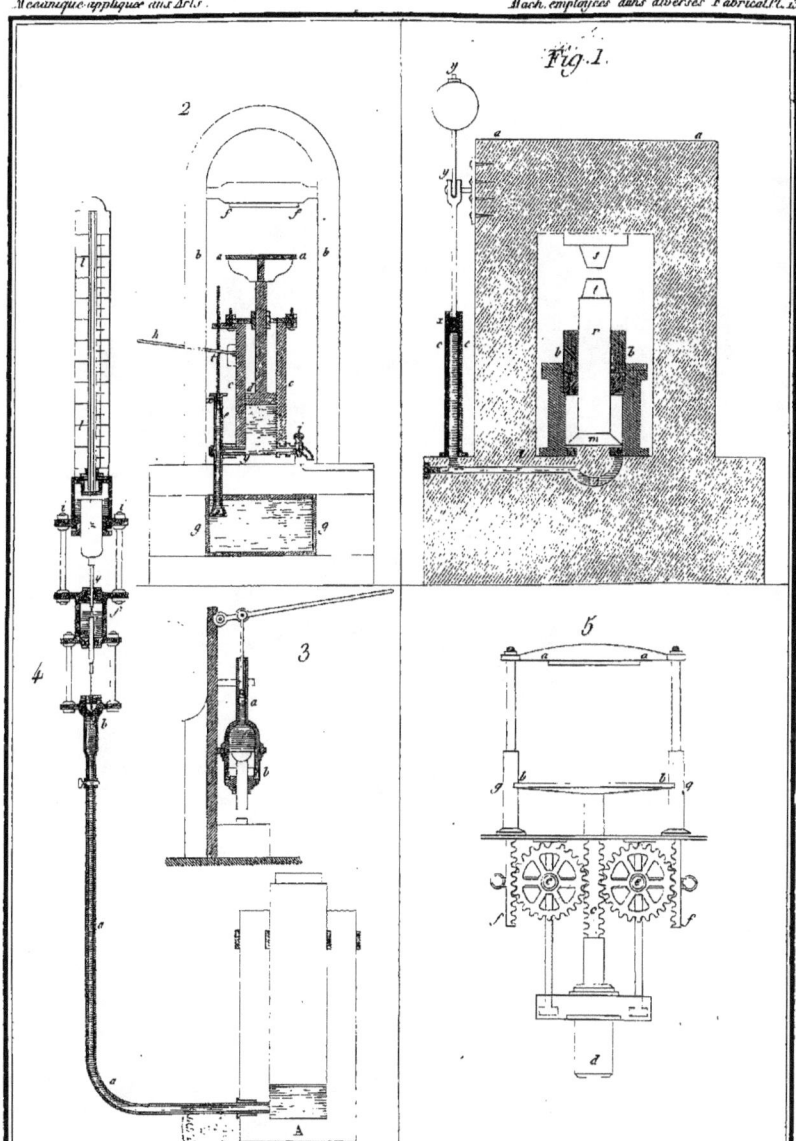

Mécanique appliquée aux Arts.　　　　　　　　Mach. employées dans diverses Fabric. Pl. 14.

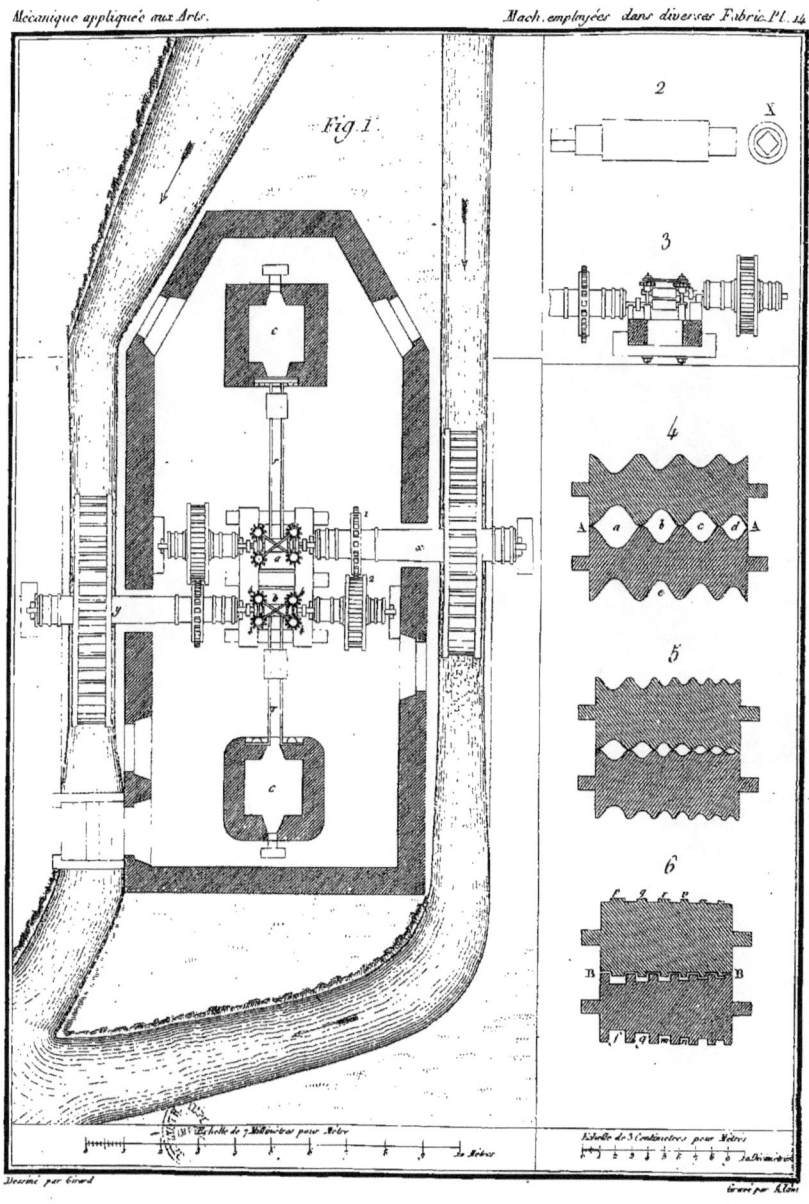

Mécanique appliquée aux Arts.   Mach. employées dans diverses Fabric. Pl. 15.

Fig. 1.

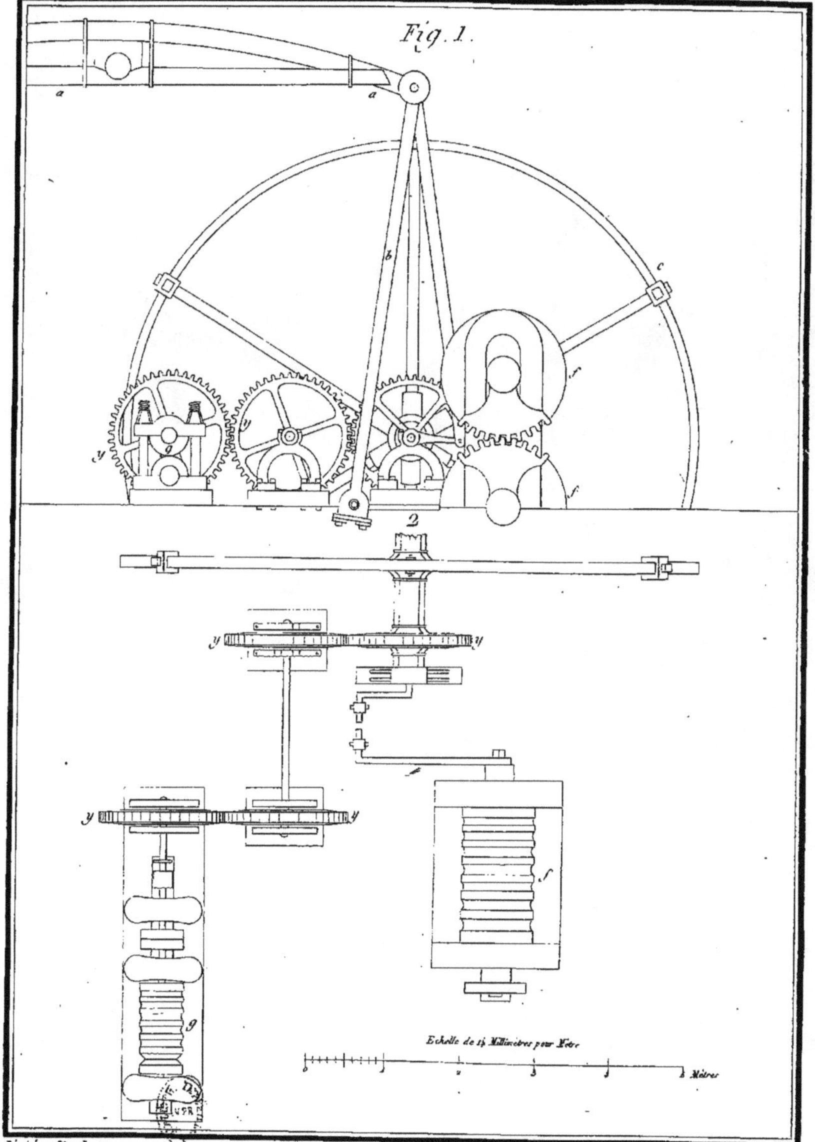

Echelle de 15 Millimètres par Mètre.

Dessiné par Girard.   Gravé par Adam.

Mécanique appliquée aux Arts. Mach. employées dans diverses Fabric. Pl. 16.

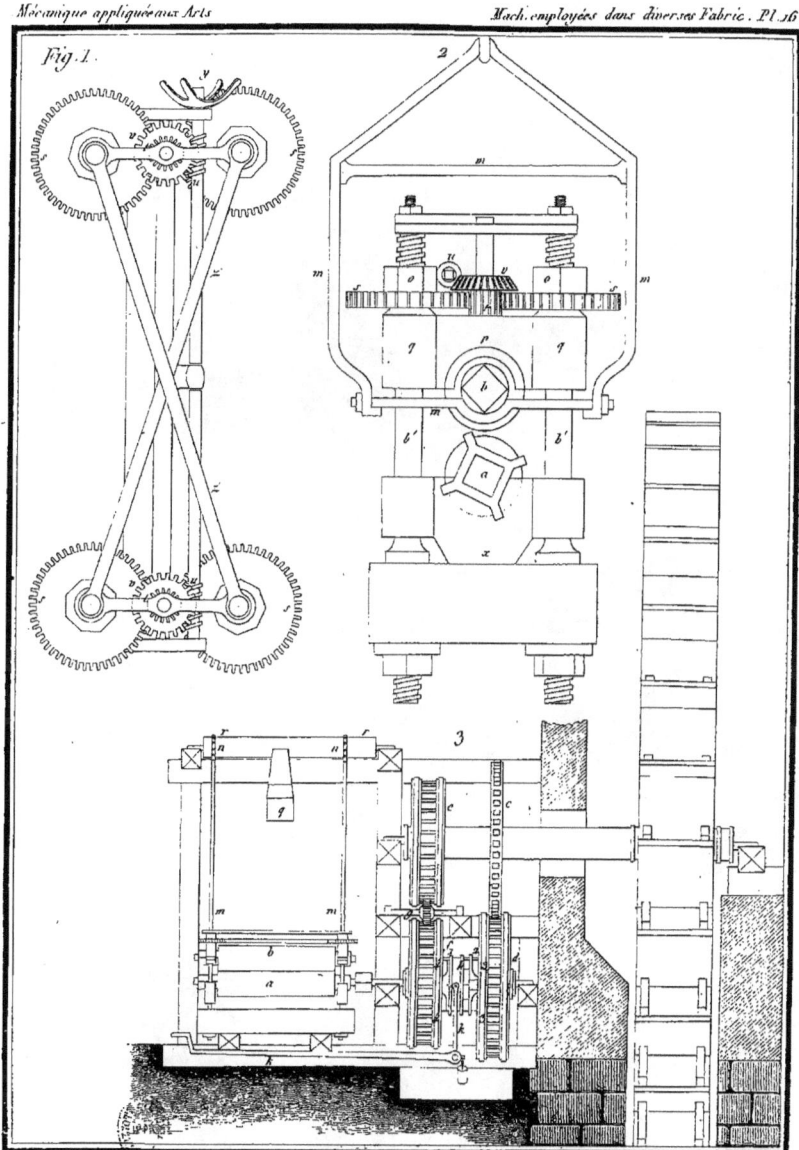

Fig. 1.

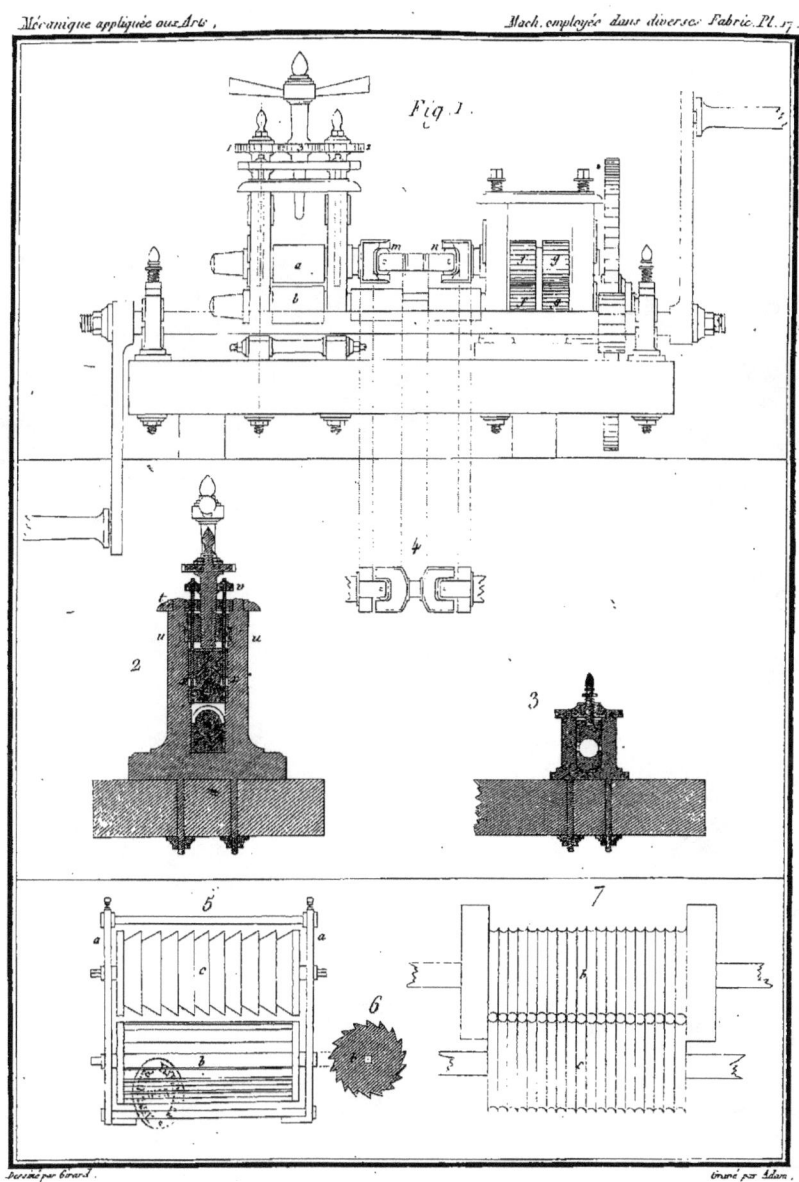

Mécanique appliquée aux Arts.   Mach. employée dans diverses Fabric. Pl. 17.

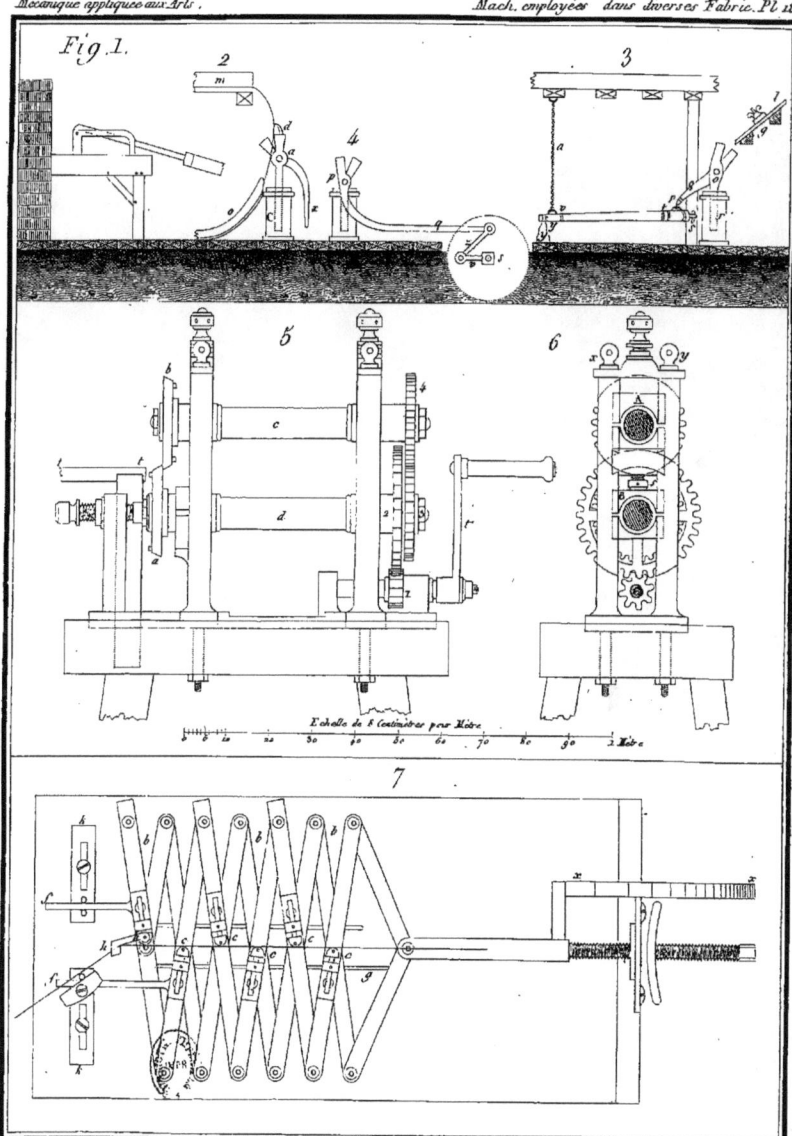

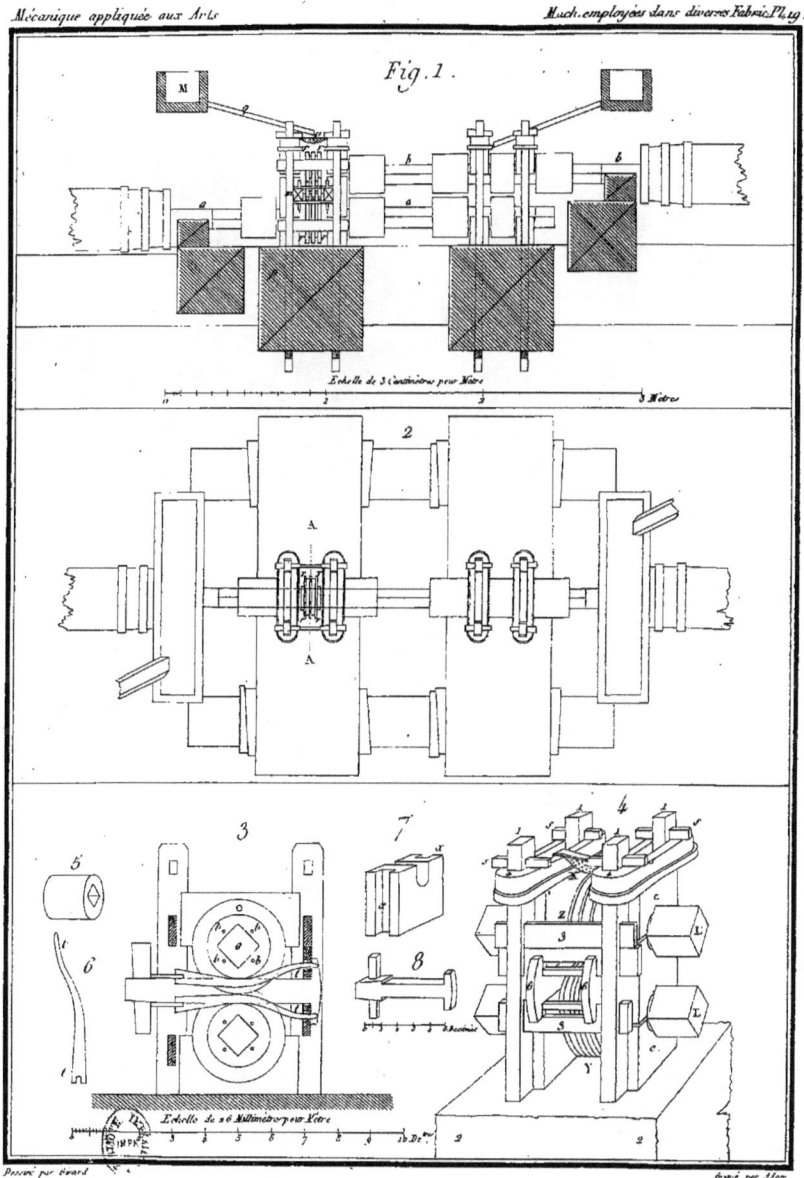

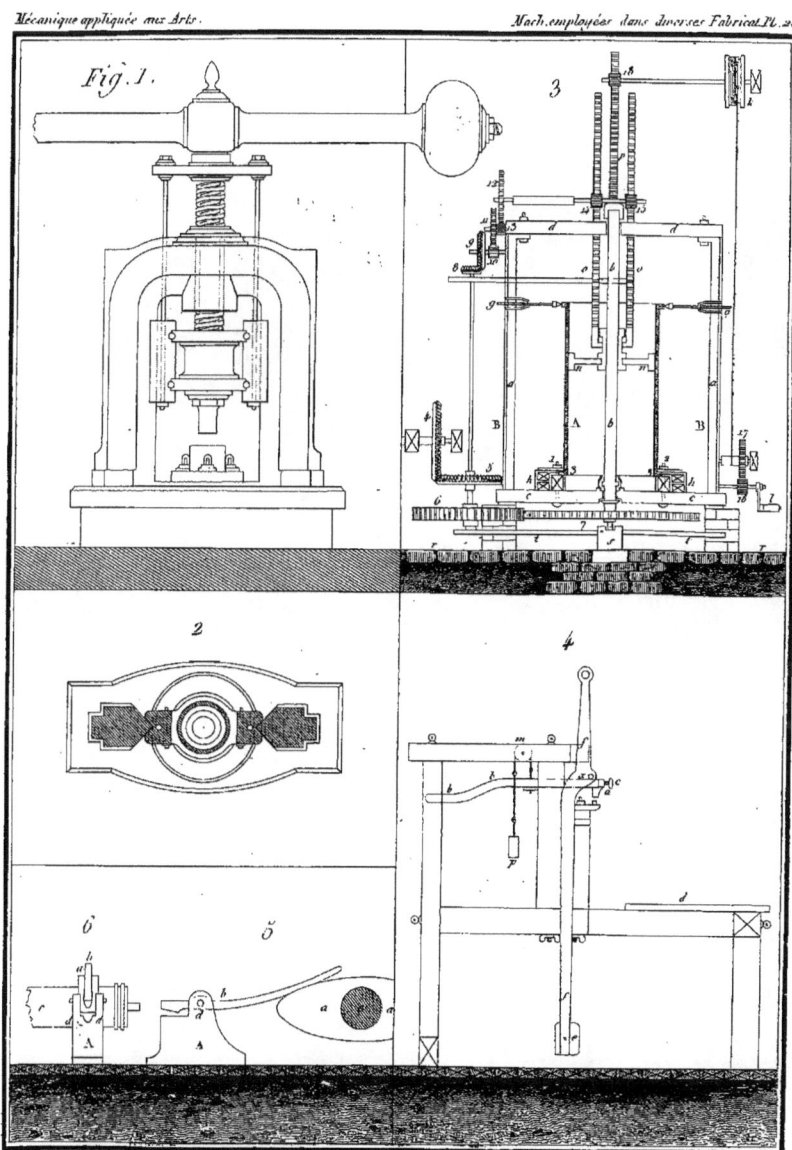

Mécanique appliquée aux Arts. Mach. employées dans diverses Fabricat. Pl. 21.

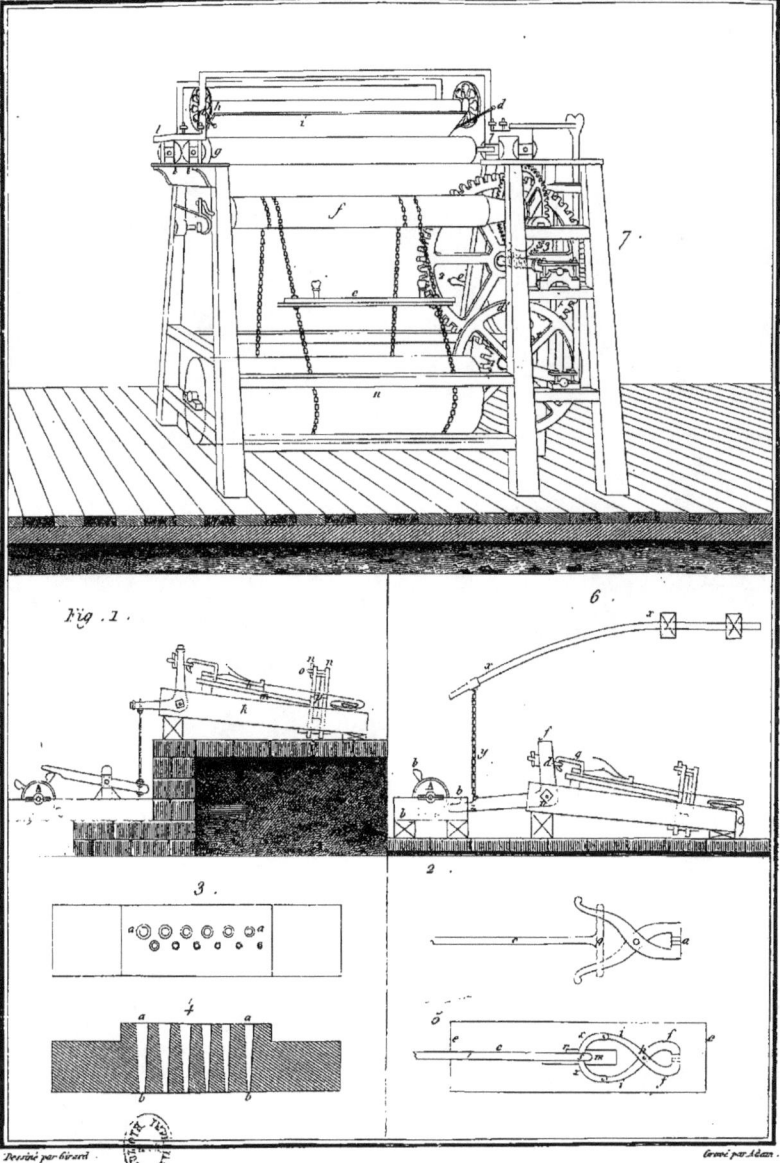

Dessiné par Girard. Gravé par Adam.

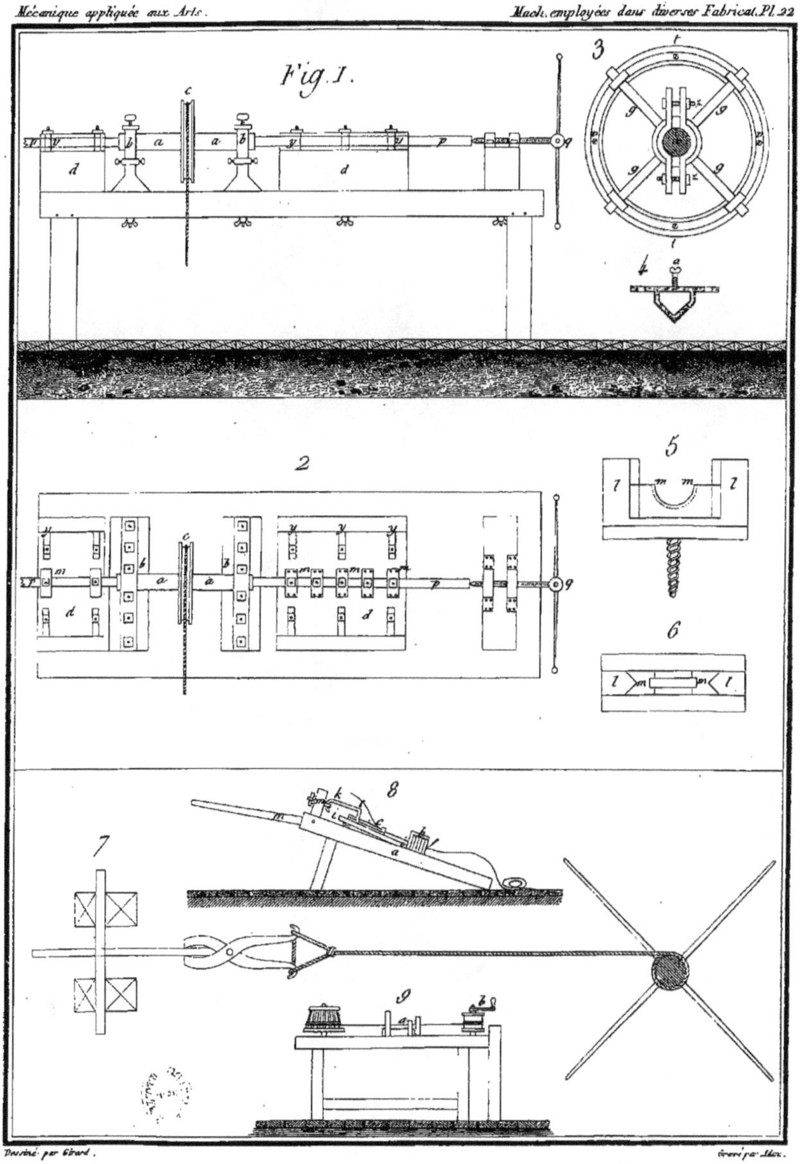

Mécanique appliquée aux Arts. Mach. employées dans diverses Fabricat. Pl. 22.

Fig. 1.

Mécanique appliquée aux Arts.   Mach. employées dans diverses Fabricat.Pl. 23

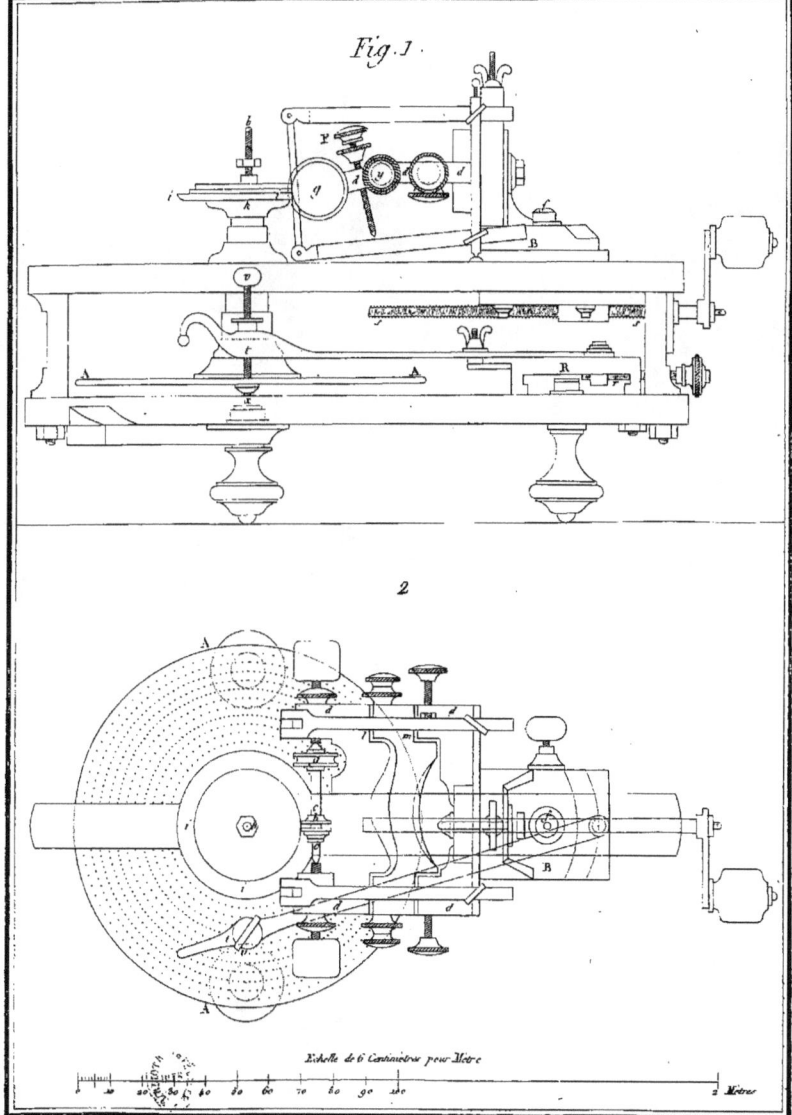

Fig. 1

2

Echelle de 6 Centimètres pour Mètre

Dessiné par Girard   Gravé par Adam

Mécanique appliquée aux Arts.   Mach. employées dans diverses Fabricat. Pl. 24.

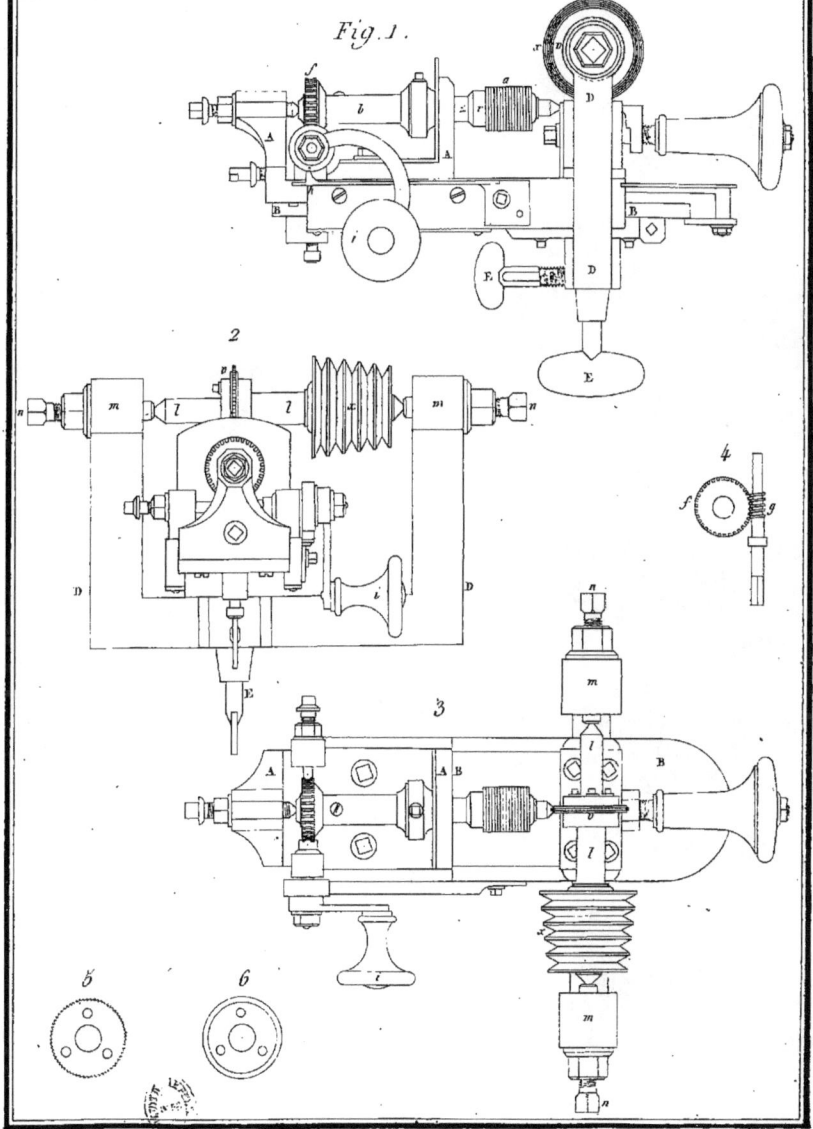

Dessiné par Girard.   Gravé par Adam.

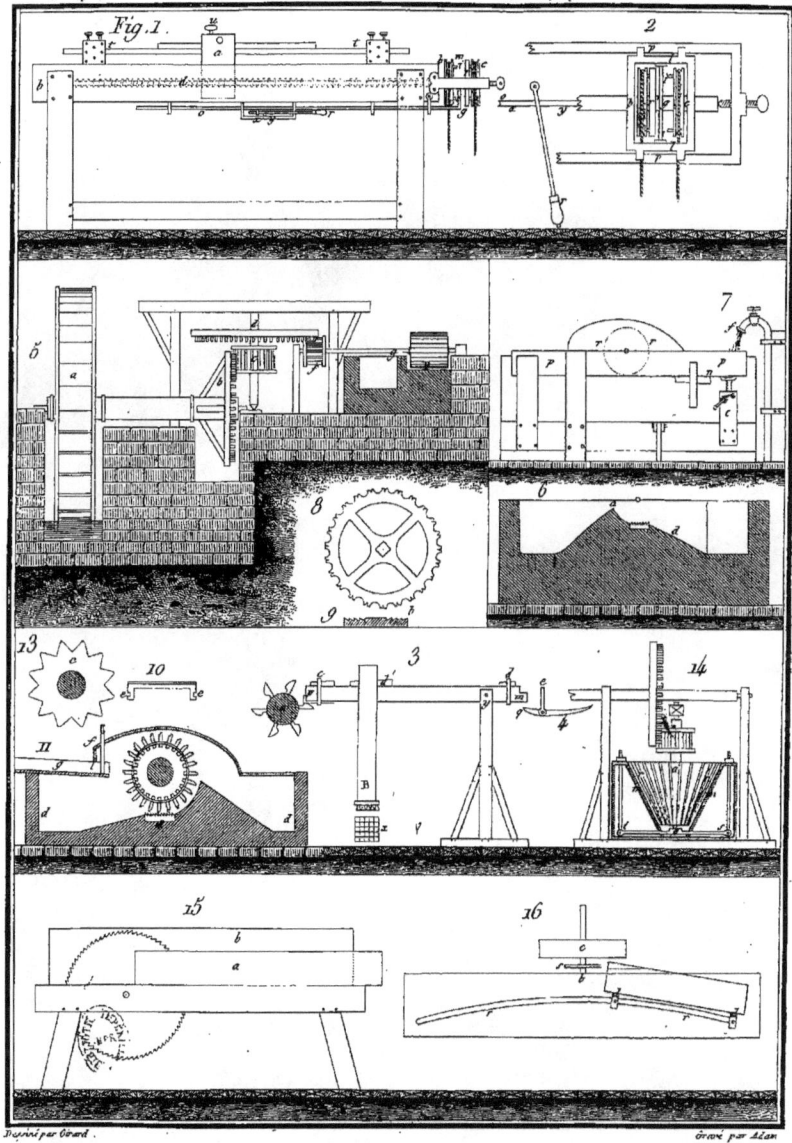

Mécanique appliquée aux Arts. Mach. employées dans diverses Fabricat.Pl. 26.

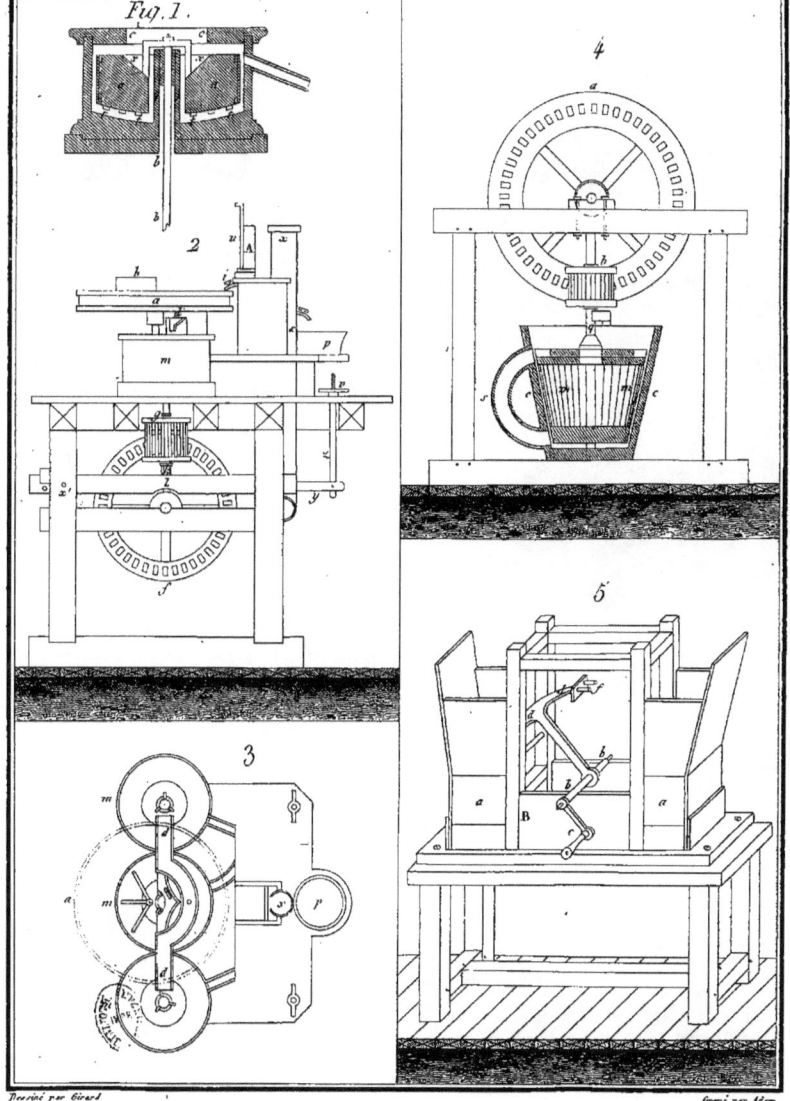

Dessiné par Girard. Gravé par Adam.

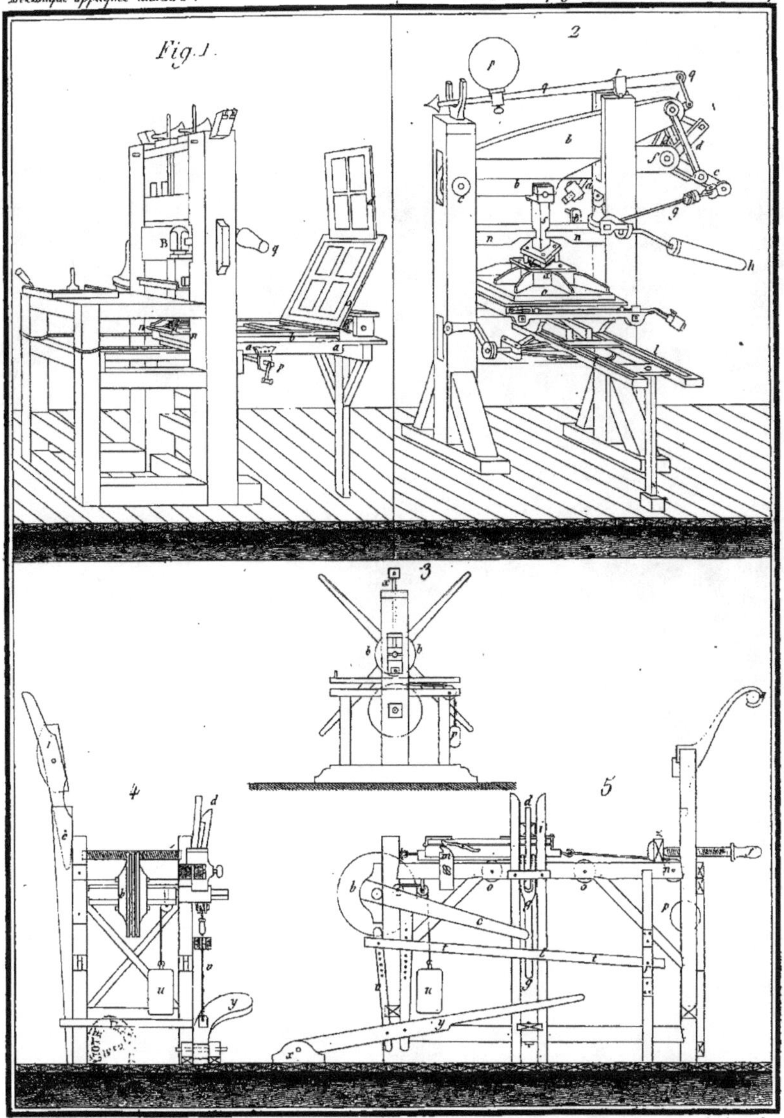

Mécanique appliquée aux Arts. Mach. employées dans diverses Fabricat. Pl. 27.

Fig. 1.

2

3

4

5

Dessiné par Girard. Gravé par Adam.

Mécanique appliquée aux Arts.   Mach. employées dans diverses Fabricat. Pl. 28.

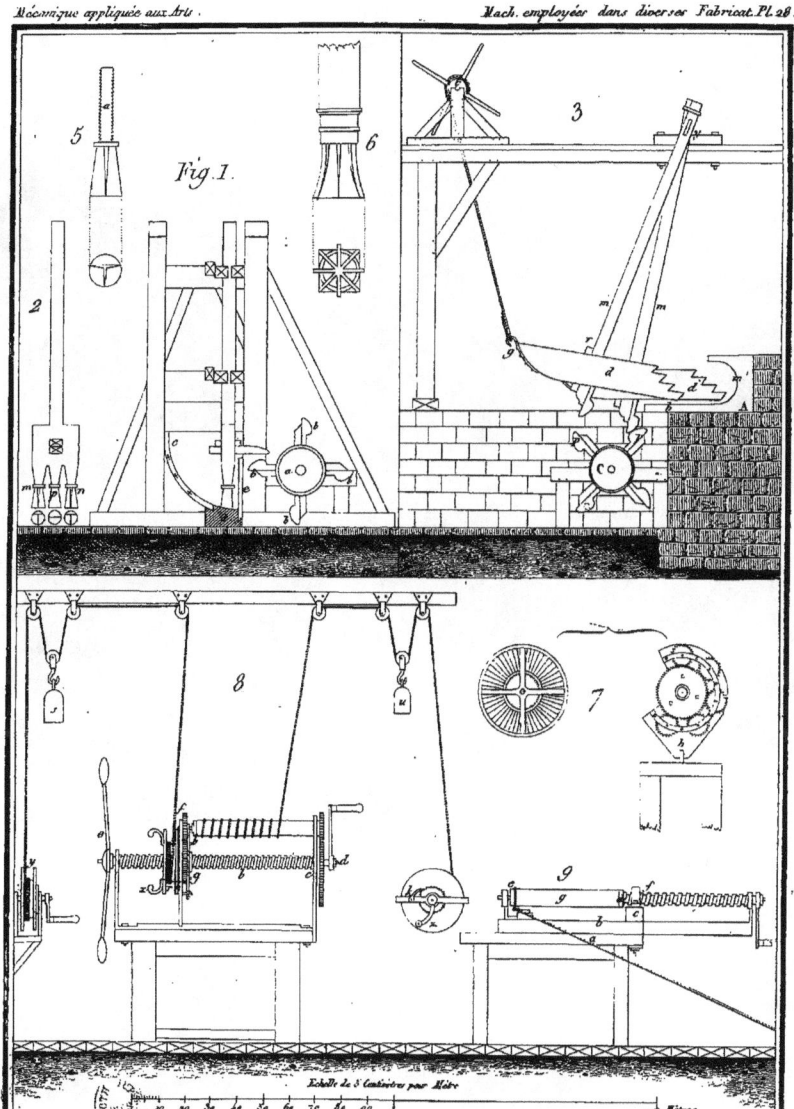

Fig. 1.

Echelle de 8 Centimètres par Mètre.

Dessiné par Girard.   Gravé par Adam.

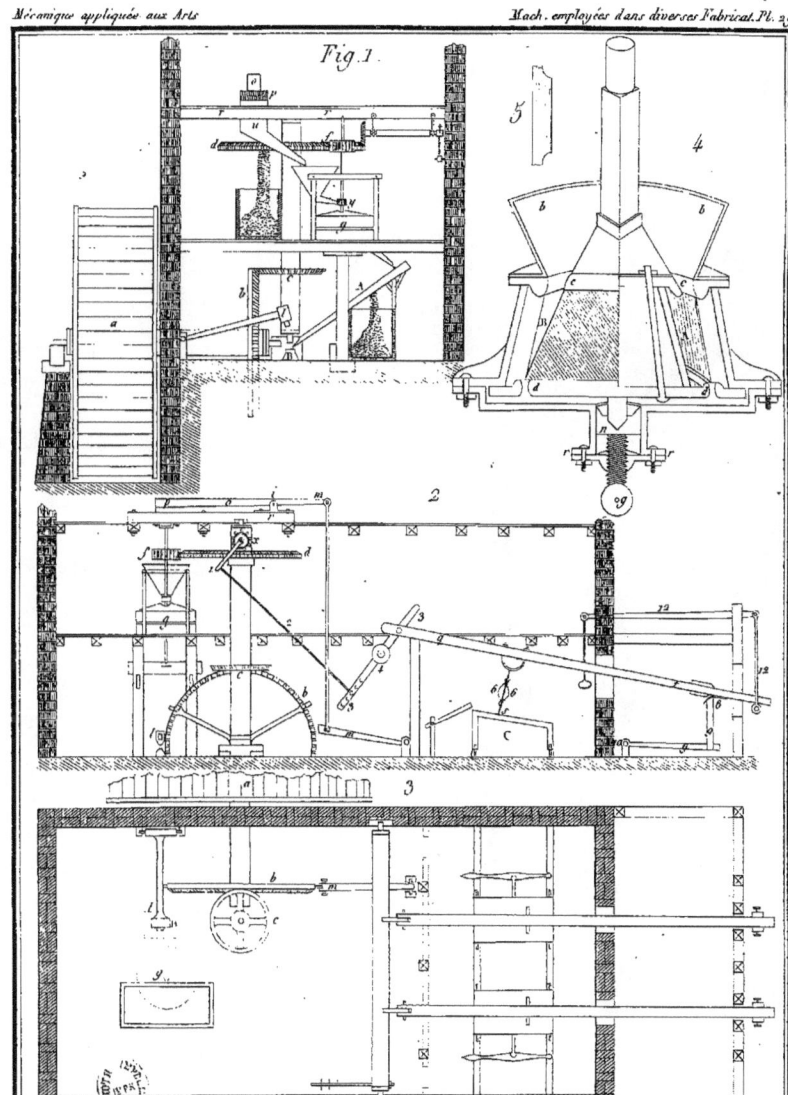

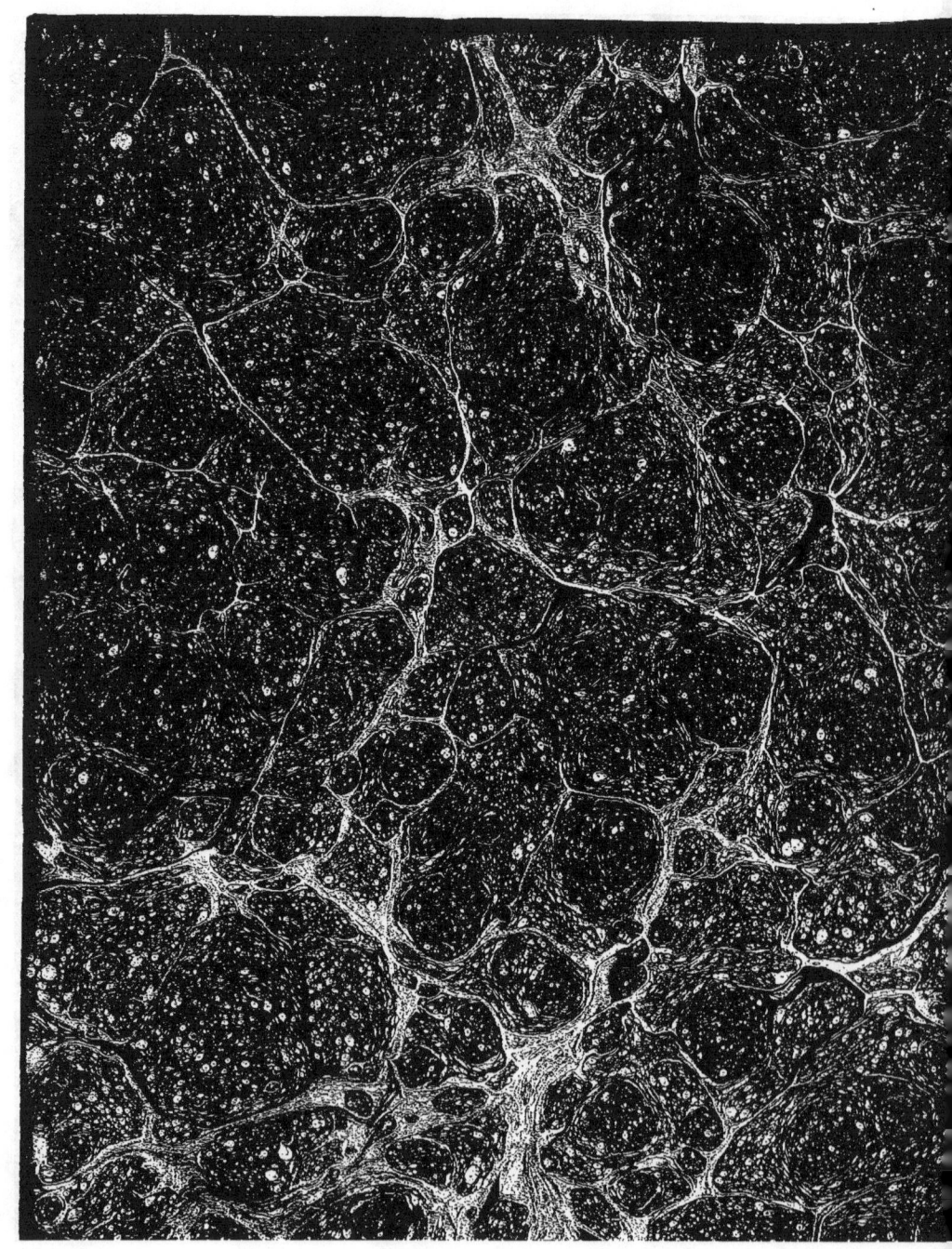

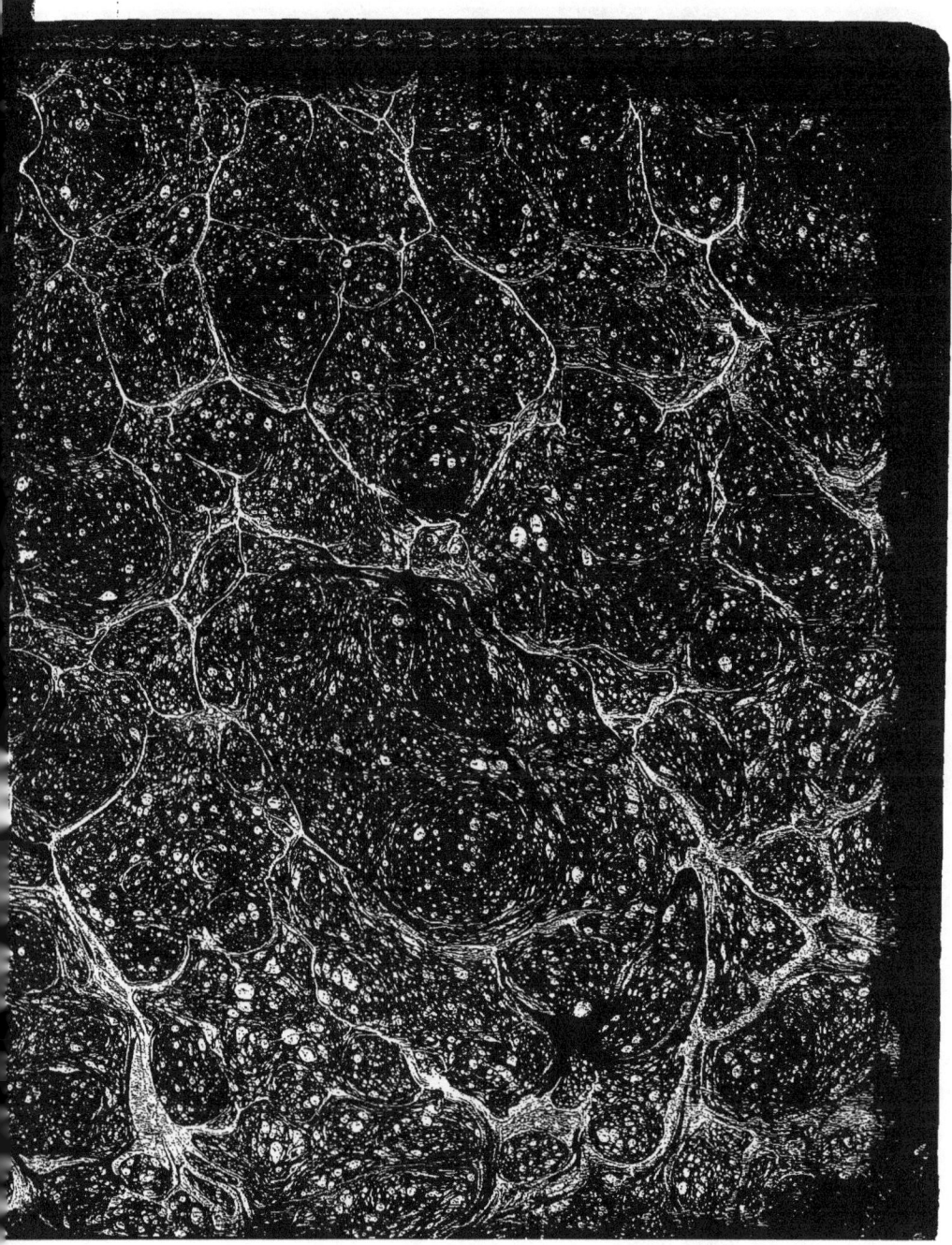

www.ingramcontent.com/pod-product-compliance
Lightning Source LLC
Chambersburg PA
CBHW050806170426
43202CB00013B/2580